archinternational

Reiseberichte von
Harald Deilmann 1966 – 1989

Karl Krämer Verlag Stuttgart/Zürich

CIP-Titelaufnahme der Deutschen Bibliothek

Deilmann, Harald:
Archinternational: Reiseberichte von Harald Deilmann 1966-1989. –
Stuttgart; Zürich: Krämer, 1989
(Archpaper)
ISBN 3-7828-0469-4

© **Karl Krämer Verlag Stuttgart/Zürich 1989**
Alle Rechte vorbehalten. All rights reserved.

Lektorat: Gudrun Zimmerle

Druck: Heinrich Fink Offsetdruck, Stuttgart

Printed in Germany

ISBN 3-7828-0469-4

Vorbemerkung

Es ist mühsam, auf Reisen mit gedrängtem Programm die vielfältigen Geschehnisse und Erlebnisse jeweils schriftlich festzuhalten. Und es bedarf schon häufig angestrengter Energie, sich dazu, nach ermüdendem Tagesverlauf, noch zu zwingen. Andererseits hilft die Erfahrung. Denn bei unterlassener Reiseberichterstattung geht mit der Zeit vieles – wenn nicht alles – Behaltenswerte verloren.

Also wird weiter notiert, ohne publizistischen Anspruch, Stenogramme zur persönlichen Erinnerung. Jeder, der daran teilhaben will, ist herzlich eingeladen. – Aber es wird für ihn nicht geschönt und redigiert, und was ungeschrieben geblieben ist, zwischen den Zeilen, bleibt seiner Phantasie überlassen. So gibt es also noch Spielraum für die eigene Imagination – und vielleicht auch Anstiftung zum Nachvollzug.

Mit „archex" wurde eine erste Sammlung von Reiseerlebnissen aus den Jahren 1967 – 1987 preisgegeben. Nun erfolgt mit „archin" die erste Folge, nur zum eigenen Vergnügen.

Im Dezember 1988

Harald Deilmann

Rußlandreise
16. – 21. Dezember 1966

Vorbemerkung

Die Bundesrepublik Deutschland veranstaltet eine Deutsche Architekturausstellung, die im Dezember 1966 in Leningrad, Moskau und Kiew gezeigt werden soll. Aus diesem Anlaß hat das Auswärtige Amt deutsche Architekten, deren Arbeiten in der Ausstellung gezeigt werden, gebeten, jeweils an den Ausstellungsorten vor russischen Architekten Vorträge zu halten. Die Themen sind frei gestellt. Bedingung: der Wortlaut der Vorträge muß acht Wochen im voraus eingereicht werden, „um den Dolmetschern Gelegenheit zu geben, sich darauf vorzubereiten". Ich habe das Thema gewählt: „Fachkliniken der deutschen Sozialversicherung", denn ich habe in Bad Salzuflen, Engelskirchen und Bad Driburg derartige Gebäude realisiert und dachte, daß an einem Bericht darüber mehr Interesse in Rußland besteht als an Versicherungsgebäuden und Banken. Ich hätte auch über den deutschen Wohnungsbau sprechen können, aber das haben dann andere Kollegen besorgt. – Mir wurde der 19. Dezember als Termin zugewiesen und Moskau als Ort – wie sich später herausstellte, war das der Tag, an dem in Moskau der 25. Jahrestag des Sieges über die deutsche Wehrmacht vor den Toren der Stadt gefeiert wurde – ich gehörte damals zu den Zurückgeschlagenen, das heißt ich war drei Wochen vorher verwundet worden. Zum Glück war mir dieser Zusammenhang vor Antritt dieser Reise mit meiner Frau nicht bewußt.

15. Dezember 1966

20.35 Uhr Abflug Stuttgart-Düsseldorf
Name nicht in Passagierliste, verlange Mitnahme, nach energischem Verhandeln o. k.

16. Dezember 1966

9.40 Uhr vorgesehener Abflug Düsseldorf nach Amsterdam, wird bis nach 11.00 Uhr verschoben wegen angeblichen Defektes am Bordfunk. Gegen 12.00 Uhr Ankunft in Amsterdam, Weiterleitung nach Brüssel, da Aeroflot ausnahmsweise von dort aus nach Moskau starten soll. – Nach Ankunft in Brüssel Mitteilung, daß Flug „cancelled" ist, Flugplatz Moskau „geschlossen" wegen schlechtem Wetter. Nach nutzlosem Protest Überführung ins Hotel Atlanta auf Kosten der Fluggesellschaft. Durch telefonische Rückfrage in Münster Adresse von A. Heinemann erfragt (der als Architekt bei der Europäischen Gemeinschaft tätig ist, seine Frau aus Münster) und nach Gang durch die Stadt mit ihm verabredet. Einladung in das selbstgebaute Haus. Sehr interessante Gespräche.

17. Dezember 1966

9.00 Uhr ist Abflug „Aeroflot" ab Brüssel vorgesehen. 9.10 Uhr geht es an Bord, aber es rührt sich nichts. Unsicherheit, ob Flugsicherheitsdienst Freigabe erteilt. 10.30 Uhr ist es endlich soweit, nach Vertröstung um Vertröstung. – Sehr nette Stewardessen, natürlich, liebenswürdig, gefällig und hilfsbereit. Sehr gute Mahlzeit, appetitlich, sogar mit Leinen-Servietten.

Gegen 13.30 Uhr setzt die TU zur Landung an. Erst dabei wird einiges vom Land sichtbar. Durch den Dunst tauchen Buffet'sche Farbgraphiken auf, in grau, weißlich und schwarzbraun. Das Land ist verschneit, tolle Siedlungsstrukturen, aus umrandeten Kästchen bestehend, sich im Nichts verlierend. – Vor genau 25 Jahren habe ich als Unteroffizier der 6. Panzerdivision hier nördlich von Moskau im Schnee gelegen. Am 30. November 1941 wurde ich verwundet mit der letzten JU 52 vom Feldflughafen Klins ins Lazarett Brestlitowsk zurückgeflogen – Erinnerungen daran werden wach. 14.00 Uhr = 16.00 Uhr Ortszeit Landung. Noch eine Stunde, bis Paßformalitäten im Flugzeug erledigt sind – in der Bordküche (Bleiverglasung + Eierstäbe).

Zunächst ein halsbrecherischer Ausstieg. Draußen ist bauchhoher Schnee. Emsiges Bodenpersonal versucht, eine passende Treppe zu finden – denn wir sind offenbar wegen der Witterungsverhältnisse auf einem Regionalflughafen gelandet, wo das entsprechende Gerät fehlt. Schließlich können wir das Flugzeug verlassen und stapfen dann durch Schneeverwehungen in der schnell sich vollziehenden Abenddämmerung ins Abfertigungsgebäude – und nun stimmt gar nichts mehr. Wir sind einen Tag später angekommen als vorgesehen und auf einem anderen Flughafen. Vom Empfang durch die Botschaft keine Spur, man hatte uns am Vortag vergeblich erwartet. – Im Gebäude waren wir im Nu im Gewühl von Menschen verwickelt. Gedränge und Geschiebe von Vertretern aller russischen Völkerschaften, Bauersfrauen mit lebendem Getier im Handgepäck, Soldaten in Feldausrüstung und Reisende mit Traglasten. Es ist keine Orientierung möglich, unsere Flugbegleitung verschwunden. Wo ist unser Gepäck? „Hättest Du doch nur Deine Frau zu Hause gelassen" schießt es mir durch den Kopf. Schließlich entdecken wir in der Halle ein mit Maschendraht abgegrenztes Karree, in welches aus dem Untergrund über Rollbänder laufend Koffer und Kisten hochgeschaufelt werden, die sich zu Bergen auftürmen. – Wir müssen INTOURIST finden. Ein an der Decke hängendes Schild mit kyrillischer Beschriftung weist in den ersten Stock. Schließlich finden wir die gleiche Bezeichnung an einer Türe, nach geduldigem Suchen durch menschenleere dunkle Gänge. Klopfen, eintreten. Eine Matka sitzt an einem Schreibtisch – sie hebt den Kopf: „Deilmann?" Ja, die Erlösung. Gemeinsames Suchen nach dem Gepäck im Maschendrahtkäfig. Da sehe ich außerhalb einen alten Mann mit unserem Koffer im Gewühl verschwinden – Verfolgungsjagd und dann ist auch das geschafft. Die Intourist Frau hatte inzwischen draußen meine Frau in der eisigen Dunkelheit in ein Kraftfahrzeug plaziert. Ein Soldat stieg zu, der wieder herauskomplementiert werden mußte. Los geht die Fahrt, nachdem dem Fahrer uns unverständliche Weisungen erteilt werden – wir fahren durch die endlos verschneite Nacht, es ist unheimlich – unbekanntem Ziel entgegen. Lichter tauchen auf. Häuser und Hütten, zunächst vereinzelt, dann dichter werdend, wir hoffen die outskirts von Moskau.

Der Wagen rumpelt über Kopfsteinpflaster, wir sind in der Stadt – Halt vor dem Hotel Metropol, ein Gründerzeitbau, war Lenins Hauptquartier. Eintritt durch die mit Brettern vernagelte Tür, vor der Rezeption steht man Schlange. Aber das macht nun nichts mehr, wir sind in der Wärme der Zivilisation, wie auch immer. Eine sehr alte Empfangsdame verlangt auf französisch die Pässe. Einige Fragen, blättern in den Pässen, schließlich auf deutsch: „Ach Sie sind Deutsche, darum sprechen Sie so schlechtes Französisch!" – Das Zimmer ist riesig und verstaubt, seit Lenins Zeiten offenbar nicht mehr renoviert. In jedem Geschoßflur sitzt eine Beschließerin, die die jeweilige Etage unter Kontrolle hat. – Wir haben ein Problem: Inzwischen ist es 22.00 Uhr. Wir hatten für den heutigen Abend, 24.00 Uhr von Deutschland aus im Schlafwagenzug „Roter Pfeil" Plätze für die Nachtfahrt nach Leningrad gebucht. Kurzer Entschluß, es dabei zu belassen. Zwei freundliche Intourist Damen im Hotel – nach letztem westlichen Schick gekleidet – organisieren die Taxenfahrt zum Leningrad-Bahnhof – der rot lackierte Salonzug läuft ein, livriertes Zugpersonal springt heraus, fegt mit Handbesen den Schnee aus dem Eingang und von den aufgesetzten Messingbuchstaben, bittet zum Einsteigen, vorbei an einem rot glühenden Kanonenofen ins vorbestellte Zweibettabteil. Alles ist auf einmal wieder heil – zwischen den Betten auf einem Kommödchen brennt gemütlich ein Nachttischlämpchen. – Man sagt, daß die Jeunesse d'orée den Zug als Rendez-vous-Ort benutzt, eine Nacht hin, in der anderen zurück. – Na schön, gute Nacht.

18. Dezember 1966

Ankunft morgens 8.15 Uhr mit „Rotem Pfeil" in Leningrad, nach kurzer Nacht in sauberem Schlafwagenzug, auffallend guter Service, frische Wäsche, Dusche etc. – Am Moskau-Bahnhof in Leningrad keine Orientierungsmöglichkeit, Kaffee im Hotel Oktober – im 3. Stock, Selbstbedienungsausschank für Normalverbraucher: Es gibt „Blümchen", Brot, Butter, Kuchen und zur Wahl verschiedene „Salate".

Nach einigem Dolmetschen stellen wir fest, daß wir auf dem falschen Dampfer sind. Werden im Diplomatenwagen zum Astoria geholt, da Intourist ein Luxusklasse Hotelzimmer für den Tag zugewiesen hat – alles „fin du siècle"; Beschließerin in jeder Etage – Frühstück im Restaurant – Gäste aus aller Herren Länder – dann TAMARA, unsere Führerin, die wir aus einer Leningradreportage des Fernsehens kennen. Stadtrundfahrt mit vielen Erläuterungen, vor allem der Revolutionsgeschichte (von der bürgerlich demokratischen zur sozialistischen Revolution) Lenin! Die

Neva ist zugefroren, mit dicken aufgeworfenen Schollen – am finnischen Meerbusen fegt ein schöner Wind. Minus 13 °C. Der Nelski-Prospekt (mit dem schönen Jugendstil-Feinkostladen) eine großartige Straße – die Plätze und Paläste – bei jedem wird der Architekt genannt – großzügig, eindrucksvoll, gepflegt.

Vor 250 Jahren ist diese 500 000-Einwohner-Stadt von Peter dem Großen im sumpfigen Wald gegründet worden – daran erinnert nichts mehr. Man muß an Brasilia denken. Ob es heute noch gelingen kann? Hier haben unzählige Menschen ihre Fron verrichten müssen. – Isaak Kathedrale, 45 Jahre Bauzeit zum Beispiel mit angeblich 600 000 Arbeitern. Mittagessen im Hotel: Kiewer Kotelett (Huhn). – Gegenüber dem Hotel liegt das Gebäude der ehemaligen deutschen Botschaft aus rotem Granit von Peter Behrens, eindrucksvoll.

In den Parks stehen lauter Schilderhäuschen: zum Schutz der italienischen Marmorstatuen und Brunnen gegen Frost.

Nachmittags EREMITAGE. Hier ist Tamara zu Hause. Ein unvorstellbares Bild beim Eintritt, wie auf dem Jahrmarkt, Menschen aus allen Teilen des Landes, viele Soldaten, es ist Sonntag. Es wird gevespert – mit Kind und Kegel. Gut geheizt, täglich 25 000 Menschen und eine unbeschreibliche Pracht – nicht zu beschreiben, was man ohne Rücksicht auf den Aufwand dort angelegt hat – und die Sammlungen nicht minder kostbar, sie gehen fast im Prunk unter.

Nach kurzer Rast im Hotel: Oper „Die Zauberflöte", ausverkauft. Wir sitzen in der Zarenloge (Intourist Luxus), dezent über dem Zugang Hammer und Sichel in Gips eingebaut in den Zierrat von 1870. Dazu eine Leninbüste, sonst ist alles beim alten geblieben, fünf Ränge, weiß, gold und blau. Die Inhaber der hinteren Rangplätze stehen während der Aufführung. Hoherpriester Zarosta singt deutsch, wahrscheinlich Gast aus der DDR. – In der Pause im Zarenfoyer promeniert alles, meist Arm in Arm über im Karree gelegte Läufer – um das Parkett zu schonen. Wir sitzen auf einer Wandbank und sehen uns die Menschen an.

Anschließend wieder mit dem Nachtzug nach Moskau zurück.

19. Dezember 1966

Morgens Erwachen durch Radiomusik im „Roten Pfeil". Zweibettkabine mit Mittelgang, bequem, jedoch ohne Waschgelegenheit. Fällt also aus, muß im Hotel nachgeholt werden. – Aus dem Zug sieht man Fabriken, Siedlungen, zum Teil kompakte Wohnbebauungen und Einsamkeit. Vermummte Menschen streben durch den Schnee den Haltestellen zu, zur Arbeit.

Ankunft 8.15 Uhr bei schneidender Kälte, die im Nu das Gesicht vereist. 25° minus. Wie zum Hotel? Taxifahren scheint aussichtslos. Lange Schlangen von Reisenden mit Gepäck säumen geduldig die Straße und warten auf die gnädige Mitnahme eines Taxifahrers. Bei Ankunft jedes

Wagens großes Gefeilsche um die Strecke, offenbar alles Richtungen, die sonst nicht erreichbar sind. Nach aussichtslosem Warten in schmerzender Kälte kommt uns der Gedanke, mit der Metro zu fahren. Hinter uns münden Treppenschächte, aus denen endlose Menschenströme quellen. Wir steigen hinunter, ohne Orientierungsmöglichkeiten, durch Gang- und Treppensysteme weiter und weiter, bis die Bahnsteige in Sicht kommen. Endlich Auskunft, wie zum Metropol zu kommen ist: Karl Marx Prospekt. Kaum glaublich, aber es klappt, gegenüber dem Hotel tauchen wir aus dem Erdboden auf. Die Ganzglastüren sind zugefroren, aber das macht uns nichts mehr.

Nach dem Frühstück mit Wodka und Kaviar: Luka, unser Intourist Guide. – Vorher noch komplizierte Versuche, um Information betreffs des Vortrages, den ich abends halten soll. Endlich, bei der deutschen Botschaft Hinweis auf Architektenvereinigung und Dolmetscher. Verabredung zu 16.00 Uhr. – Dann sightseeing Moskau.

Innenstadt mit den Theatern, Stadterneuerungsmaßnahmen, den sieben Turmhäusern, Leningedächtnis, aber auch Häuser von Puschkin, Tschaikowski und von Ballerinen. Das Jungfrauenkloster. Ein bezauberndes Ensemble von verschiedenen Kirchen und Kapellen mit wunderschönen Türmen.

Lomonossow Universität, 30 000 Studenten, davon 2000 Ausländer, eine integrierte Welt wissenschaftlichen Lebens bis zum Schwimmbad und zur Unterhaltungsbücherei, Zimmer mit Sanitärzellen. Trotz der zu repräsentativen Architektur lebendiges Fluidum.

Neue Wohngebiete mit allen Bauweisen neuzeitlicher Bautechnik. Die Architektur hat sich gewandelt, der sozialistische Realismus ist passé.

Das große Moskwa Bassin, 27 °C, daher übernebelt. Schale mit 120 m Durchmesser, dort sollte ursprünglich ein gigantisches Turmbauwerk mit 20stöckigem Lenin errichtet werden. Gott sei Dank war der Baugrund zu schlecht. – Dann Roter Platz (rot heißt „schön"). Basilius Kathedrale ein Märchen, neun Türme, für jede Schlacht gegen die Tataren einer, Lenin Mausoleum, Kreml, Gum, das imponierende Warenhaus mit seiner großzügigen Halle.

Mittags im Hotel, telefonische Regiebesprechung mit Wichtendahl für den Abend. Dann gegen 16.00 Uhr zum Clubhaus der Architektenvereinigung. – Architekt Kopeljanskij, der den Vortrag dolmetschen will, empfängt uns. „Sie sind Professor Deilmann? Ich habe den Text Ihres Vortrages gelesen, der mich sehr beeindruckt hat und bin nun erstaunt über Ihre Jugendlichkeit".

Ein schönes altes Gründerzeithaus – oder etwas älter, großzügige Hallen und Treppen, schöne Räume mit kostbaren Möbeln und Inventar; in einem Anbau in Verbindung Ausstellungsfoyer und Vortragssaal. Im Untergeschoß ein gemütliches Restaurant.

Durchsprache des Vortrages, sehr nett, beim Tee, Gedankenaustausch über Beruf und damit zusammenhängende Fragen, Gespräch mit Präsident der Architektenvereinigung. Moskau hat etwa 3000 Mitglieder, man wird berufen, nach 5 – 7 Berufsjahren als Auszeichnung für schöpferische Betätigung. Der Verband hat viele Erholungsheime. Man bedauert, daß wir keine Zeit haben, um einen gut erhaltenen alten Landsitz aufzusuchen.

Vortrag vor etwa 200 Personen, meist am Krankenhausbau interessierte Architekten und auch Gäste. Man bedauert den ungünstigen Zeitpunkt aus Anlaß der Siegesfeiern. Der Kollege Wichtendahl spricht zuerst über Krankenhäuser, dann ich über „Fachkliniken der deutschen Sozialversicherung", anschließend Fragen an die Redner; dann Empfang im kleinen Kreis, etwa 25 Personen, mit Aussprache. Dabei ein Mediziner, Professor, der zur Zeit ein Klinikum mit 3000 Betten plant. Sehr amüsante Diskussion, bei der Architekten gegen Mediziner stehen. Allgemeine Bewunderung, Anerkennung, ja Identifikation mit dem von mir Gezeigten und Gesagten. Man bejaht die Architektur, als notwendige Steigerung des Zweckbedingten, nur Funktionalen. Armenischer Kognak, Äpfel und Kaffee.

Anschließend mit Legationsrat Dirnecker, Kulturattaché der deutschen Botschaft, ins National Hotel zum Abendessen: Kaviar und Stör vom Spieß mit Wodka und trockenem Weißwein. – Hillebrecht und Gutbrod kommen hinzu. – Nachhauseweg im Schnee.

20. Dezember 1966

Um 7.00 Uhr Blick aus dem Fenster. Es schneit, Moskaus Frauen schaufeln den Schnee...

Frühstück und dann Treffen mit Gutbrod zur Kreml-Besichtigung. Bei eisigem Wind in der langen Schlange auf dem Roten Platz zum Lenin Mausoleum, Mütze ab, links um, Treppe rechts herunter, im Aufbahrungsraum Offiziere, Wachtposten, rechts Treppe wieder hoch, Umgang, links Treppe herunter und dann wieder nach oben ans Tageslicht – Lenin liegt im Glassarg.

Dann am Friedhof vor der Kreml-Mauer entlang, wo die Prominenten des Staates beerdigt liegen. In den Kreml, Erzengel Kathedrale, großartige Bemalung, Sarkophage der Zaren und Großfürsten. Dann in die Schatzkammer – unvorstellbare Schätze aus der Geschichte des Reiches.

Kremlpalast-Theater von außen, dann über den Roten Platz zu Gum, dem riesigen Kaufhaus. Die Basilius-Kathedrale liegt immer noch da wie im Märchen.

In die Gorkistraße; wir wollen Bücher und Schallplatten – dann in ein Armenierrestaurant mit interessanter Küche. – Quer durch die Stadt zur Schschdanowa 11, dem Architekten-Institut. Professor Nikolajew erwartet mich, er ist Rektor – Konstruktivist der 20er Jahre – von 2000 Studenten, ⅔ Tagesstudenten, ⅓ Abendstudenten, 200 Ausländer aus afroasiatischen Ländern. – Sechs Studienjahre, man möchte abkürzen – und gleichzeitig das Studium komplexer gestalten. UIA Kongreß Paris – Beitrag Rußland war von hier – unser Beitrag BRD hat beeindruckt wegen der Systematik – Austausch der Gedanken. Führung durch Ausstellung von Diplomarbeiten. Beeindruckende Leistungen, sechs Monate Bearbeitung außer Entwurf, konstruktive Berechnung und ökonomische Studien.

Fahrt zum Szokolniki Park zur deutschen Architekturausstellung. Etwas abseits, aber ordentlich aufgebaut und trotz strenger Kälte guter Besuch. Rücksprache mit Informanten über Erfahrungen: positiv. – Von dort zum Konservatorium: Chopin und Mahler, Solist Richter, ein großartiges Konzert, interessantes Publikum, auf dem Rang nur Jugend, frenetische Ovationen für Richter, der letzte Satz als Zugabe wiederholt.

Abschiedsdiner im Metropol, Kaviar, Krim-Sekt, Eis, Stör usw.

21. Dezember 1966

Zwischenlandung in Kiew – penetrante Rückflug-Kontrollen und dann Wien – wieder auf festem Boden.

Unsere russischen Kollegen haben über die deutsche Architekturausstellung anschließend folgende Stellungnahme verfaßt:

Zeitgenössische Architektur in der Bundesrepublik Deutschland

Bilanz einer Ausstellung

Zu Beginn des Jahres schloß in Moskau die Ausstellung „Zeitgenössische Architektur in der Bundesrepublik Deutschland" ihre Pforten. Sie war vorher in Leningrad und Kiew gezeigt worden.

Zu sagen ist, daß die Ausstellung infolge des mitgeschleppten Propagandaballastes, der Zielsetzungen weit abseits des rein architektonischen Themenkreises erkennen ließ, in ihrer Nützlichkeit weithin beeinträchtigt wurde.

Das Bemühen der Veranstalter und einzelner Vortragender, Hannover und Sennestadt, die in der Ausstellung die beherrschende Stelle einnahmen, als „typische Beispiele für die allgemeine Entwicklung" im Städtebau der Bundesrepublik Deutschland hinzustellen, wie es im Ausstellungskatalog heißt, widerspricht den Tatsachen. Schließlich weiß man ziemlich allgemein, daß sich die kritische Lage im westdeutschen Städtebau, der vom Privateigentum an Grund und Boden ausgeht, durch einzelne Erfolge und Errungenschaften nicht geändert hat. So ist die Situa-

tion in der gigantischen Agglomeration, die das Ruhrgebiet darstellt, nach wie vor ernst. Auch mit dem Ausbau der weitaus meisten westdeutschen Großstädte steht es nicht besser.

Auf der am 6. Mai 1964 in Ansbach abgehaltenen 18. Tagung des westdeutschen Verbandes für Wohnungswesen, Städtebau und Raumplanung charakterisierte der Regierungskreise vertretende (sic!) Architekt Baumann die derzeitige Lage in der Bundesrepublik wie folgt: „... Wir stehen heute sehenden Auges vor dem unaufhaltsamen Wachstum der städtischen Verdichtungsräume und der gleichzeitigen Erosion des ländlichen Raumes und haben erkannt, daß diesen beiden Erscheinungen, die sich in ihrer negativen Auswirkung gegenseitig verstärken, nicht (mehr durch Bekämpfung der Symptome)* beizukommen ist." (Zeitschrift „Bauen + Wohnen", 1964, S. 12–15)

Man braucht, wenn man dies feststellt, die schöpferischen Leistungen einzelner Architekten in der Bundesrepublik Deutschland deshalb nicht zu unterschätzen. So hat die Architektengemeinschaft unter Leitung von Prof. Hillebrecht bei der Neuplanung und Bebauung Hannovers städtebaulich beachtliche Ergebnisse erzielt.

Hannover wurde bekanntlich in der Zeit von 1949 bis 1966 wiederaufgebaut und dabei in erheblichem Maße neugestaltet. Architekten und Planern ist es gelungen, das Stadtzentrum vom Verkehr zu entlasten und eine Ringschnellstraße zu schaffen, die den Durchgangsverkehr aufnimmt. Ein wohldurchdachtes System mit diesem Ring verbundener radialer und tangentialer Straßen hat den Verkehr in dieser zur Zeit mehr als 600 000 Einwohner (nicht gerechnet die rund 300 000 Pendler aus den Nachbarorten, die in der hochentwickelten Hannoverschen Industrie beschäftigt sind) zählenden Großstadt in geordnete Bahnen gelenkt.

Architektonisch zweifellos gelungen ist auch die Bebauung der Ringstraße mit (vor allem Verwaltungs- und Büro-) Hochhäusern, wo sie städtebauliche Akzente setzen. In vieler Hinsicht interessant ist weiter, wie man die Vorschläge zur Abtrennung der Wohnviertel durch ein System von Grünanlagen in die Wirklichkeit umgesetzt hat.

Man fragt sich, wie eine so umfassende Lösung in einem Lande realisiert werden konnte, wo das im Kapitalismus übliche System des Privateigentums an Grund und Boden besteht.

Hierbei haben gewiß die Hartnäckigkeit der Hannoverschen Kommunalbehörden und die organisatorischen Fähigkeiten Rudolf Hillebrechts keine geringe Rolle gespielt. Indessen liegt darin selbstverständlich nicht die Lösung des Rätsels vom „Wunder in Hannover", wie es lange Zeit in den Überschriften der westlichen Presse apostrophiert wurde.

---

*) Anmerkung des Übersetzers: die eingeklammerten Wörter fehlen in der russischen Übersetzung des Baumannschen Vortrags.

Der Witz ist vielmehr, daß die Stadt am Kreuzungspunkt wichtigster internationaler Luft-, Bahn- und Wasserwege liegt und eine langdauernde Lähmung dieses großen Zentrums einen Hemmschuh für die Entwicklung der westdeutschen Industrie bedeutet hätte. Gleichzeitig hat das nach dem Kriege in der Bundesrepublik Deutschland erfolgte Wachstum der Monopole und die zunehmende Kapitalkonzentration den bürgerlichen Staat in Stand gesetzt, seine planende Funktion im Bereich der materiellen Produktion im Interesse der gleichen Monopole etwas zu aktivieren.

So erklären sich die objektiven Antriebe nicht nur für den beschleunigten Wiederaufbau der Stadt, sondern auch für den Versuch, hierbei für ein Territorium, in dem rund 1 Million Menschen leben, ein neues Raumplanungsschema zu entwickeln. In dieser Richtung sind allerdings nur die ersten Schritte getan worden, doch ist das Studium der in diesem Zusammenhang durchgeführten wirtschaftlichen, soziologischen und demographischen Untersuchungen zweifellos lohnend.

Die zweite städtebauliche „Trumpfkarte" der Ausstellung war die Planung Sennestadts für 30 000 Einwohner (Architekt: Hans B. Reichow). Sennestadt ist eine Trabantenstadt Bielefelds und liegt in landschaftlich günstiger Lage am Teutoburger Wald. Der Bau der neuen Stadt wurde in erheblichem Maße von den großen Industriekonzernen finanziert, die an einer Regulierung der chaotischen Bebauung dieses Raumes interessiert waren. Eine Rolle hat nicht zuletzt auch das Interesse westdeutscher Industrieller und reicher Rentiers gespielt, die für sich und ihre Familien ein Städtchen schaffen wollten, wo man komfortabel und nichtsdestoweniger in bequemer Autoreichweite der Industriezentren Bielefeld und selbst Dortmund und Münster, die verhältnismäßig weit abliegen, leben konnte. Das Wohnen in diesen abgasverseuchten und überbevölkerten Industriezentren hat offensichtlich für die westdeutschen Industrie-Kapitäne wenig Anziehendes.

Interessant ist an der für Sennestadt gefundenen Lösung das originelle streng differenzierte Straßensystem, das im gesamten Stadtgebiet keinerlei Kreuzungen kennt. Prof. Reichow (eines seiner Bücher: „Die autogerechte Stadt" liegt dem sowjetischen Leser in Übersetzung vor) ist es gelungen, Fußgänger- und Fahrzeugverkehr vollständig zu trennen und die für die Bundesrepublik Deutschland charakteristische katastrophal hohe Verkehrsopferzahl durch seine insgesamt zur Verkehrsregelung getroffenen Maßnahmen erheblich zu senken. Beachtung verdient auch die von Prof. Reichow angewandte Methode zur Nutzbarmachung der durch die Entnahme des Baumaterials entstandenen Steinbrüche und Baggerlöcher zur Schaffung künstlicher Wasserbecken und Sportanlagen, durch die die raumplanerische Gesamtlösung eine Bereicherung erfährt. Prof. Reichows Methoden und Verfahren lassen sich jedoch nicht unmittelbar auf die Projektierung von Stadtregionen und Großbauvorhaben in größeren und Großstädten mit ihrer hohen Bebauungsdichte übertragen.

Bei weitem nicht immer überzeugend vom Standpunkt der architektonischen Raumgestaltung erscheint auch die Planung der Stadt selbst (wobei uns ein Urteil allerdings nur anhand von Bildern in Zeitschriften und Diapositiven möglich ist). Der Planer hat sein Talent trotz allem doch mehr in den Dienst des Automobils als in den des Menschen gestellt.

Von den öffentlichen Bauwerken, die in verschiedenen Typen auf der Ausstellung gezeigt werden, verdienen einige Theater und Museen Interesse. In Westdeutschland ist in den Nachkriegsjahren eine ganze Reihe neuer Theatergebäude entstanden, die zum Teil (dies gilt vor allem für die Schauspielhäuser) experimentellen Charakter tragen (mit arena- oder ringförmiger Bühne oder mit in verschiedener Weise veränderlichem Zuschauerraum). Alle diese Beispiele sind in ausländischen und sowjetischen Veröffentlichungen vielfach besprochen worden und unseren Fachleuten wohl bekannt.

Weniger bekannt ist wahrscheinlich die Tatsache, daß auf einem kürzlich in der Bundesrepublik Deutschland veranstalteten Symposium für Theaterbau, an dem bekannte Regisseure und Schauspieler teilnahmen, die Theatergebäude neuen Typs als für die Gestaltung einer szenischen Handlung wenig geeignet bezeichnet wurden. Den Vorzug gab man Häusern mit moderner Tiefbühne mit Portal (Mantel).

Eines eingehenderen Studiums wert sind die Erfahrungen bei der Projektierung und Ausführung von Universitätsgebäuden, wo man in einem für die Verhältnisse der Bundesrepublik Deutschland recht erheblichen Umfang die auf der Standardisierung der Bauzellen beruhende Fertigbauweise anwandte.

In der architektonischen Gestaltung zahlreicher öffentlicher Gebäude, besonders Museen, Schulen und Hochschulen, spürt man nachhaltig den Einfluß Mies van der Rohes (charakteristischstes Beispiel: das Lembruck-Museum in Duisburg, Architekt: M. Lembruck). Aber der Mies van der Rohe eigene Lakonismus des künstlerischen Wurfs erscheint in den Werken seiner westdeutschen Jünger wie auf Hochglanz poliert und endet in einer Art freudloser Sterilität. Aber selbstverständlich finden die westdeutschen Architekten bei ihren Bauten auch nicht selten eigenständige, originelle Lösungen, die sich hervorragend in Umgebung und Landschaft einfügen. Dazu gehören unserer Ansicht nach die bestgelungenen der von den Architekten Wichtendahl und Deilmann in interessanten Vorträgen gezeigten Heil- und Kuranstalten.

Interessante Gedanken waren in Vorträgen einzelner westdeutscher Architekten über die Rolle der Architektur als Kunst bei der Gestaltung des Lebensraumes und über die Notwendigkeit, lokale Besonderheiten der Landschaft und der baulichen Umgebung und schließlich die gewachsenen Traditionen in der Baukunst zu berücksichtigen. Gleichzeitig weisen wir die (allerdings vereinzelten) Behauptungen mancher Vortragender, die mit der Industrialisierung und der Massenerstellung von Bauten gestellte Aufgabe sei mit Kunst unvereinbar, mit Nachdruck zurück. Im Gegenteil! Die sowjetischen Architekten sind fest davon überzeugt, daß diese im Interesse unseres Volkes liegenden Aufgaben nur vom Standpunkt hoher Kunst aus vollwertig gelöst werden können und eine allseitige sorgfältige Ausbildung der Architekten erfordern.

Die Begegnungen zwischen westdeutschen und sowjetischen Architekten waren durch Sachlichkeit und berufliches Interesse geprägt. Nicht selten kam es dabei zu ernsthaften Diskussionen über die bei der Neugestaltung von Städten künftig einzuschlagenden Wege und die beim Bau neuer Städte auftauchenden Probleme, über den Einfluß des wissenschaftlichen und technischen Fortschritts im Bauwesen auf das Wesen der Baukunst, über die Rolle soziologischer Untersuchungen bei der Projektierung von Wohn- und öffentlichen Gebäudekomplexen und über eine Reihe anderer aktueller Fragen. Dabei ist natürlich die soziale Grundlage, von der aus man in unserem Land an die Lösung der Kernprobleme des Städtebaus und der Architektur und auch der weltanschaulich-künstlerischen Aufgaben herangeht, der in der Bundesrepublik Deutschland prinzipiell entgegengesetzt.

Unsere Architekten und Baumeister bedienen sich unbehindert von den Fesseln des Privateigentums an Grund und Boden und an den Produktionsmitteln aller Vorteile, die ihnen das sozialistische System der Volkswirtschaft mit seiner Einheit von Wirtschaftsplanung und Städtebau bietet.

K. Trapesnikow, D. Kopeljanskij, Architekten

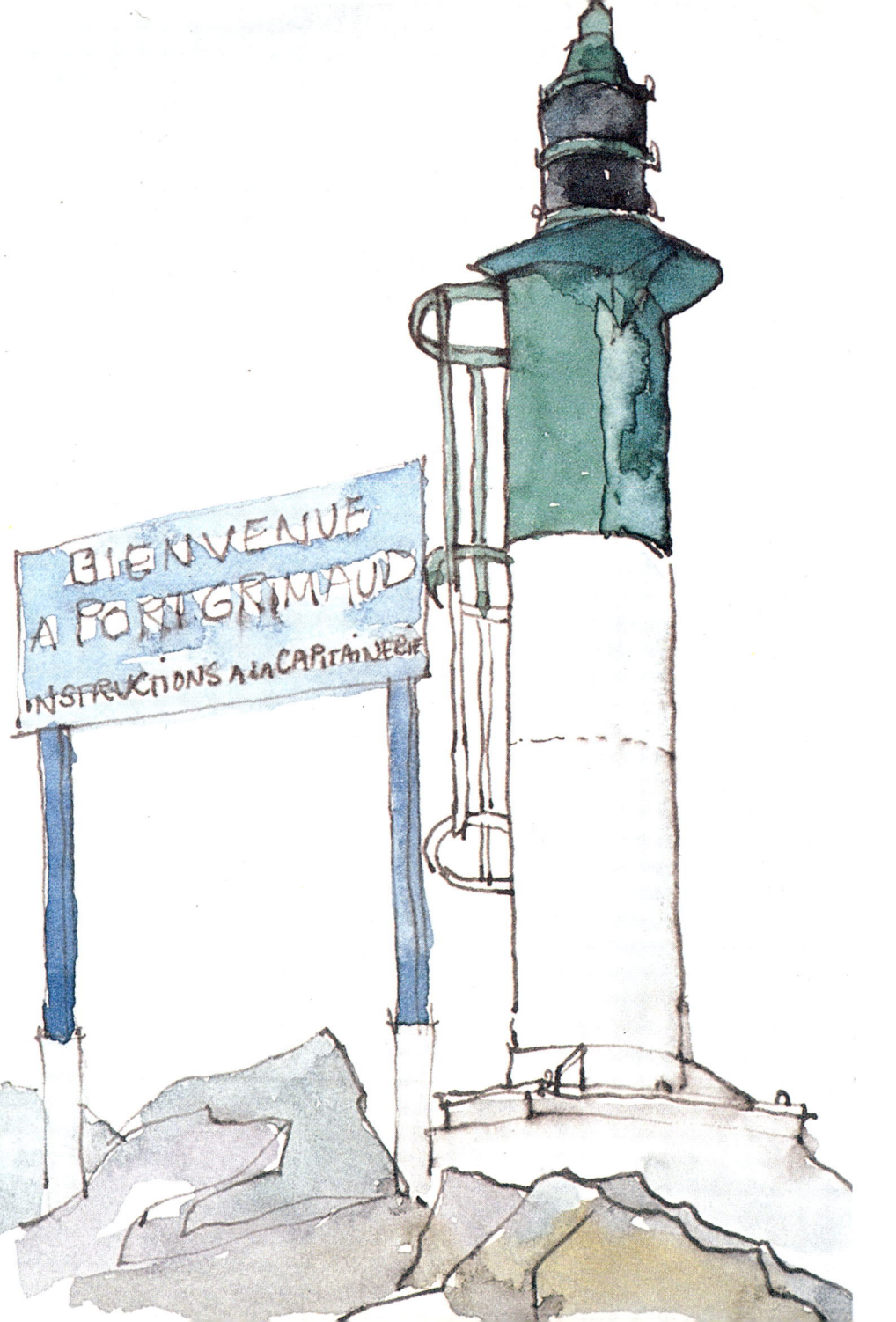

Venedig / Sommerakademie

18. – 28. Juli 1982

Venedig als städtebauliches Lehrexempel

Zunächst ist da gar nichts Exemplarisches. Eine faszinierende Urbanität, ein überwältigender Eindruck quirlenden städtischen Lebens – gleichgültig von welcher Stelle aus man dieses Gemeinwesen nach Verlassen des Festlandes betritt – oder, was üblicher ist – von wo aus sich dieses auf dem schwankenden Boden eines Wasserfahrzeuges erschließt – nichts, aber auch gar nichts ist wie gehabt.
Und schon gibt es nur noch das große Staunen in dieser realen Unwirklichkeit einer bis dahin nicht gekannten, nicht erlebten Welt. – Ob man von der nüchternen Stazione Sta. Lucia oder von dem nicht minder ernüchternden Piazzale Roma aus – in den Canal Grande – den Canalazzo – im Vaporetti eingeschifft – oder ob man mit angelegten Ohren im Motoscafi vom „Marco Polo" aus durch die Laguna morte in das Gewirr der Kanäle eingeschleust wird – man ist im Handumdrehen in der verwirrenden Vielfalt dieser Inselstadt mit ihren zahllosen Kanälen, Brücken, Palästen, Kirchen, – aber auch ihren unzähligen, die eigentliche Substanz der Stadt ausmachenden Häusern, die in ihrer Dürftigkeit in einem eklatanten Kontrast zu den baugeschichtlichen Dominanten stehen. –
Die schnell wechselnden Bilder, ungewohnte Gerüche, lärmende Geräusche verbinden sich zu einem milieuprägenden Gesamteindruck, der jegliche Identifizierungsmöglichkeit von Ursache und Wirkung ausschließt.
Erst aus der Distanz von „San Servolo" zeigt sich Venezia Città, jenes Konglomerat aus Orient und Okzident als überschaubare Silhouette von wohltuender Geschlossenheit, aus der die akzentuierenden Campanile als Orientierungssignale herausragen. Und aus dem Schutz der verlassenen psychiatrischen Anstalt stellen sich die Fragen, inwieweit die „Civitas Venetiarum" für uns, an den Gestaltungsmöglichkeiten der städtischen Umwelt Interessierten, ein Lehrexempel sein kann. –

Gehen wir systematisch vor:

1. Venedig zeigt deutlicher als wir es gemeinhin wissen, daß eine Stadt ihre unverwechselbare Individualität dem Zusammenwirken vieler spezifischer Faktoren verdankt, wie zum Beispiel der geografischen Lage, der Topografie, den klimatischen Gegebenheiten, dem Stadtgründungsanlaß, ihrer Entstehungsgeschichte, den sich im Laufe der Zeit häufig gewandelten sozioökonomischen Gegebenheiten und machtpolitischen Verhältnissen sowie vielen anderen mehr.

2. Daraus folgt, daß die aus der besonderen historischen Entwicklung kristallisierte Einmaligkeit einer Stadt unnachahmlich ist und kein Beispiel abgeben kann für neu zu gründende Städte oder für die Weiterentwicklung vorhandener. Der Architekt Francois Spoerry hat sich bei der Planung der Freizeitstadt Port Grimaud in Südfrankreich auf das Beispiel Venedigs berufen – aber, außer der Erreichbarkeit der Häuser Port Grimauds vom Wasser aus entspricht nichts, aber auch gar nichts der komplexen Vielfalt des Vorbildes.

3. Vielleicht ist die Betrachtung des Erschließungssystems der Lagunenstadt der aufschlußreichste Einstieg in deren Einmaligkeit. Venedig ist weder durch das Raster der griechischen Kolonialstädte aufgegliedert noch durch das Erschließungskreuz der römischen Castren (cardo und decumanus, durch das viele europäische Städte geprägt wurden) in Quartiere geviertelt. Der Canal Grande, Canalazzo genannt, bildet mit seinem großartigen mäanderartigen Doppelschwung die Hauptachse der Insel, auf die das Wasserstraßensystem der 177 Canale, Rio, Rii und Rielli ausgerichtet ist. Diese Hauptschlagader teilt das Stadtgebiet in die nördliche und südliche Stadthälfte, die jeweils wiederum gedrittelt insgesamt die historische Einteilung in sechs „Sestieri" (Sechstel) ergibt – eine Abweichung von der sonst üblichen Stadt-Viertel-Aufteilung. Das Wasserstraßensystem, welches den Fahrverkehr der Gondole, Motoscafi und Vaporetti aufnimmt, verbindet die Untergeschosse der Gebäude (die ursprünglich als Warenlager und den Einrichtungen des Handels dienten) direkt mit dem Meer. Als Verbindung mit dem Lande dient ein unabhängig von der Wassererschließung geführtes Verkehrsnetz, in einer zweiten Ebene der Fußgängerführung vorbehalten, welche durch 400 Brücken kreuzungsfrei verläuft. Die so häufig beschworene Trennung der Verkehrsarten kann in Venedig am jahrhundertalten Beispiel studiert werden. –
Die Fußgängerstraßen sind ihrer Bedeutung gemäß hierarchisiert, von der Salizzada (Hauptstraße), Via, Calle, Cista, Fondamenta (wasserbegleitend), Riva, Ruga, Rio Terra (zugeschüttete Wasserstraße) bis zur Rughetta (Seitengasse) und Ramo (Sackgasse). –
Die autofreie Stadt ist in Venedig verwirklicht – sie kann allerdings nur Modell sein für Städte, die „wasserführend" sind.

4. Die mehrdimensionalen Bewegungsräume Venedigs weiten sich zu Höhepunkten menschlicher Begegnungsmöglichkeiten in ihren Plätzen, wahren Meisterwerken der Stadtbaukunst. In diesen unübertrefflich gestalteten Freiräumen lohnt sich meditative Versenkung, vertiefende Betrachtung, um herauszufinden, worauf deren beglückende Wirkungen, ihre charismatischen Ausstrahlungen beruhen. Natürlich ist zunächst „La Piazza", Piazza und Piazetta di San Marco zu nennen, jenes unnachahmliche Raumensemble, welches in der Welt nicht seinesgleichen hat. An diesem Meisterwerk haben über die Jahrhunderte hinweg Generationen von Baukünstlern auf Weisung mächtiger Bauherren gewirkt (als letzter gab Napoleon 1810 zum Bau des westlichen Abschlusses der Piazza den Befehl). – Der Piazzale Roma, der Endpunkt für den Autoverkehr, bedarf in diesem Zusammenhang keiner Erwähnung – alle anderen Plätze heißen Campo (oder Campiello), so der Campo SS. Giovanni e

Paolo, Campo S. Maria Gloriosa dei Frasi, Campo S. Giacomo dell'orio, um nur einige aufzuzählen, die des Studiums durch angehende Städtebauer wert sind.

5. Wie die Plätze, so werden die Wasserwege und Fußgängerstraßen erst durch die Gebäude, durch die Architektur zu erlebnisstarken Räumen. In dieser Hinsicht ist Venedig ein beispielloses Lehrexempel für Bauen im historischen Kontext. Eine tausendjährige Baugeschichte ist hier zu einem städtebaulichen Gesamtkunstwerk zusammengewachsen, ein Bilderbuch der schicksalhaften Vergangenheit dieser Stadt. – Wenn man die Abfolge der Bebauung am „Canalazzo" aufmerksam betrachtet, so kann man, besser als sonst irgendwo, feststellen, daß es keiner Gestaltungssatzung bedarf, keiner Festsetzungen einheitlicher Geschoßzahlen und Traufhöhen, auch keines genormten Parzellenrhythmus, um eine überzeugende Ensemblewirkung zu erzielen. Im Gegenteil, ohne zu enge Bindungen erscheint eine größere Lebendigkeit der Gesamtwirkung eher gewährleistet. Es bedarf allerdings des Verantwortungsbewußtseins derer, die das baugeschichtliche Kontinuum weitertragen. Und für den Lernenden wird kritische Vorurteilslosigkeit empfohlen. So sollte man zum Beispiel das Gebäude Fabbriche Nuove di Rialto, den Gerichtshof (im 16. Jahrhundert von Jacopo Sansovino aus Florenz gebaut) betrachten, der bei maßvoller Höhenentwicklung durch seine ungegliederte Länge maßstabssprengend wirkt, oder der Palazzo Grimani (1540 von Michele Sanmicheli aus Verona gebaut) als Höhepunkt venezianischer Renaissance gefeiert, in der Relation zu seinen beiden Nachbarn (Casa Corner-Valmarana und Palazzo Comer Contarini dei Cavalli) von unbeschreiblicher Brutalität; oder der Palazzo Comer della Ca Grande (ebenfalls aus dem 16. Jahrhundert von J. Sansovino), heute Präfektur, für mein Empfinden ein unverzeihlicher Maßstabsbruch; und der Campanile von San Marco aus dem 12. Jahrhundert (1903 bis 1912 originalgetreu nach seinem Einsturz wieder aufgebaut) ist für mich zu grobschlächtig in Bezug zur Feingliedrigkeit seiner später entstandenen Nachbarn. Frage also, ob man ihn originalgetreu wieder aufbauen durfte. – Übrigens eine Dreiecksbeziehung von einmaliger städtebaulicher Größe: San Marco, San Giorgo Maggiore und Santa Maria della Salute. – Und zum Thema der baugeschichtlichen Kontinuität: Es gibt kaum ein gebautes Beispiel bemerkenswerter zeitgenössischer Architektur des 20. Jahrhunderts oder – noch deutlicher gesagt: Die Kontinuität scheint im 19. Jahrhundert beendet worden zu sein. – Darüber lohnt sich nachzudenken.

6. Keine Stadt besteht nur aus Palästen (in Venedig 900) und Kirchen (105). Im Mittelalter, zur Blütezeit, lebten 190 000 Menschen in Venedig – es war die größte Stadt Italiens und auch die bedeutendste.
Nach der Eroberung Konstantinopels 1453 durch die Osmanen und die Entdeckung Amerikas sowie des Seeweges nach Indien setzte für Venedig ein Bedeutungsverlust ein, der einherging mit dem Verlust der politischen Macht und der schließlich zum Funktionswandel führte. –

Heute leben dennoch 70 000 Menschen in Venedig, vornehmlich in den „Sestieri" von Castello, Dorsodurio und Cannareggio. Es gibt einen lesenswerten „Führer durch die Wohnstätten-Architektur von Venedig", durch ein unbekanntes Venedig des 12. bis 18. Jahrhunderts.

Der Wohnungsbau als konstituierendes städtebauliches Element ist in einer erstaunlichen Typenvielfalt von höchster Aktualität über die Jahrhunderte hinweg weiter getragen worden. Wenn man die heute für den Tourismus so wichtigen kunst- und bauhistorischen Höhepunkte Venedigs einmal ausklammert, so bietet die Stadt auf dem Gebiet des städtischen Wohnungsbaus eine derartige Fülle historischen Materials, die alleine die Reise lohnen und das intensivere Studium rechtfertigen würde. Auch hier stellt sich die Frage nach der Kontinuität, nach der Weiterführung der Tradition, nach der Erfüllung der Ansprüche und Erwartungen des Stadtbewohners von heute. Die Beschäftigung mit dieser Problematik würde Venedig als weiteres städtebauliches und architektonisches Lehrexempel ausweisen – und deswegen wird der gegenwartsbezogene städtische Wohnungsbau eines der Themen der nächsten Sommerakademie sein.

7. Letztlich und nicht zuletzt geht es in Venedig um Probleme der Stadterneuerung – nicht nur um die physische Rettung einer Stadt vor Verfall und Untergang – es geht mehr noch, als Voraussetzung für Sanierung und Restaurierung, um die Zurückgewinnung der Funktion des Altstadtgebietes als Zentrum des urbanen, politischen und kulturellen Geschehens. So wichtig Tourismus für eine Stadt sein mag und als Erwerbsquelle auch ist – er darf nicht die Oberhand gewinnen und damit die natürlichen Lebenskräfte ersticken. – Für den Stadtkern Venedigs gilt es, die Entwicklung in dieser Hinsicht auf ein sinnvolles Maß zurückzudrehen, um die weitere Flucht zum Festland zu unterbinden. Das „Centro Storico" muß in erster Linie die zentralen Aufgaben erfüllen, die für die Versorgung der eigenen Bevölkerung erforderlich sind. Vor allem aber gilt es, durch Modernisierung und Instandsetzung die dicht bebauten Stadtquartiere wieder lebensfähig und für die Stadtbevölkerung attraktiver zu machen. Dabei ist auch oder gerade in Venedig der Schutz der minderbemittelten Altstadtbewohner gegen Mietpreissteigerungen wichtig. Statt weiterer Verdrängung soll durch Revitalisierungsmaßnahmen ja eine Rückkehr der Wohnbevölkerung begünstigt werden.

8. Und schlußendlich – mit dem Mut zur Unvollkommenheit – steht als Thematik für den um Erkenntnisgewinn bemühten Venedigbesucher der große Komplex der städtebaulichen Denkmalpflege, Restaurierung, Konservierung, Translozierung, Monumentalisierung, Eklektisierung u.v.a.m. zum Studium an. Auch die Umnutzung von Baudenkmalen für andere Zweckbestimmungen, um sie vor lediglich musealer Mumifizierung zu bewahren, ist in Venedig vielfach praktiziert und gut zu studieren. Durch unseren Gastgeber, das „Europäische Ausbildungszentrum für Handwerker im Denkmalschutz" im ehemaligen Irrenhaus von San Servolo – besitzen wir gerade bezüglich dieser Themen hervorragende Einblickmöglichkeiten. – Nicht zu vergessen ist natürlich unser Venedig-Mentor, Marco Venturi, der den Einstieg in die Geschichte der Stadtentwicklung durch die damit verbundene Einführung in den Genuß venetischer Weine sehr eingängig gemacht hat.

Venedig / Sommerakademie
18. – 30. Juli 1983
Venedig als städtebauliches Lehrexempel II

Venedig überwältigt. Gewiß.
Aber es überwältigt nicht
durch das Vielfältige, sondern
durch das Einmalige, nicht
durch das Individuelle, sondern
das Typische, nicht durch
die Variationen, sondern
durch das Thema
M. Langewiesche

Venedig ist für den Lehrenden und Lernenden unerschöpflich.

Wir sind nicht zum zweiten Mal nach Venedig gekommen, um uns überwältigen zu lassen. Die Überwältigung hat beim ersten gemeinsamen Besuch stattgefunden. Und wir wollten nun das Einmalige kennenlernen – erforschen und feststellen, was daran das Typische ist und inwieweit es für uns zur nützlichen Erfahrung werden kann. Also: Venedig auch als städtebauliches Lernexempel.

Wir hatten uns als Thema für die städtebaulichen Feldstudien die typologischen und morphologischen Grundlagen des Städtebaues im allgemeinen und eines Quartiers von Venedig im besonderen vorgenommen. Die Begrenzung des Arbeitsfeldes wurde am Riva degli Schiavoni stehend freihändig, anhand des Stadtplanes, vorgenommen. CASTELLO schien uns ein geeignetes „Sestieri" (Stadt-„Sechstel", Kundige wissen, daß es in Venedig keine „Viertel" gibt) zu sein – ohne Tourismus, da am Rande der Sensationen des Fremdenverkehrs. Wir legten als Begrenzung den Nord-Süd verlaufenden Rio della Pietà fest und wählten den sich nach Osten anschließenden Bereich. Darin immerhin ein Stadtteilplatz „Campo Bandierae Moro" mit gotischem Palazzo Gritti-Badoer (15. Jahrhundert) und mit San Giovanni in Bragora, St. Johannes im Sumpf, eine der ältesten Kirchen Venedigs, gestiftet im 7./8. Jahrhundert – heute ein spätgotischer, einfacher Bau, ebenfalls aus dem 15. Jahrhundert – und auch die Kirche San Antonio aus dem 17. Jahrhundert, die noch zu unserem Gebiet gehört.

Sinn dieser Feldarbeit sollte weniger die Erforschung der bauhistorischen Problematik dieses Gebietes sein, welche natürlich soziale, funktionale, kulturelle und technisch-ökonomische Aspekte mit einschließt, sondern: anstelle des Eindrucks vom amorphen Häusermeer und seitens irregulären Erschließungssystems sollte durch systematische Beobachtungen, Untersuchungen und Vermessungen das Erkennen von Regelhaftigkeit seiner Anordnungsmuster treten und daraus dann ein Erfahrungsgewinn entstehen für die Lösung der geplanten Entwurfsaufgabe und auch – weiter verallgemeinert – für die städtebauliche Arbeit überhaupt. Das Hauptthema: Der öffentliche Raum, das heißt der durch die Bebauung gebildete Erlebnisraum, der für alle zugängliche Bereich zwischen den Gebäuden, der durch raumbildende Elemente begrenzte Begegnungs-, Kommunikations-, Verkehrs- und Versorgungsbereich.

Erstes Unterthema: Die Straße

Venedig ist hierfür ein untypisches Beispiel. Die Stadt ist nicht vom rechtwinkligen römischen Straßenkreuzsystem „CARDO" und „DECUMANUS" in Quartiere aufgeteilt worden. Der „CANALAZZO" teilt die Stadt in seinem eleganten Doppelschwung in eine nördliche und südliche Stadthälfte, und diese, jeweils dreigeteilt, ergeben die sechs SESTIERI: Cannareggio, S. Croce, S. Polo, S. Marco, Dorsoduro und Castello.

Ebenfalls untypisch in Venedig – gegenüber Festlandstädten – daß hier von Anbeginn her das Straßenerschließungssystem streng nach Funktionen differenziert war – natürlich durch die besondere Situation bedingt oder begünstigt. Die beiden sich überlagernden Verkehrsnetze der aquatischen Fahrzeugstraßen und der terrestrischen Fußgängerstraßen sind – kaum veränderbar – bis in die Gegenwart prägend für die charakteristische Strukturform der Stadt. Während auf dem Festland Städte von der Bedeutung Venedigs ihr mittelalterliches Gefüge in der Renaissance und später im Barock entsprechend dem mit der Entdeckung der Zentralperspektive im 16. Jahrhundert zusammenhängenden Wandel der Raumauffassung veränderten, vollzog sich der Stilwechsel in Venedig lediglich im Bereich der Architektur. – Weder Klassizismus und Historismus, noch das 20. Jahrhundert, haben irgendeine Auswirkung auf die unregelmäßige Planfigur der vielfach gebrochenen, verwinkelten, schwingenden und häufig die Richtung wechselnden Trassierungen gezeigt. Wir besitzen also in Venedig den einmaligen Sonderfall eines seit Jahrhunderten unverändert gebliebenen Verkehrssystems, welches noch heute absolut funktionstüchtig ist. Und dieser Umstand könnte und sollte Anlaß geben zur vergleichenden Betrachtung mit den durch fortschreitende Erkenntnisse und technische Errungenschaften fortgeschriebenen und weiterentwickelten Erschließungssystemen unserer Tage. Öffentlicher Personennahverkehr und Gütertransport verträgt sich in Venedig in größter Selbstverständlichkeit, da kreuzungs- und konfliktfrei mit dem Fußgängerverkehr. Und wer vergessen haben sollte, daß der Mensch auch heute noch wie eh und je zwei Beine besitzt zum Laufen, der wird sich dessen in Venedig – bis zur wohltuenden Erschöpfung – wieder bewußt.

Kommen wir zur Betrachtung des terrestrischen Straßengefüges.

Während das Wasserstraßensystem zur Bewältigung der differenzierten Verkehrsaufgaben einer klaren, hierarchischen Abstufung in Canale,

Rio, Rii und Rielli unterliegt, gibt es für die einfache Aufgabe der Personenfortbewegung eine ungeheuer vielfältige Aufgliederung in Via, Calle, Fondamenta, Riva, Salizzada, Sottopotego, Corte, Rio Terra, Ramo und Rialto. Es wäre sicher möglich und auch lohnend, die Differenzierungen, die mit den unterschiedlichen Bezeichnungen zum Ausdruck kommen, zu untersuchen und im einzelnen zu verfolgen. Dazu sind wir bisher noch nicht gekommen.

Denn zunächst und vornehmlich galt unser Interesse den morphologischen Phänomenen, also der Straße als Element städtebaulicher Gestaltung.

Bis auf Ausnahmen, die – soviel ich weiß – aus der österreichischen Besatzungszeit stammen, ist das venezianische Straßensystem nicht entworfen worden, sondern es ist in seiner verwirrenden Labyrinthhaftigkeit dem geschichtlichen Werdegang der Stadtentwicklung gefolgt. Das heißt, die wissenschaftlichen Disziplinen, die auf Erkenntnissen der Verhaltensforschung, der Gestaltpsychologie, der Sozialpsychologie und der Zeichen- und Informationstheorie beruhen, können zunächst bei der Suche nach Ursache und Wirkung, nach Begründung für das Sosein des Vorgefundenen, wenig hilfreich sein. Im Gegenteil, es besteht die Gefahr der Idealisierung oder Akademisierung – damit der Verwirrung, wenn man versucht, dem Bestand mit der Theorie zu Leibe zu rücken. Eine Bestandsaufnahme und die Analyse der vorhandenen Stadtgestalt, der Versuch, durch intensive Beobachtung, Vermessung und Bewertung der Elemente des Stadtbildes zu empirischen Erkenntnissen zu gelangen, ist der weiterführende und von uns gewählte Weg.

Damit kommen wir wieder auf die Betrachtung der Straße zurück, der Straße als Einflußfaktor auf Komposition und räumliche Ordnung, als Element städtebaulicher Gestaltung, als räumliches Kommunikationsmedium und Sozialisierungsmittel, aber auch als Funktionsträger für Zirkulation, Ver- und Entsorgung sowie – und darauf beschränkt es sich in Venedig, als Verkehrsband für den Fußgänger. Die Straße ist als räumliches Kontinuum aufzufassen. Sie hat einen Anfang, einen irgendwie gearteten Verlauf und ein Ende. Jede Straße hat eine eigene Charakteristik, die ihren Erlebnisgehalt bestimmt. Sie kann geradlinig sein, breit und geräumig, oder korridorartig eng. Eine Straße gilt als eng, wenn das Verhältnis ihrer begrenzenden Bebauung zur eigenen Breite 1:1 (oder weniger) beträgt. Das heißt, der Winkel vom Fußpunkt der Hauszeile einer Seite zum Traufpunkt der gegenüberliegenden beträgt 45° oder mehr. Und das wiederum heißt, daß bei dem normalen Sichtwinkel des Menschen von 27° (vertikal wie horizontal besteht diese Begrenzung des Blicks – ohne Kopfbewegung) die andere Straßenseite nur zur Hälfte ihrer Höhe übersehen wird – also kein Himmel im Blickfeld ist. Andererseits sieht man bei einem Verhältnis von 1:6, Haushöhe zur Straßenbreite, gleich einem Winkel von 9° (im Gegensatz von 45° bei 1:1) in Zweidrittel des Blickausschnitts den Himmel – etwas, was in Venedig natürlich in keiner Straße vorkommt. Es gibt auch Maßstabsregeln für das Verhältnis der Straßenbreite zur überschaubaren Länge der Straße. Dieses sollte größer als 1:5, möglichst aber kleiner als 1:25 sein. Über 1:30 hinaus ist ein Straßenabschnitt räumlich nicht mehr erfaßbar. Die Straße sollte also gegliedert sein. Blickziele, das heißt der optische Abschluß und Straßenende müssen, sollen nicht identisch sein und sind es bei langen Straßen in der Regel auch nicht. Durch Richtungsänderungen, Visierbrüche, Knicke, Schwingungen, Krümmungen, Umlenkungen, konvexe oder konkave Ausformungen, Staffelungen der Gebäudefluchten, Wechsel von weit und eng, Höhenversetzungen – in Venedig zum Beispiel durch Brücken, Trennung von Bewegungs- und Verweilflächen durch Ausweitungen oder Einmündungsbereiche von Querstraßen, ergeben sich räumliche Abschnitte, Gliederungen in Erlebnisbereiche, wechselnde Sichtbezüge, visuelle Abfolgen, überraschende Blickpunktwechsel und Belichtungs-, Besonnungs- und Beschattungsänderungen.

Zusammengefaßt: Es geht zunächst darum, dieses alles zu beobachten, überhaupt zu sehen, sich bewußt zu machen, unterscheiden zu lernen, sich einzuprägen und dem eigenen Erfahrungsschatz anzueignen. Und, das hat sich dann „vor Ort", „im Feld" gezeigt, daß es auch gelernt sein will, diese Feststellungen zu treffen und auf dem Zeichenblock zu notieren. Wie bekommt man denn den schlingernden Verlauf einer Salizzada zum Beispiel in den Griff mit seinen sich kontinuierlich ändernden Gegebenheiten. Wie fixiert man das, was sich ständig dem Zugriff entziehen will? Hat man den Grundriß gerade erfaßt, so verändert sich das Profil und der Richtungswechsel der einen Seite verläuft völlig anders als der des vis à vis. Da muß man schon die Kenntnisse aus der darstellenden Geometrie repetieren, und das bei 38 °C im Schatten und 98 % relativer Luftfeuchtigkeit! – Für Schönheit muß man schon sehr leiden!

Zweites Unterthema: Der Platz

In der mittelalterlichen italienischen Stadt gab es – und es gibt sie noch heute – drei Platztypen: den Platz der weltlichen Macht (Piazza della Signoria), den der Kirche (Piazza mercato oder Piazza del Erbe u. a. m.) – und das ist wiederum das Einmalige in Venedig: hier gibt es „La Piazza" – analog dem „Canalazzo", *dem* Canal Grande – wird *der* Platz Venedigs, Piazza und Piazetta di San Marco, jenes unnachahmliche Raumensemble, welches in der Welt nicht seinesgleichen hat, als *Platz* bezeichnet. Alle anderen Freiräume heißen Campo (oder wenn sie zu klein sind: Campiello).

Und diese Plätze sind, anders als in der terrestrischen mittelalterlichen Stadt, die „Dependencen" von „La Piazza", die bezirksbezogenen Quartiersplätze, die Plätze der Pfarreien, denn ich glaube, kaum ohne Ausnahme sind sie den zahllosen Kirchen (im Polyglott-Reiseführer sind 60 beschrieben – im Stadtplan habe ich über 100 gezählt) zugeordnet, und an ihnen liegen alle wichtigen Einrichtungen der Kommunikation: Restaurants, Cafès, Bars.

Wir hatten im Gebiet unserer Feldstudie zwei Plätze, den bereits erwähnten Campo Bandiera e Moro mit der ebenfalls bereits benannten Kirche San Giovanni in Bragora.

Und an der Seite dieser Kirche liegt ein weiterer stiller Platz, der sich von der Callo del Forno aus erschließt, dessen eigentliche Bestimmung nicht ohne weiteres erklärt werden konnte. Aber wenn man das Wesen des Platzes schlechthin mit Ruhe im Gegensatz zur Bewegung der Straße beschreibt, wenn man den Platz als Verweilraum, als Ort des Umraumerlebnisses, als öffentliches Atrium als Gegensatz zur Zielrichtung und Perspektive der Straße versteht, dann stellt sich auch für dieses wichtige stadtgestalterische Element die Frage nach seinen Gestaltungsgrundsätzen.

Es gibt natürlich auch für Plätze allgemeine Regeln. Das Verhältnis der Wandhöhe zur Platzbreite wird – ebenfalls begründet mit dem Blickwinkel von 27° – bei 1:1 als zu eng, bei 1:6 als zu weitläufig und bei 1:3 (entsprechend einem Winkel von 18° bezogen auf den Fußpunkt einer platzseitigen Bebauung zur Traufe der gegenüberliegenden Hauswand) als optimal, da nicht völlig geschlossen wirkend, bezeichnet.

Aber, dem Suchenden nach einer Typologie der Plätze muß in Venedig klar werden, daß es diese – Gott sei Dank – nicht gibt. Keiner ist wie der andere, jeder hat seine ureigenste Individualität. Die Grundrisse der Räume unterscheiden sich, ihre Ausschnitte, ihre Geometrie oder irrationale Form, ihre Abmessungen und Größenordnungen. Die räumliche Wirkung wird unverwechselbar geprägt durch die Umbauung, durch die Einmaligkeit des den jeweiligen Platz begründenden dominierenden Kirchenbauwerkes, aber auch durch die raumschließende Randbebauung, Wohnhäuser mit häufig kommerzieller oder gastronomischer Nutzung der Erdgeschosse.

Oft werden die Freiräume der Plätze durch das Kirchenbauwerk in verschiedenartige Bereiche von unterschiedlicher Raumqualität gegliedert. Als Paradebeispiel gilt hier der Markusplatz mit der Piazetta und der Piazetta dei Leoni. Aber Santa Maria Gloriosa dei Frari, San Franceso della Vigna, SS Giovanni e Paolo, Santa Maria Formosa, Santa Maria dei Miracoli, San Polo, San Giacomo dall'Orio müssen ebenfalls als bekannteste Beispiele für diese Freiraumgliederungen oder Platzunterteilungen von jeweils überraschendem gestalterischen Reichtum benannt werden.

Bis dahin haben wir gelernt, daß die wichtigsten Elemente des Stadtorganismus nicht seine Bauten, sondern die durch sie geprägten Raumbereiche sind. Diese Feststellung könnte allerdings mißverständlich sein oder widersprüchlich. Darum muß nun doch eine weitere Untersuchungsebene angesprochen werden.

Drittes Unterthema: Die Gebäudestruktur

Die Professorin E. R. Trincanato vom Institut für Architekturgeschichte und Restaurierung der Architekturfakultät Venedig, die sich seit vielen Jahren mit der „architettura minore", den „quartiere popolari" beschäftigt, stellte fest, daß 75 % aller Gebäude in der Republik Venedig Wohn-

häuser für die drei sozialen Klassen waren, die sich folgendermaßen aufteilen:
  4 % Patrizier
10 % Bourgeois, einschließlich höherer Beamter
86 % Proletariat, das heißt 75 % des Wohnbauvolumens.
Es werden folgende Typen unterschieden:
– Palazetti = Einfamilienhäuser
– getrennt stehende Miethäuser
– Reihenhäuser.

Der Modul des Hausbaues richtete sich nach den verwendeten, da nur verwendbaren, Balkenlängen von 4,5 – 5,5 m, durch die Dimension und Rhythmus bestimmt wurden. Gewölbe wurden wegen der durch Schwankungen der Häuser bedingten Problematik selten angewendet.

Nach offiziellen Angaben über den Zustand der ca. 40 000 Wohneinheiten von „Venezia Insulare" erfordern:
66,0 % = 26 400 WE Eingriffe zur Bauunterhaltung
43,8 % = 17 500 WE zeigen gravierende Feuchtigkeitsschäden
 3,0 % =   1 200 WE bilden eine öffentliche Gefahr
16,0 % =   6 400 WE besitzen eine schlechte Bausubstanz
31,0 % = 12 400 WE sind stark geschädigt
74,0 % = 29 600 WE besitzen kein Bad
 2,0 % =   800 WE sind ohne fließend Wasser
 3,7 % =   1 480 WE besitzen keine Toilette
90,0 % = 36 000 WE sind ohne Zentralheizung.

Dieses sind einige Daten zur Realität der baulichen Gegebenheiten. Die Stadt Venedig bekennt sich bei allen Maßnahmen zur Rettung und Regeneration des Bestandes zum Prinzip der „erhaltenden Erneuerung". Das heißt, die stadtbildprägende Gebäudesubstanz – welchen Bautyps auch immer – wird in ihrem Erscheinungsbild, in ihrer stadträumlich wirksamen Charakteristik erhalten bleiben und nur hinter den Fassaden erneuert.

Bei der Stadtbildanalyse spricht man von Konstanz, wenn eine Wiederkehr von maßstäblichen und formalen Elementen festzustellen ist, die eine Identifikation von Ortsbezogenheit ermöglichen. Mit Angleichung und Abweichung werden gegensätzliche Möglichkeiten der Reaktion auf den Bestand bei Neubauten bzw. bei Erneuerung von Bauten bezeichnet. Bei einem lebendigen Stadtorganismus von auch noch so homogen erscheinendem Gesamtbild wie in Venedig verweben sich überlieferte, im Original erhaltene Elemente mit aus den verschiedenen Zeiträumen stammenden Hinzufügungen. Bei diesen hat man jeweils vor der Entscheidung gestanden, sich anzugleichen, das heißt sich durch variierte Übernahme überlieferter Formen und Motive in den gestalterischen Kanon einzugliedern und das heißt im engeren Sinne der Wortbedeutung: Tradition gleich Weitertragung.

Oder man konnte – und kann es auch heute, wenn man Mut und Können besitzt – dem gewandelten Zeitgeist entsprechend – die Weiterführung, abweichend von der Vorgabe, als gestalterische Weiterentwicklung verstehen, als sichtbaren Beitrag zur stadtgeschichtlichen Kontinuität.

Der Hinweis auf die quantitative Dimension des Erneuerungsbedarfs an Gebäudesubstanz sollte anregen, sich gedanklich mit dieser Problematik zu beschäftigen. Die „erhaltende Erneuerung" Venedigs ist bisher zu kleingläubig und ängstlich auf Verheimlichung und Verschleierung der Tatbestände bezogen gewesen. Man hat, so scheint es, dem zweifellos vorhandenen kreativen Potential bisher keine Chance gegeben, bei der Weiterentwicklung aus den baulichen Gegebenheiten den zeitgenössischen Beitrag zu leisten. Aber, „das ist ein weites Feld". Kehren wir nach diesem Exkurs zur städtebaulichen Feldarbeit ins Sestiere Castello zurück.

Wir haben nach der Behandlung der raumbeanspruchenden Elemente Straße und Platz nunmehr noch die raumbildende Substanz zu betrachten, also die Gebäudestruktur. Woraus sie besteht, wissen wir in etwa – hier interessiert nun vornehmlich ihr Erscheinungsbild, das als Begrenzung der Freiräume und Erschließungswege, deren Quantität und Qualität bestimmt. Die Gegensatzpaare groß – klein, weit – eng, hoch – niedrig sind dem ersteren Begriff zuzuordnen. Der qualitative Aspekt bezieht sich auf die Wirkungen offen – geschlossen, symmetrisch – asymmetrisch, geometrisch – irregulär, dynamisch – statisch und auch auf ambivalente, doppeldeutige Phänomene, die nicht ohne weiteres definierbar sind. Nach einer Erkenntnis der Wahrnehmungs- und Gestaltpsychologie ist das Auge – oder besser gesagt der Betrachter – durch den Eindruck, den das Auge vermittelt, auf optisches Gleichgewicht bedacht, um Ausgewogenheit bemüht. Dort, wo dieses besteht, spricht man von Harmonie, einem Zustand, der Glücksgefühle auslöst, beglückend wirkt.

Die raumbildenden und bildbestimmenden Elemente der Straßen- und Platzräume sind die Gebäude (aber auch noch andere Dinge, wie zum Beispiel der Bodenbelag, Bepflanzung, Bäume, Beleuchtungselemente, Laternen, Straßenmöblierung, Bänke, Papierkörbe, Haltestellen, Telefonzellen u. a. m.).

Bei der Untersuchungsebene Gebäudestruktur unterscheiden wir die „architettura minore", die anspruchslose „background"-Bebauung, die die Masse des Gebauten ausmacht, von der Solitär-Architektur der öffentlichen (oder auch bedeutenden privaten) anspruchsvollen Gebäude, der „architettura majore", den Bauwerken. Anspruchslose Hintergrundbebauung soll nicht heißen, daß es sich dabei um à priori qualitätloses Bauen handeln muß oder soll. Im Gegenteil: Material, Textur und Farbe, Formensprache und Massenverteilung, typische Merkmale der Bauweise und des Maßstabs bedürfen der harmonischen Abstimmung, um die Ensemblewirkung zu erreichen, die für die Solitärarchitektur den adäquaten Wirkungsraum ergibt. Gehen wir systematisch vor, um das zu vertiefen.

25.7.83

Die Kontur der Gebäude wird geprägt durch
- die Bauweise: geschlossen, halboffen (mit Traufgassen) oder offen;
- die Gebäudehöhe: Geschoßzahl, obere Begrenzung, Traufständigkeit oder Giebelständigkeit, durchgehende, unterbrochene oder gestufte Nachbarbebauung;
- die Dachform: Satteldach, traufen- oder giebelständig oder Sonderformen wie Pult-, Walm-, Krüppelwalm-, Mansard- oder Shed-Dach, Flachdach, Dachterrasse, Dachgarten, Gliederungselemente, Gauben, Atelierfenster, Dachflächenfenster, Solarzellen-Grate, Kehlen, Kombinationsformen.

Die Struktur des Gebäudes, soweit sie für die Gestaltqualität von Bedeutung ist, wirkt durch ihre
- Bauart: Massiv-Mauerwerksbau, Skelett: Fachwerk, Holz, Beton, Stahl, Mischbauart;
- Wandgliederung: Verhältnis der Wandöffnungen zu geschlossenen Flächen, symmetrisch – asymmetrisch, gereiht, vertikal – horizontal gegliedert, flächig oder plastisch strukturiert, Erker, Balkone, Loggien, gleichmäßig, geschlossen oder irregulär, aufgelöst;
- Wandoberfläche: Materialien, monolithisch, strukturiert, flächig oder kleingliedrig; Textur, glatt, rauh, glänzend, matt. Farbe, naturbelassenes Material, Anstrich, monochrom, polychrom, kontrastierend, angepaßt.

Der Vorbereich der Gebäude, die Kontaktzone zwischen dem hausinternen, privaten Bereich und der Öffentlichkeit der Straße oder des Platzes, ist eine wichtige gestaltwirksame Sphäre. Ob sie nur aus einer Schwelle besteht oder einer Freitreppe, aus einem Vorgarten, mit oder ohne Einfriedigung, oder nur aus einer Überdachung der Haustüre – was auch immer – die Verknüpfung der Gebäude mit dem öffentlichen Raum ist in mehrfacher Hinsicht von Bedeutung.

Zusammenfassung

Es gibt eine Lehre von der Bedeutung der Zeichen: die Semantik. Und es gibt mit der Wahrnehmungspsychologie auch eine wissenschaftliche Disziplin, die sich mit den Vorgängen beschäftigt, durch die Empfindungszusammenhänge in das Bewußtsein eintreten. Es handelt sich dabei um komplizierte Vorgänge, die durch das System der Muskulatur auf die psychophysische Struktur des Menschen einwirken. – Und es gibt mit der Relativitätstheorie die Erkenntnis des vierdimensionalen Kontinuums von Raum und Zeit. Schließlich gibt es in der modernen Physik die Feldertheorie – alles das lenkt uns aber von unserer empirischen Feldarbeit ab, mit der zunächst eigene Erfahrungen gewonnen, Feststellungen getroffen, damit die Grundlagen für die eigene Entwurfsarbeit erweitert werden sollen.
Denn das war das Ziel der zweiwöchigen städtebaulichen Studien in Venedig 1983: Es sollten die Voraussetzungen für die Lösung der städtebaulichen Entwurfsaufgabe in einem sich an das untersuchte Gebiet anschließenden Stadtbereich erarbeitet werden. Der synthetische Entwurf wird die Ergiebigkeit der analytischen Vorbereitungsphase erweisen.

Wie es die Gotik bekahl —
27.IX.84

Venedig / Sommerakademie

17. – 28. September 1984

**Venedig als städtebauliches Lehr- und Lernexempel III
oder
„Raumerfahrung als Erlebnis"**

Unsere Kollegen, das heißt Professoren von der Architekturfakultät der Universität Venedig, antworteten auf unsere Frage nach einer Dokumentation der venezianischen Plätze mit einer Gegenfrage: „Was wollen Sie damit, die sind völlig uninteressant, doch rein zufällig so entstanden. Da können Sie nichts draus lernen, nichts davon ableiten." Sie konnten sich nur wundern, daß wir eigens deswegen nach Venedig gekommen seien, nun schon zum wiederholten Mal. Da könnten sie uns wirklich nicht helfen, denn es gäbe keine Unterlagen darüber. Im übrigen gälte ihr Interesse dem Städtebau der Großstadt, zum Beispiel Berlin, Aufgaben, um die sie uns beneideten.

Wir sind unverdrossen und unbeirrt wieder an die Arbeit gegangen, an die selbst gestellte Aufgabe, die räumliche Vielfalt Venedigs zu ergründen, zu studieren, zu untersuchen, zu begehen, um sie dadurch zu erfahren, zu betrachten, um sie dabei zu entdecken, aufzudecken, um das Geheimnis ihrer Faszination zu lüften. Wir ließen uns nicht abhalten von unserem Vorhaben, durch die Bestandsaufnahme der venezianischen Stadträume etwas über ihre Wesenheit im besonderen und über städtegestalterische Gesetzmäßigkeiten im allgemeinen zu lernen. – In dem großen Werk der Reihe „Monumenti d'Italia, LE PIAZZE" von Franco Borsi und Geno Pampaloni, Verlag Istituto Geografico de Agostini Novara, sind nur der Markusplatz, der Campo SS. Giovanni e Paolo und der Campo Santa Maria Formosa abgebildet.

Lediglich von letzterem gibt es einen Plan (in der Abbildung ergänzt, da nur unvollständig wiedergegeben). Allerdings kann man diese großartige Raumkombination, die durch die Situierung der aus dem 15./16. Jahrhundert stammenden Kirche in einem großen von Bebauung ausgesparten Freibereich entstanden ist, geradezu als Lehrstück der Stadtbaukunst bezeichnen. Vom Markusplatz her, durch die Calle delle Bande kommend, läuft man über eine Brücke geradewegs auf den Kircheneingang. Ein rechtwinklig zur Kirchenfassade angebautes, dreigeschossiges Haus bildet mit der Bebauung auf der gegenüberliegenden Kanalseite einen eindeutig definierten Rechteckplatz, dessen vierte Seite von einem abgerückten, gleichhohen Gebäude abgefangen wird. Der Campanile bildet mit diesem Gebäude ein offenes Tor, welches in den großen Hauptplatz, den Markt, überleitet. Dieser fast doppelt so große, gleichartig proportionierte Rechteckraum ist an drei Seiten von annähernd gleichhohen Gebäuden umbaut. Die vierte Seite wird von der Seitenfront, von Santa Maria Formosa, mit einer der Eingangsseite gleichwertig ausgebildeten Fassade gefaßt.

Die Kirche ist exakt geostet. Sie steht dadurch abgewinkelt im Raum und zont aus der Gesamtfreiraumfläche mit den Absiden ihrer Ostwand einen kleineren, irregulär begrenzten Platzbereich ab. Die Calle Borgolocco mündet von Süden kommend in diesen Raum und führt tangierend an der geschlossenen Ostseite des Platzes entlang, um ihn im Norden wieder zu verlassen oder vice versa. In dieser Platzwand gibt es etwa mittig einen Versatz. An dieser Stelle führt die Calla Lunga S. M. Formosa pfeilgerade auf den sich von dort übereck präsentierenden Campanile der Kirche und, wenn man will, wird man durch das bereits beschriebene of-

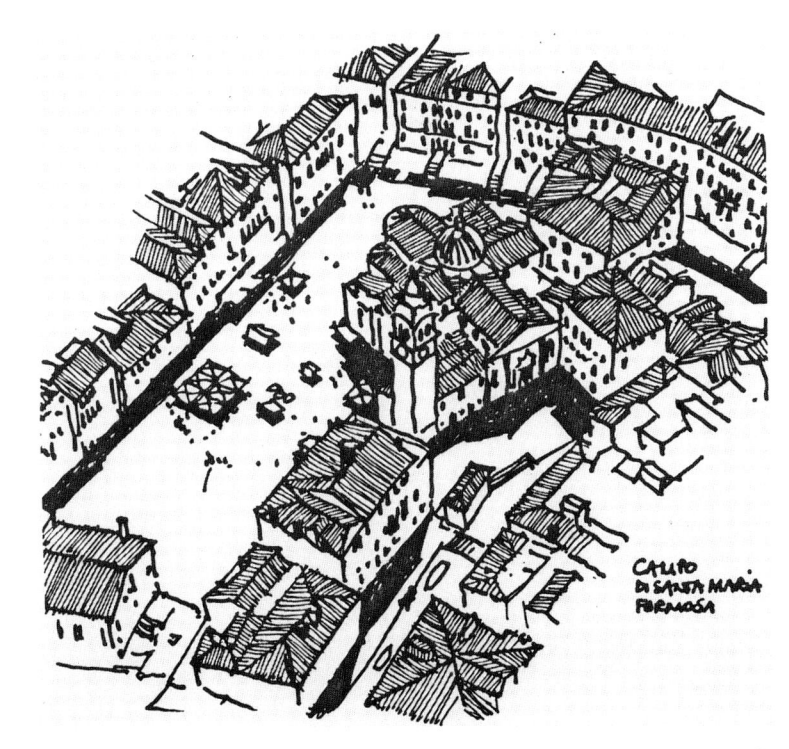

Rialto
18 IX 84

Rio Terra
Antonio Foscarini 21.IX.

fene Tor nach Westen, Richtung S. Marco, weitergeleitet. Ein kleines, eingeschossiges Gebäude, eine städtebauliche Delikatesse, signalisiert am Kanal einen notwendigen Richtungswechsel und grenzt nach Norden hin eine räumliche Ausweitung ab. – Aber noch nicht genug der Vielfalt: es gibt noch den Campiello Querini-Stampalia, durch ein freistehendes, dreigeschossiges, am Ost-West verlaufenden Kanal angelehntes Gebäude südlich der Kirche. Von diesem intimen Plätzchen gibt es eine unnachahmlich raffinierte „Slalom"-Verbindung zum Hauptplatzraum. Alles Zufall? Mag sein, aber gekonnt! Und eigentlich genügt die Dokumentation dieses einen Stadtraumes schon, um das Charakteristische venezianischer Stadtbezirksplätze zu erkennen, das Wechselspiel von Raum und Masse, das die Sinne, Gefühl und Empfindung durch Reichtum und Vielfalt der wechselnden Abfolgen beeindruckt.

Wer bei Camillo Sitte in dessen „Der Städtebau, nach seinen künstlerischen Grundsätzen" von 1901 (Neuauflage bei Georg Prachner, Wien) nachsieht, um konkrete Informationen zum Thema zu finden, stellt fest, daß dieser außer Schwärmereien über das Platzensemble von San Marco – die sicherlich berechtigt sind – nichts bringt. Er erwähnt nicht einmal Campo Santi Giovanni e Paolo oder gar die Platzkombination S. Gloriosa di Frari und San Roco, geschweige den Campo S. Maria Formosa.

Und Paolo Favole – um ein weiteres Buchwerk über das Spezialgebiet zu konsultieren – stellt in dem bei Bramante Editrice erschienenen Buch „Piazza d'Italia, Architettura e Urbanistica della Piazza in Italia" außer vielen Fotos nur die Pläne von sechs Kirchplätzen dar: Campo S. Giovanni Novo, Campo S. Giovanni Crisostomo, Campo S. Polo, Campo S. Maria Mater Domini und Campo SS. Apostoli. Immerhin – aber was ist das bei so vielen? Also, und nun kommen wir endlich zur Feldarbeit, unserer Sommerakademie 1984, über die berichtet werden sollte, die sich unter dem Thema „Raumerfahrung als Erlebnis" mit der städtebaulichen Studiengruppe die Aufgabe gestellt hatte, durch die Bestandsaufnahme von Platzräumen im Sestieri S. Polo einen Beitrag zu einem „Platzatlas Venedig" zu erarbeiten.

Zweck der Übung sollte allerdings das Vertrautwerden mit dem Raum als architektonische Komposition sein. Durch Aufmaß sollte das Ausmaß des Raumkörpers, beim Durchmessen der Maßstab der Dimensionen, durch Nachvollzug der Raumabgrenzungen sollten die Proportionen festgestellt und deren Bezug zum Menschen ermittelt werden.

Raumempfindung sollte zur Raumerfassung führen, Raumerlebnis zur Raumerfahrung, Begehung sollte das Begreifen ermöglichen, das Vermessen des Raumes sollte das Ermessen seiner Wirkweise erleichtern, das Durchmessen schließlich das umfassende Erlebnis vemitteln.

Es wurde zunächst die Vorgehensweise besprochen: Am Anfang steht die Erfassung der Grundfläche, deren Form und Größe, ihre Geometrie und Topographie, ihre Richtung und Ausdehnung, ihre Textur und Struktur, ihre Erschließung und die sie betreffenden Wegebeziehungen.

RAMO DEL FONTE

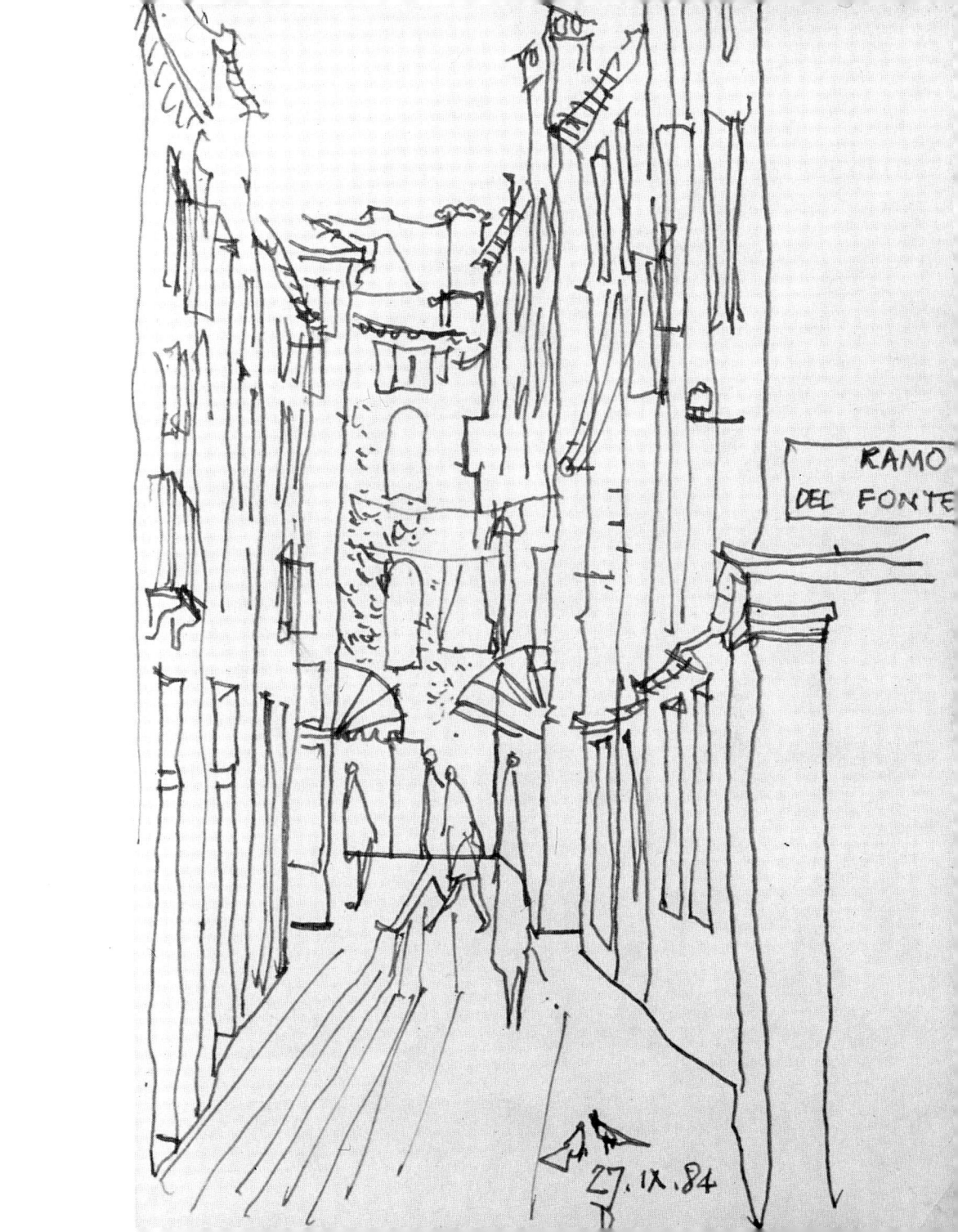

27.IX.84

erstaunter Blick aus dem Fenster
der Casa Frollo am Morgen des
21.IX.84 —

Blick aus dem
Zimmerfenster
auf andere Seite
il Redentore
18.IX.84

Die Feststellung der Platzbegrenzung führt zur Betrachtung der Raumbegrenzung, vom zweidimensionalen Platz richtet sich nun das Augenmerk auf den dreidimensionalen Raum, auf dessen raumbildende Elemente, auf die den Raum umschließenden Gebäude, zunächst auf deren Dimensionen, ihre Kontur, die Anzahl der Geschosse, die Kontaktzone mit dem Boden und den oberen Abschluß. Es geht auch um die Fassaden, ihre Gliederungen, ihre Plastizität, ihre Materialwirkung, ihre Farben, ihre Strukturen. Es geht um ihre Architektur. Dazu gehören auch die Dächer und deren vielfältige Durchbildungsmöglichkeiten.

Das – und vieles andere – sind die materiellen, auch ästhetischen Kriterien. Wir müssen aber auch etwas von der Nutzung erfahren, von den Zweckbestimmungen und Funktionen, vom Innenleben, welches für das Leben außen von großer Bedeutung ist, wodurch letztlich Lebendigkeit oder Ruhe, Attraktivität oder Langeweile, Lärm oder Stille ursächlich bedingt sind – und es gibt noch Licht und Schatten, Gerüche und Gefühle, Duft und Gestank – und die Zeit. Nicht nur Tages- und Jahreszeit, Helligkeit und Nacht – es gibt die Zeit, vielfältig nachvollziehbar, als Geschichte und Gegenwart.

Alles das bildet eine Ganzheit, die sich als undefinierbarer Gesamteindruck mitteilt. Wir können als Architekten, Städtebauer, Stadtgestalter, Raumkünstler nur Teilbeträge dazu erbringen – oder auch nicht – und was schlimmer als Unterlassung ist, die instinktlose Beeinträchtigung des Milieus, ohne jedes Gespür.

Nachfolgend wird ein Beispiel der Bemühung um Nachvollzug einer vorgefundenen räumlichen Situation gegeben, aus Dorsoduro, einem Bereich Venedigs, abseits der Touristenströme und jenseits der kunsthistorischen Interessen. Gewiß gibt es auch hier Kunst, die gehört einfach zur Ehre Gottes. In San Sebastinano (16. Jahrhundert von Scarpagnino gebaut) befindet sich sogar das Grabmal von Paolo Veronese. Übrigens hat Carlo Scarpa in den sechziger Jahren einen Anbau der Kirche mit einem eindrucksvollen Portal versehen. – Und in S. Angelo Raffaele, aus dem 17. Jahrhundert stammend, gibt es fünf berühmte Tafelbilder von Francesco Guardi. Im übrigen handelt es sich um den Wohnungsbau einfacher Leute, eine Trattoria, ein Blumengeschäft und zwei Zisternen. Aber dann drei Hauptplätze und ein Kontinuum von kleinen und kleinsten Campiellos, die auf unnachahmliche Weise ein höchst amüsantes Stadtraumensemble bilden. Ich habe die Bewohner nur in ihren Häusern gehört, lebhafte Gespräche oder nicht minder lautstarke Fernsehkonversation drang aus den meist nur spaltweit geöffneten Blendläden der Fenster. Und ein Kommen und Gehen, diagonal über die Plätze, von und zu den Besorgungen für den Lebensunterhalt, rechtfertigte offenbar den öffentlichen Raum.

Kein weiterer Anspruch war zu erkennen, man leistet sich den Luxus der Plätze für den gelegentlichen Bedarfsfall, oder einfach nur so:
                                         TU FELIX ITALIA!

Amsterdam

*der Morgen
als der Etna ka[...]
23.IX.85*

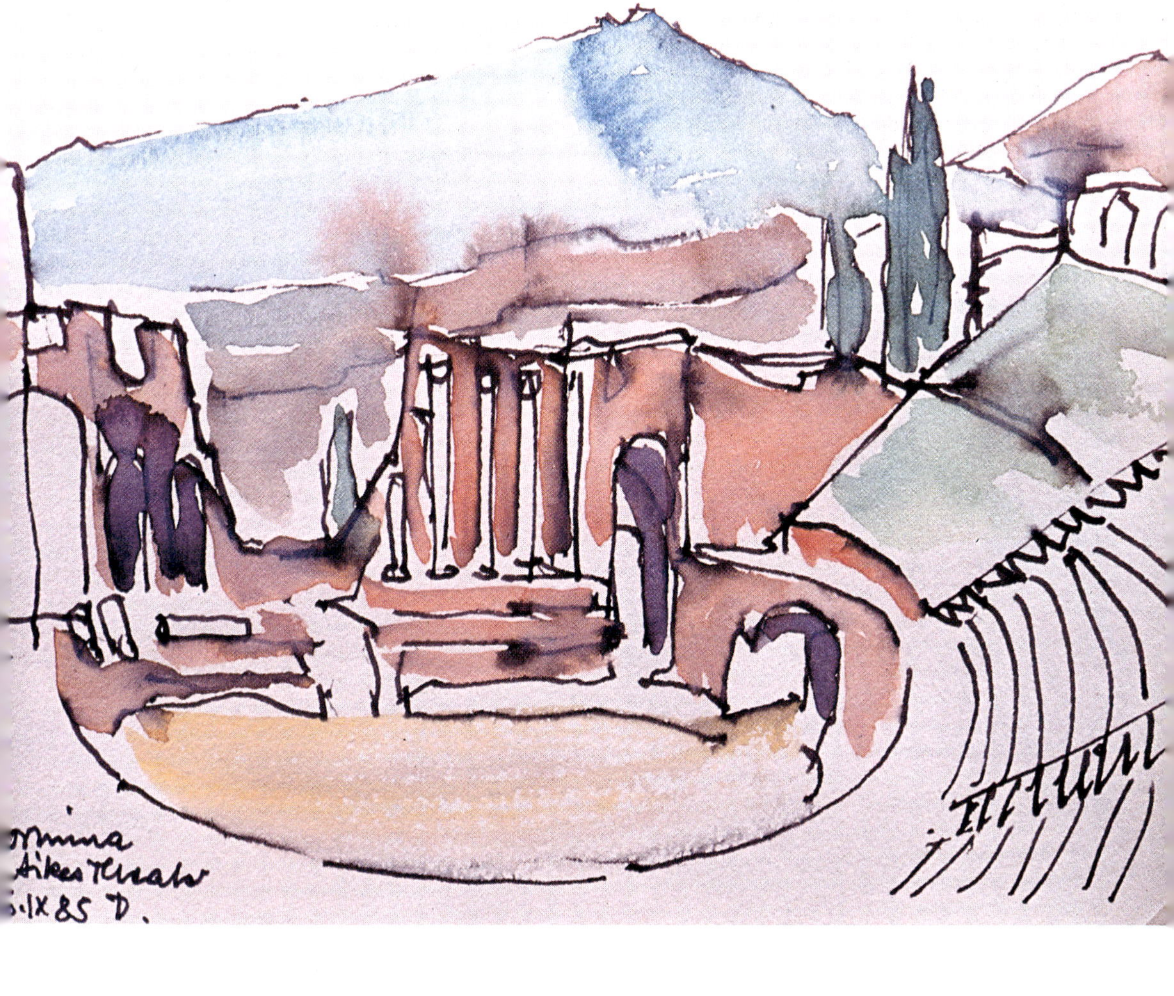

St george Ba.
14.XI.85

Southampton
Bermuda
18 XI 05

5-Tage-Trip nach Tokio
1. – 6. März 1986

Nun muß ich beginnen mit den Aufzeichnungen, ehe es zu schwierig wird, das Geschehene zu rekonstruieren –

Wir – Prof. A. Zotzmann und ich sind auf dem Weg nach Tokio – inzwischen bereits unterwegs – im Jumbo der Japanese Airlines, YAL, über einer verschneiten Landschaft, in der es nur drei Farben gibt: Das Ultramarin des Himmels, welches zum Horizont allerdings lichter wird, das unendliche Magermilchweiß der verschneiten Landschaft und diese durchsetzt im einheitlich stumpfen Preussischblau, durch das Wälder, Straßen, Flüsse, Parzellierungen und Bebauungsformen aus dieser großen Flughöhe erscheinen. – Ist es bereits Ostdeutschland oder schon Polen, oder sind wir schon über Rußland? – denn das erste Zwischenziel unserer Reise ist Moskau, wo wir zwischenlanden werden.

Aber ich muß zunächst beim countdown anfangen. Wecken, wie üblich um 5 Uhr, schwimmen, frühstücken, packen – was für eine Kurzreise, auch wenn sie nach Tokio geht, kein Problem ist – 9 Uhr Fahrt zum Flugplatz MS, 10.25 Uhr Abheben nach Ffm. – dort VIP-Service dank meines ehemaligen Mitarbeiters G. Mücke, dann, 12.35 Uhr Abheben mit der YAL.

Anlaß der Reise: Einladung für A. Z. und mich durch TAKENAKA KOMUTEN zur gemeinsamen Wettbewerbsarbeit Opernhaus Tokio.

Nun sind wir unterwegs und inzwischen ist die Bodensicht unterbrochen durch eine dichte Wolkendecke. Grund, sich etwas mit dem Projekt zu befassen.

Und dann – nach Meditationen über die endgültige Fassung des Opera Projektes und zwischenzeitlichem Einnicken, Durchsage, daß wir uns Moskau nähern – in 15 Minuten soll die Landung sein – Blick aus dem Fenster: im verschneiten Szenario stehen plötzlich Bebauungen wie in den kühnsten Modellprojektionen des Bauhauses, – besser dessen Nachfolger – Kompositionen comme il faut – und dann geht es wieder in das gewohnte Bild über: Schneelandschaft im stumpfen Preussischblau mit Wäldern durchsetzt – und dann die outskirts of Moscou – es könnte in USA sein.

Dann Landung in Moskau – Sheremetyevo-International, der Flughafen, der zur Olympiade von Rüterbau Hannover in 14 Monaten schlüsselfertig (Architekt Wilke) gebaut wurde. – Mit dem Ergebnis ist Rußland im internationalen Flugverkehr bestens repräsentiert – bester zeitgenössischer Standard – aber es gibt keinen Wodka, nur „soft drinks" – eine Stunde Aufenthalt, an Bord wird das Versäumte nachgeholt. Ortszeit zwei Stunden später, statt 17 Uhr hier 19 Uhr.

Der Flug geht weiter, draußen ist es bereits dunkel – Überlegungen zum Projekt Opernhaus Tokio, mitgebrachte Skizzen werden überarbeitet – wir wollen ja etwas in Händen haben, wenn wir in das Büro unserer Partner kommen – irgendwann übermannt dann der Schlaf – Frühstück – Durchsage, daß wir in 40 Minuten landen würden. Ein Blick aus dem Fenster: verschneite Gebirgslandschaft, dann folgt rechteckig strukturiertes Chaos, wieder unverschneites Bergland, von vielen Tälern durchschnitten, in denen viele farbige Punkte funkeln – das Land wird flacher, geordnet strukturiert, die bunt schillernden Elemente erweisen sich als Häuser mit farbigen Dächern – wir sehen auf, unsere freundlich lächelnden Begleiterinnen verabschieden sich – großzügiger Flughafen – in der Ankunftshalle empfängt uns Mr. Yanagisawa, Chefarchitekt von Takenaka. – In einer schwarzen Limousine mit livriertem Chauffeur (weiße Handschuhe) geht es die 70 km zur City – Hotel Okura, großzügiges Japan Style Hotel mit landesüblichen, sorgfältig und liebevoll eingerichteten Räumlichkeiten. Eine mehrteilige Zimmersuite mit Schiebewänden und Tatamis wird eine angenehme Bleibe sein für die folgenden Tage. – Die Fahrt hierhin ging durch die endlose, zersiedelte und zum Teil massiv überbaute Stadtlandschaft – gegenüber dem Hotel die neue US-Botschaft von Cesar Pelli. Hier ist es jetzt Mittag – 8 Stunden später als bei uns.

Und nach erfrischendem Bad und kleiner Siesta geht es um 16 Uhr Tokio Zeit weiter – zunächst Teezeremonie im Teeraum nebenan, am japanischen Garten, der als Dachterrasse auch vor unseren Zimmern liegt – es gibt ein Schälchen grünen Tee, der in sakral anmutender Handlung zubereitet wird. – Man sagt, daß am nächsten Tag, 3. März, Doll's festival ist – ein traditionelles Ereignis, das der japanischen Fraulichkeit gewidmet wird. Durch Dolls = Puppen wird das feminine Element symbolisiert – unten in der Hotelhalle ist ein entsprechendes Arrangement aufgebaut. – Wir sehen uns die shopping arcade des Hotels an und finden von dort aus ins Freie, in das sonntagnachmittägliche reduzierte Stadtleben – eines Stadtteils, der ohnehin nicht der munterste ist. – KASUMIGASEKI heißt das Quartier, es ist geprägt von den vielen Botschaften, auch Ministerien, anderen Verwaltungsgebäuden und den dazwischen noch übrig gebliebenen kleinen und kleinsten, oft dürftigen Anwesen, in denen sich unbeirrt das einfache Leben vollzieht; und das ist wohl typisch, daß die Eigentumsstruktur, mit den häufig zufälligen Parzellenzuschnitten, sich in der von keiner Stadtplanung getrübten Baustruktur manifestiert. Das Ergebnis: ein geradezu erstaunliches Chaos im Erscheinungsbild. Splitterparzellen werden zum Beispiel durch die Bebauungsform sichtbar gemacht. – Ein großer, sehr umfangreicher, hochgeschossiger Gebäudekomplex zieht unsere Aufmerksamkeit an sich. Das Gebäude ist

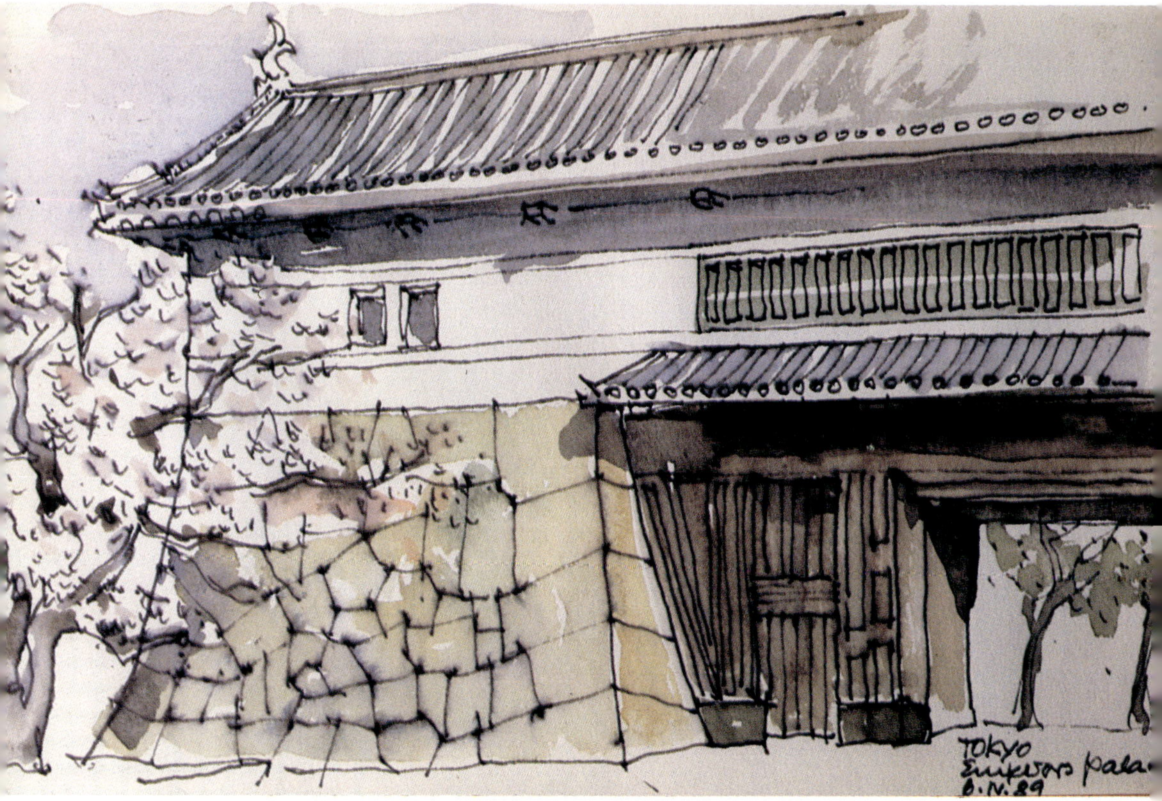
TOKYO
Emperors pala

SAKURA
Cherry blossoms
Chidorigafuchi Par
Tokyo 4.IV.89
D.

hell erleuchtet, mit regem Leben – ohne jeglichen Hinweis in europäischer Schrift. Wir gehen hinein, es muß ein Hotel sein, gemischtes Publikum, junge Menschen und alte, traditionell gekleidete strömen durcheinander. Es ist ein quirliges Kommen und Gehen – keine Erklärung ... schließlich erfahren wir: es ist ein Wedding-Hotel, ein Hotel für Hochzeitsveranstaltungen. Zurück zum Hotel, zu 19 Uhr hatten wir Plätze im Seafood-Restaurant bestellt – bei Muscadet gibt es Coquilles St. Jaques in Ingwer-Sauce und Turbot in der Folie – es konnte nicht besser sein – und dabei muntere Gespräche und ein Absacker in der Starlight lounge. – Besinnungsloser Schlaf, der verdient ist, und damit sind dann auch alle Anpassungsschwierigkeiten beseitigt. –

3. March, Montag,

gutes Frühstück im Flachsitz, wir werden von Mr. Ito um 9 Uhr abgeholt und – mit Chauffeur natürlich – zunächst zum Grundstück gefahren, durch das Chaos der Stadt in der Morgen-rush-hour; charakteristisch das Hochstraßengewirr mit seinem an Darmverschlingungen erinnernden Gewürge. – Das Grundstück ist zwar aus Plänen und Fotos bekannt – dennoch ist die Inaugenscheinnahme recht aufschlußreich – es liegt in Shinjuku, an einer stark frequentierten Hochstraße, unter der ein nicht minder hektischer Anliegerverkehr brandet. Von einem zwölfgeschossigen Hochhaus aus verschaffen wir uns einen guten Überblick – im Hintergrund die Hochhaussilhouette von Shinjuk-Centrum.

Dann zum Büro von TAKENAKA KOMUTEN – Mr. Yanagisawa empfängt uns im Sitzungssaal des großzügigen Bürohochhauses, in dem unter anderem die 450 Mitarbeiter der Design-Abteilung untergebracht sind. – An den Wänden hängen die bisher erarbeiteten Pläne unseres Wettbewerbsprojektes – und dazu einige neue Skizzen, die nun diskutiert werden. Dabei kommt uns die inzwischen erworbene Ortskenntnis zugute. – Neben den uns bekannten Mitarbeitern von T.K. nehmen noch einige weitere teil – Austausch der Visitenkarten – aus den Fenstern ein schöner Blick auf Stadt und Tokio Bay. Unsere Einwendungen und Anregungen werden notiert – Lunch aus der Plastikdose mit Tee – dann wird auf einer großen Tafel unser Besuchsplanprogramm in Netzplanmanier notiert und anschließend im DIN A 4 Format abgelichtet (dazu muß allerdings die Sekretärin kommen, da die Anwesenden die Apparatur nicht bedienen können). – Für uns ist im Anschluß die Besichtigung des National-Theaters vorgesehen, von T.K. vor 20 Jahren erbaut – dann ein Café au lait im AKASAKA Prince Hotel von Kenzo Tange – schöner Hochhausneubau, außen Silber – Alu, innen eine Orgie in weißem Marmor mit – bei aller Disziplin – lebendigem Design.

Von dort zum Kabuki-Theater, 16.30 Uhr Vorstellungsbeginn vor vollem Haus, 18 Uhr Pause für eine Stunde zur Verpflegung des Publikums, die wir zum Verlassen der für uns eigentümlich fremden Aufführung nutzen. – Durch das nächtliche, von dramatischer Neon-Buntheit durchzuckte Ginza-Chaos zu einem riesigen Neubau von T.K. der in einer Zwillings-Struktur zwei Department-Stores enthält und darüber fünf Kinos und viele andere Einrichtungen zum Freizeitamusement. Durch ein gemeinsames Binnenatrium werden die beiden Hochhäuser verbunden und über Fahrtreppen und Aufzüge erschlossen. Durch die verspiegelten Wände gibt es irre Irritationen. – Zu Fuß weiter zu einem japanischen Restaurant im Basement eines ansonsten belanglosen Bürohauses – wir werden von der gesamten Damenbelegschaft in einem Séparée bedient und bewirtet – japanisches Essen mit zahllosen kleinen, zum Teil suspekten, Gerichten – und Sake, aber auch Chablis, der die Sache erträglicher macht – und dann zu Fuß durchs Chaos von Ginza in einen Keller-Privée, wohl dem Club von Mr. Yanagisawa, wo wir ebenfalls sofort von den Damen des Hauses unterhalten werden – und dann zurück zum Hotel, es ist 23 Uhr, zum Absacker in das bereits bekannte Starlight-lounge-Restaurant auf dem Dach – es wurde spät bei mehr oder weniger wichtigen Gesprächen.

4. März 1986,

wir werden 8.45 Uhr vom Hotel abgeholt, selbstverständlich in schwarzer Limousine mit livriertem Chauffeur – wieder durch das imponierende brandende Chaos zum Takenaka-Office: Design conference – zwei wichtige Probleme stehen nach Meinung unserer Partner an: die äußere Erschließung und die Akustik des großen Auditoriums – aber es gibt sicherlich mehr Grundsatz- und Detailfragen. – Die Wände sind mit den bisher erarbeiteten Plänen tapeziert. – Neben den bereits bekannten Projektbearbeitern ist der Chef der Entwurfsabteilung aus Osaka mit einem Mitarbeiter da, die sich mit einem eigenen Projekt am Wettbewerb beteiligen. Sie wünschen eine Beratung durch uns. – Gegen 11 Uhr betritt Mr. Takenaka den Raum, Präsident dieser 10 000 Personen umfassenden Baugesellschaft, schlank, smart, im schwarzen Anzug – er begrüßt uns, bedankt sich für unsere Mitarbeit und verabschiedet sich direkt, da er unfortunately nach XY verreisen müsse. – Mittagspause in einem alten, kleinen japanischen Gasthaus, zu dem wir zwei Blocks weit durch die Sonne spazieren. Es scheint Frühling zu werden. Essen auf der Matte im Schneidersitz. Neben den verschiedenen kleinen und kleinsten farbigen Gerichten gibt es gebratenen Aal, den wir tapfer mit den Stäbchen vertilgen – anschließend bis 17 Uhr weiter Entwurfsdiskussion, dann in das bereits bekannte multifunktionale Gebäude in Ginza, um dort das Mehrzweckauditorium zu besichtigen, – dann quer durch die rush-hour nach ASAKUSA zur Dem... – in Tempelanlage. Es ist inzwischen dunkel – und bei Kunstlicht zeigt diese Anlage zunächst ein überraschendes Bild – eine sehr lange Allee von Gebäuden im Tempelstil, mit dem charakteristischen roten Ölfarbanstrich – aber mit greller Neonbeleuchtung, und es sind alles kleine Bazar-Geschäfte mit dem üblichen Krimskrams – diese Allee endet dann am großen Torgebäude des Tempels, durch das der innere Tempelbereich erschlossen wird. Links, wie üblich, das Pagodengebäude mit der fünfdachigen Abstufung und dem antennenartigen Dachaufsatz – geradeaus der Tempel in schwer beschreiblicher, erhabener Würde. – Wir gehen die Stufen hoch, leider ist der Innenraum verschlossen – wir umschreiten das Haus – eine Schulklasse bereitet sich auf dem dahinterliegenden Platz bei Flutlicht auf Sport vor – ein Liebespärchen sucht den Schutz des Tempels – es ist inzwischen recht kalt geworden – wir durchstreifen noch angrenzende Nebentempelanlagen und sind dann froh, im gewärmten Auto zu unserem Abendlokal, einem japanischen Steakhaus, nach Ropponzi fahren zu können. Dort gibt es dann eine typisch japanische Mahlzeit, bei der das Essen vor den Gästen auf der heißen Herdplatte zubereitet wird. – Gelockerte Atmosphäre, freundschaftliche Gespräche, Rückkehr ins Hotel mit Nightcup und dann dem üblichen besinnungslosen Schlaf auf der Tatami. –

5. März 1986,

Aufstehen, Frühstück, Kofferpacken – unwiderruflich letzter Tag – um 8.45 Uhr werden wir abgeholt zum Central-Bahnhof. Fahrt nach Atami (Hot Springs) mit dem Hikori (Blitz), einem der superschnellen Expreßzüge, die im 15 Minuten-Rhythmus verkehren und die voll ausreserviert sind. Ich bin schon vor 20 Jahren damit nach Osaka gefahren – nun ist es interessant, erneut durch die grandiose Stadtlandschaft von Tokio – Yokohama zu fahren – apropos Yokohama – ich hatte vergessen, daß wir am gestrigen Abend mit unseren japanischen Freunden noch im JUN-Club waren. Yanagisawa sagte, es wäre der beste von Tokio, gestaltet von seinem Büro – nun gut, nicht viel Besonderes, herzliche Aufnahme; wie bereits gewohnt, wird sofort jeder von einer Gesellschafterin betreut; ich habe eine „Dame", die 6 Monate in Düsseldorf war – im Nikkon-Hotel – und zwischen D' dorf, Los Angeles und Tokio wechselt. Nun gut, letztlich alles harmloses Geplauder, und nach einigen Whiskys Schluß der Vorstellung mit herzlicher Verabschiedung. –

Nun zurück nach Atami (ohnehin notiere ich dieses bei etwas wackeligem Flug mit der Lufthansa via Heimat über Anchorage, es ist nachts ½ 2) – also durch das Chaos der gigantischen Stadtlandschaft mit hunderttausenden kleinster, direkt aneinandergebauter Häuschen und Hütten, durchsetzt von unmotiviert dazwischen stehenden Hochbauten und ab und zu etwas Landschaft. – Ankunft am Bahnhof von Atami, Empfang von zwei Limousinen der Firma Takenaka K., Fahrt zum MOA-Museum durch winklige Sträßchen bergauf – am Eingangsgebäude geht es durch unterirdische Hallen über Elevators einige hundert Meter zum grünen Gipfel eines Berges, auf dem das monumentale Gebäude steht, welches den Stiftungsbesitz eines wohlhabenden Sponsors enthält. T. K. hat das Gebäude entworfen und gebaut – sehr eindrucksvoll mit herrlichen Ausblicken über eine üppige Vegetation mit Bambushainen und bereits blühenden Pflaumenbäumen – die Sonne scheint, der Blick geht aufs Meer, herrlich. Wir bekommen eine Teezeremonie im kleinen, alten Teehaus im Garten der Anlage, auf den Tatamis kniend – 90 x 1,80, das Modul der traditionellen alten Holzarchitektur – und dann Besichtigung eines zauberhaften alten Hauses aus dem 17. Jahrhundert, das ein Maler für sich entworfen und gebaut hatte. – Im Auto hinunter zum Meer, wo unsere Gastgeber in einem alten Riukan-Hotel den Lunch für uns bestellt haben. Wieder ein Gebäude, das auf der Disziplin dieses traditionellen Grundmaßes beruht. Ein zauberhafter Blick aus der Halbhütte mit bizarrem Vordergrund und der typischen Vegetation auf das Meer. Ein traditionelles japanisches Essen, welches trotz der Fertigkeit der Stäbchen-Bedienung noch neue Ansprüche stellt. Es gibt viele unaussprechliche

Dinge, viele kleine Gerichte, letztlich das Dessert: Erdbeeren, ist nicht suspekt. – Zurück im Wagen zum Bahnhof, von dort zur Stadt, das heißt, Tokio, zurück. Unterwegs, diesmal im KODAMAR = Echo – Rückbestätigung des vorher Erlebten. Dann zum Hotel, Gepäckübernahme und dann Schlußbesprechung im Büro. Resumee des inzwischen Erarbeiteten – herzliche Verabschiedung. Wir sind gemeinsam überzeugt, daß diese Diskussionen das Projekt weitergebracht haben. – Fahrt durch die abendliche Stadtlandschaft zum 70 km entfernten Flughafen. Mr. Ito begleitet uns – ein letzter Trunk, dann geht es gemächlich zum Abflug, und während ich das jetzt schreibe, wird vom Käpt'n der Anflug auf Anchorage / Alaska durchgegeben. Ein Blick aus dem Fenster zeigt uns, nach Monduntergang und Sonnenaufgang die endlose Schneegebirgslandschaft Alaskas – 10 Minuten bis zur Landung.

Nach einstündigem Aufenthalt Weiterflug, Non-Stop nach Hamburg – nach dem Abendessen viel Zeit zum Schlafen. –

Beim Hinflug mit Japanese Airlines ergab sich bereits eine gute Einstimmung in die vor uns liegende, andersartige Welt. – Nun trägt die Lufthansa mit ihrer bemühten Betreuung dazu bei, daß wir wieder problemlos zurückfinden. –

Resumee dieser Arbeitsreise nach Japan:

Die Arbeit am gemeinsamen Projekt „Wettbewerb Oper Tokio" ist hochinteressant, anregend und aufschlußreich. – Neben der üblichen Bemühung um bestmögliche Lösungen des Planungsproblems in funktionaler und architektonischer Hinsicht stellt sich das Problem der Zusammenarbeit zwischen Kollegen verschiedener Welten und über große Distanz. – Es hat darüber hinaus Einblicke in die Arbeitsweise einer Planungsgesellschaft mit über 1000 Mitarbeitern gegeben.

Villa Romana Florenz

2. – 19. Juni 1986

3. Juni,

morgens, es regnet in Strömen – aber ein lang gehegter Wunsch ist in Erfüllung gegangen – ich sitze im Atelier Rosa im deutschen Künstlerhaus Villa Romana, Via Senese 68 –

ich bin gestern Nachmittag mit meinem Leihwagen Fiat Panda, dunkelblau, vom Flughafen Mailand aus hierhergekommen.

Es ging bei dem gleichen Regen in München los, LH Flug 1 Stunde 10 Minuten nach Milano – einige Japaner im Flugzeug erinnerten mich an Tokio, an den dort soeben gewonnenen GRAND PRIX für das Opernhaus-Ensemble, internationaler Wettbewerb mit über 2000 Teilnehmern, ein stolzer Erfolg, und, wenn es dessen bedurft hätte, eine gute Rechtfertigung für die nun folgende Belohnung – des für drei Wochen geplanten Aufenthaltes in Florenz und in Etrurien.

Nach Nonstopfahrt über die Auto Strada 1 gen Süden bei blauem Himmel und entsprechenden Temperaturen. Mit meiner Höchstgeschwindigkeit von 130 km – durch abwechslungsreiche Landschaft – erst durch die Po-Ebene, dann durch die Emilia Romagna mit ihren weiten Feldern ab Bologna in die bewegte Landschaft des Appenin. – Unterwegs verlocken berühmte Städtenamen wie Piacenza, Parma, Reggio Emilia, Modena zum Verlassen der Autobahn – aber ich vertage das für die Rückfahrt – ich möchte nicht zu spät in meinem neuen Quartier ankommen.

Dank der Beschreibungen und intensiven Kartenstudiums ist die Villa leicht gefunden. Ein kleines Schildchen und die Hausnummer an der endlosen alten, die Straße begleitenden Mauer gibt die letzte Sicherheit. Ein altes, mehrteiliges, klappriges Eisenportal öffnet sich, ein Kiesweg führt zur Eingangsseite der mächtigen Villa – die offenbar bessere Zeiten gesehen hat –, es ist niemand zu sehen, ein junger Italiener bedeutet mir zu warten. Ums Haus herum erstreckt sich ein verwilderter Garten, unbekleidete Terrakotta-Damen geben von Postamenten aus freundliche Gesten.

Schließlich kommt Frau Burmeister (wie sich später herausstellt die ehemalige). Sie gibt mir einen Brief ihres Mannes, der wegen des italienischen Staatsfeiertages (Montag) nach Lucca zu Bekannten gefahren ist. Ich bekomme mein Domizil gezeigt, diverse Schlüssel ausgehändigt, und werde mir selbst überlassen – alles weitere wird auf morgen vertagt – Hausordnung oder andere Reglements gäbe es nicht.

Die Villa beginnt mit einem geräumigen Windfang, von dem aus der „Salon Villa Romana" erschlossen wird – die Tür steht auf – in dem leeren Raum große Metallplastiken – eine Wechselausstellung – dann geht es in eine Treppenhalle, die von oben Licht erhält und offenbar mit Gaben ehemaliger Preisträger, das heißt Villenbewohner, dekoriert ist – die Treppe ist nicht besonders aufregend – ich werde durch eine Tapetentür in eine andere enge Treppe geführt, die wohl für's Personal vorgesehen war. Um so überraschender ist dann das Apartamento. Ein kleiner Rechteckraum, 6,5 x 4,5 m, ein nach Westen gerichtetes Fenster, durch das ungehindert von der Gartenseite her die Sonne einfällt – 1. Stock.

Der Raum ist sparsam möbliert: in der Mitte freistehend ein antiquarischer Tisch mit einem Florentiner Holzsessel und zwei Binsenstühlen. An der Eingangswand zwei einfache Matrazenbetten, an der gegenüberliegenden Schmalseite eine Louis XVI-Kommode mit aufgesetztem Spiegel – noch gegenüber dem Fenster ein kleines Wandtischchen mit Stich der Porta Romana – Fußboden aus toscanischen Tonplatten, Decke aus den üblichen Holzbälkchen, braun lackiert, die mit Tonplatten abgedeckt sind und von einem in Raummitte längs laufenden großen Balken getragen werden.

Sonst alles weiß gestrichen, unter dem Tisch noch ein Teppich. Durch eine der Eingangstür gegenüberliegende Tür geht es in einen kleinen Flur mit einfacher Kochgelegenheit und Kleiderschrank – von dort aus zum Bad mit vorsintflutlicher Ausstattung . – O. K.

Nach dem Ausräumen des Gepäcks zu Fuß in die Stadt, die Via Senese hinunter, Porta Romana – ein mächtiges großschlächtiges Stadttor, Via Romana, und dann – im Abendsonnenlicht – an der Längsseite eines stark ansteigenden Platzes Palazzo Pitti – er hat schon Größe – die Dimension beeindruckt, aber die Maßstablosigkeit kann nicht überzeugen – die Proportionen sind völlig übersetzt, überzogen. –

Weiter über die Ponte Vecchio, wo sehr reges Feiertagsleben herrscht, und dann am Arno entlang, wo die frische Brise in der immer noch kräftigen Abendsonne gut tut. Einkehr in Harry's Bar, die noch unverändert understated ist, und später zu Fuß nach Hause (so schnell geht die Identifikation). Bewußtloser Schlaf, und dann kommt eben zum Aufwachen der schon erwähnte Regen. – Es macht nichts, das gibt Zeit zum Planen, denn zunächst ist alles offen.

Gegen 10.30 Uhr bittet mich Herr Burmeister zu sich und hält mir eine sehr informative, lebendige Einführung über Vergangenheit und Gegenwart des Hauses.

Die Villa stammt aus der Mitte des vorigen Jahrhunderts – nichts genaues weiß man nicht –. Nach der Idee von Max Klinger bildete sich 1903 zunächst im Zusammenhang mit dem deutschen Künstlerbund, dann aus privater Initiative, eine private Stiftung zur gesellschaftlichen Förderung von Künstlern (ohne Bezug zu Vermögen und Alter).

Nach wechselvoller Geschichte, Enteignung und Umwidmung etc. wurde die Stiftung 1952 neu etabliert. – Der Villa-Romana-Preis wird jährlich an vier Künstler durch eine Jury vergeben, bedeutet 10 Monate Aufenthalt mit Atelier und monatlich DM 1500,–. Viele heute namhafte Künstler sind durch die Villa gegangen. Es hat sich als schwierig erwiesen, Arrivierte für 10 Monate zu beglücken – daraus ist die Idee der zusätzlichen Gäste entstanden mit kürzerer Verweildauer, das gilt auch für andere Persönlichkeiten, die als förderlich angesehen werden (die Deutsche Bank ist Stiftungsverwalter). – Ein sehr anregendes Gespräch, zu dem der Maler Neumann aus Berlin dazukommt, und dann geht es schon los über Kunst und Architektur und Gott und die Welt. –

Inzwischen strahlt die Sonne – kurzes Mahl mit Kirschen vom Baum im Garten, dann in das heiße Gefährt, erste Tour zur Certosa del Galluzo, wo natürlich Siesta ist, jetzt um 13.30 Uhr. Bis 15 Uhr, dem Beginn der nächsten Führung, wird genutzt zum Zeichnen. – Der mächtige Gebäudekomplex, in seinen Dimensionen sicher nicht geringer als Palazzo Pitti, ist bei aller Monumentalität maßstäblich gegliedert und differenziert – es ist unglaublich, mit welcher Kraft und Grazie diese festungsartige Klosteranlage in die Landschaft gesetzt wurde. Im Kontrast dazu der Charme und die Anmut der Binnenbereiche – beachtenswert auch der für uns heute undenkbare Aufwand.

Ein Pater „Simpel" führt von Raum zu Raum und Bild zu Bild. – Er kann die Architektur und deren großartige Raumwirkungen nicht kaputt machen. – Einstieg in meinen aufgeheizten, schicken dunkelblauen Panda – Fahrt in ein mir empfohlenes, nahegelegenes Bergstädtchen Impruneta. Die Ortsmitte mit erheblichen Höhenunterschieden. Der zentrale Platz wird durch eine Kirchenfassade im Gefälle abgefangen. Ich bleibe oben, auf einer Wirtshausterrasse, und zeichne die Kirche mit Anteilnahme von Senioren, die dort den „Lebensabend" verbringen, aber auch von Kindern, die ihren Müttern aufgeregt erklären, was vor sich geht, zum Beispiel Mamma, Mamma, jetzt malt er die Schatten … Als ich frage, wie die Kirche denn heißt – um es unter die Skizze zu schreiben, wird die Frage von Person zu Person weitergegeben, schließlich mit Sta. Maria de Impruneta beantwortet. – Es stimmt tatsächlich. – Zurück durch die herrliche Vorortlandschaft von Florenz – später zu Fuß zum Parkhotel Villa Cora – zum dort annoncierten Rotary meeting – Fehlanzeige, seit mindestens schon sieben Jahren nicht mehr – dann weiter zur Roticceria in unserem Sträßchen, der Via Senese, Abendmahl mit einem Hühnerbein, Karotten und einer Flasche Vernaccia – und danach, um 20.30 Uhr, in „unserem" Tante Emma-Laden (SPAR) einige Einkäufe – man identifiziert mich sofort als Villa-Romana-Insasse. – Nach der Planung für den kommenden Tag dann ein besinnungsloser Schlaf.

an der Porta Romana
Florenz
Skulptur von Pistoletti

Und am 4. Juni geht es weiter, früh, das heißt 8.30 Uhr, zu Fuß zur Stadt – bis zum Arno marschiert man ½ Stunde. An der Porta Romana wird im Stehen, wie für viele hier üblich, der Caffee Latte genommen mit einem Croissant (in Papierserviette) mit direktem Kontakt zur Straße; damit gestärkt zum Einsatz:

Ich suche zwei Bilder, Darstellungen aus der Renaissance von Idealstädten, die in einem Museum in Florenz sein sollen – übrigens beim Schreiben nun am Abend trinke ich einen Vino frizzante aus der Toscana, nicht zu verwechseln mit dem „spumante" – es ist einfach ein prickelnder, frischer Wein – BROLIO und GALESTRO und CITERNO sind mir von „Tante Emma" empfohlen worden. –

Um die gesuchten Bilder zu finden, die ich als in einem Museum in Florenz hängend (so meine ich mich gewiß zu erinnern) beschrieben fand, richtet sich mein Programm zunächst auf Museumsbesuche. – Die Sache wird erschwert dadurch, daß fast alle Museen lediglich von 9 bis 14 Uhr geöffnet sind – mit Ausnahme derer, die ganz geschlossen sind. – Man muß sich also sputen; da ich schon einiges in Florenz ohnehin kenne, gibt das keine allzu großen Probleme – nur, Pausen gibt es nicht. –

Auf meinem Weg in die Stadt nehme ich von der Porta Romana aus (Frühstück) die Via Maggio in Richtung Arnobrücke Sta. Trinita, der schönsten überhaupt. Sämtliche Arnobrücken – mit Ausnahme der Ponte Vecchio – waren von den Deutschen auf dem Rückzug gesprengt worden – die Substanz der Stadt blieb unberührt, bis auf Bombenwürfe der Royal Air Force im Bahnhofsquartier – die Brücke Santa Trinita konnte aus den alten Elementen rekonstruiert werden – die Via Maggio hat Größe, nicht was Fahrbahn und überparkte Bürgersteige anbetrifft, aber die Bebauung, Palast an Palast, gibt mir eine vertiefte Vorstellung der Florentiner Renaissance – das strotzt einfach von Kraft und bei allen Variationen fußt sie auf einer typologischen Konvention. – Über die Brücke, am Lungarno Corsini entlang des Arno, der Palazzo Corsini ist – leider – nicht zugänglich, er soll eine bedeutende Kunstsammlung enthalten.

Aber – für mich gibt es nach der Fülle der florentinischen Renaissance-Paläste, mit dem Palazzo Bartolini – Salimbeni – von dem nicht sehr bekannten Baccio d'Agnolo – ein Schlüsselerlebnis. Dieses 1520 begonnene Gebäude fand Ungnade bei der florentinischen Bevölkerung wegen seines römisch inspirierten Baustils. – In der Tat, das Ergebnis ist nobel – mehr als die zur Masche gewordene florentinische Renaissance, das ist ab jetzt meine Meinung.

Dann folgen diverse Besichtigungen – wobei der Palazzo Ruccelai von Alberti und der Palazzo Strozzi wieder die volle Hochachtung der Florenzer Richtung erbrachten – der Palazzo Davangati, ein „Bürgerhaus" aus dem 14. Jahrhundert, beherbergt heute ein Museum florentinischer Wohnkultur (Besichtigung mit einer mehr oder weniger ungezogenen französischen Schulklasse und ihrer altjüngferlichen Lehrerin). Gegenüber einer der wenigen erhalten gebliebenen Wohntürme aus dem 13.

Jahrhundert, von denen Florenz einst 150 besaß. – Dann von dort im Eilschritt (denn der Florenzer Besichtigungstag hat nur 5 Stunden – von 9 bis 14 Uhr) zur Akademia mit den Plastiken Michelangelos – die Besuchermassen (zum Glück sind aus Terroristen-Furcht und aus Kernstrahlen-Angst kaum Amerikaner da – um so mehr Deutsche) konzentrieren sich auf DAVID und beäugen ihn von unten, vorne und hinten. – Weiter zu St. Croce – bereits geschlossen. – Nein, vorher zum Bargello, dem Museo Nazionale, Bau aus 1255, zunächst Sitz des Bürgermeisters – zur Zeit ein Donatello Festival – und dessen David ist auch nicht schlecht.

Dann zum Museo Bardini auf der anderen Arnoseite – mittwochs geschlossen – zurück zu St. Croce, bis 15 Uhr geschlossen – zum Arno – vom Ufer des Yachtclubs eine Skizze von der Ponte Vecchio – dann zu den Uffizien, bereits geschlossen, eine Skizze vom Binnenbereich – dann, vor einem drohenden Gewitter, wird der Fußweg nach Hause angetreten. – Dort liegen Mitteilungen von inzwischen erfolgten Anrufen – anschließend Aufarbeitung des Gesehenen und frugales Abendbrot im eigenen Domizil. – Übrigens habe ich auch noch das archäologische Museum aufgesucht. Man hätte es sich schenken können – nur ein Bruchteil wird gezeigt wegen Bauarbeiten, und das ist häufig – offenbar unvermeidlich, daß bedeutende Bauwerke gerade zur Hauptsaison gesperrt, eingerüstet oder nur partiell zur Verfügung stehen.

Der 5. Juni fängt zeitig wieder mit dem Caffee Latte an der Porta Romana an – dann zielsicher zum Museo Bardini, das gestern geschlossen war. Ein eindrucksvoller Palast, der mit der Sammlung von Kunstwerken aus verschiedenen Epochen gesponsert wurde. – Dann zu St. Croce, nun geöffnet, leider ist die Pazzi Kapelle von Brunelleschi außen eingerüstet – schade, schade, schade! Hier hat Brunelleschi einen Prototyp der Renaissance geschaffen. Die Kirche – wenn man die im 19. Jahrhundert geschaffene Fassade durchschritten hat – ist von eindrucksvoller Großräumigkeit, 1295 begonnen, 1443 vollendet. Sie beherbergt viele Ruhestätten und Grabdenkmäler bedeutender Persönlichkeiten, von Michelangelo über Dante Alighieris zu Canova, Machiavelli, Rossini, Angehörigen Bonapartes, Gallileis und von anderen mehr.

Von dort zum Palazzo Medici Riccardi – zur Zeit ist dort die Ausstellung des grafischen Werks von Picasso –, zu den Medici Kapellen, mit den unvergleichlichen Grabdenkmalen, die von Michelangelo gestaltet sind – zur Bibliothek Laurentiana, diesem Meisterstück der Raumkunst, ebenfalls von Michelangelo. – Von dort zu Sta. Maria Novella – die Kirche ist bereits geschlossen, Mittag – die beeindruckenden Kreuzgänge und Museen noch geöffnet. – Inzwischen hat sich der Himmel verdunkelt – ich beschließe, zur Villa zurück zu gehen und dort das Weitere zu planen. – Mittagessen in den Kirschbäumen unseres Gartens, dann geht's an die Aufarbeitung des Gesehenen und des vor mir Liegenden am Tisch – und ruhig rauscht der Regen.

6. Juni

Freitag – man muß es hinschreiben, um nicht ganz aus dem Tritt zu kom-

San Frediano in Castello, 11.6.86 D.

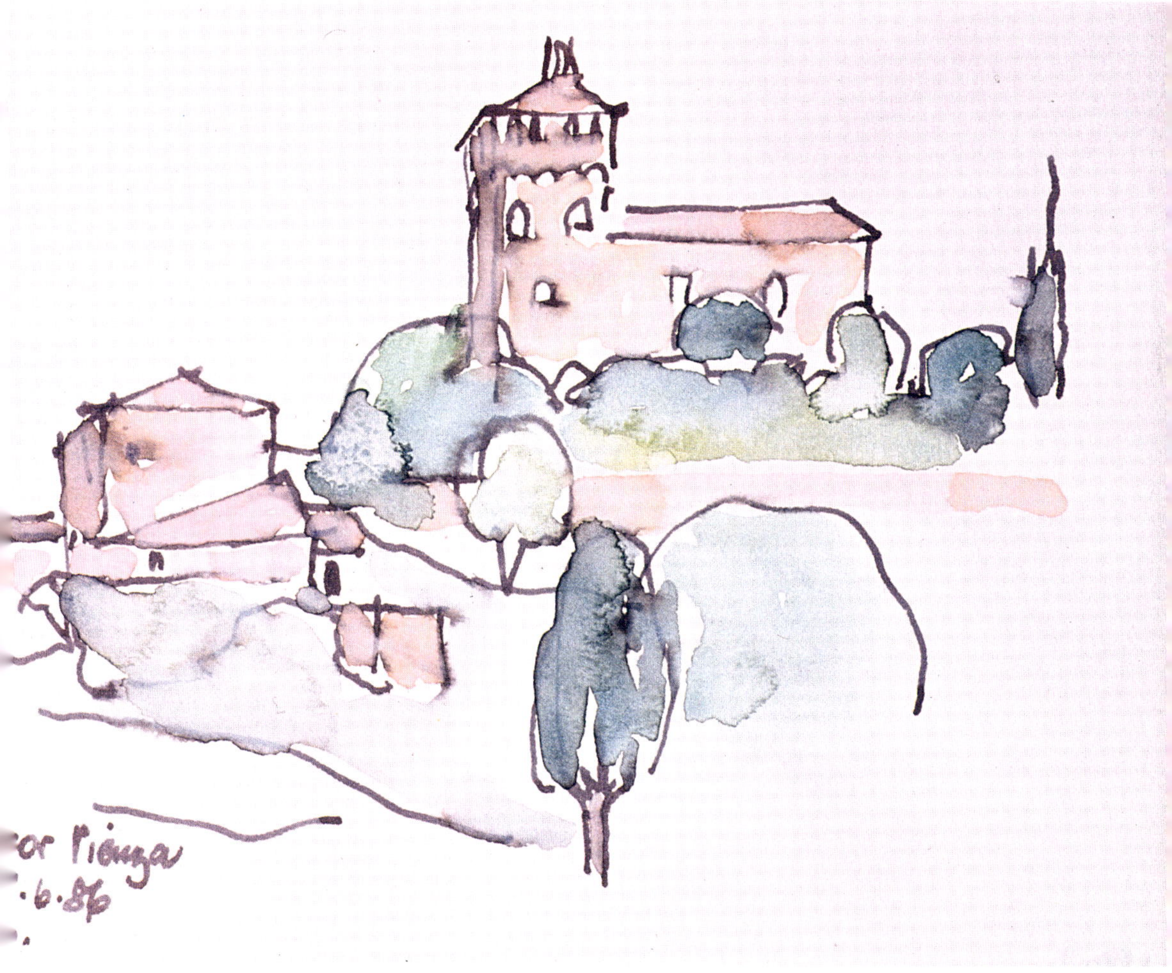
or Pienza
.6.86

men –, der gestrige Nachmittag und Abend haben wieder Klarheit in das Zurückliegende und auch in das zu Planende gebracht: Fazit – die so langen drei Wochen des vorgesehenen Aufenthaltes in der Villa sind angefüllt mit Programm, Schritt für Schritt wird es bewältigt werden oder auch nicht ganz – Florenz liegt ja nicht aus der Welt. –

Nun, am frühen Morgen um 7 Uhr, strahlt bereits die Sonne bei makellosem Himmel – nun wird beschlossen, nach Fiesole zu fahren – es ist nicht weit, aber von der Villa aus etwas umständlich – nun gut, bei diesem schönen Himmel muß es sein – und es geht gut, aber alles anders als erwartet. – Für mich war Fiesole immer Brunelleschi mit der für mich atemberaubenden Fassade der Badia Fiesolonsis – aber dort oben gibt es einiges anderes sehr Sehenswertes – von der traumhaften Lage abgesehen, die man gar nicht beschreiben kann – so zum Beispiel das römische Theater, 1. Jahrhundert v. Chr., ich muß an Sizilien denken, an Taormina, dann die Kathedrale aus dem 11. Jahrhundert, die natürlich im Laufe der Jahrhunderte viele Wandlungen erfahren hat – und dann von dort bergauf zur Kirche von S. Alessandro, die auf das 9. Jahrhundert zurückgeht und weiter der große Platz von S. Francesco – mit der Kirche, die auf das 14. Jahrhundert zurückgeht – die spannungsvoll, wechselreiche Geschichte muß man nachlesen. – Hier wird der Skizzenblock gezogen – und inzwischen ist es Mittag. – Im Kiosk erfahre ich, daß mein Suchobjekt – die Brunelleschi-Fassade der Fiesolaner Abtei, weit unterhalb liegt – von San Domenico aus zu erreichen. Auf der Fahrt dorthin sehe ich mir das Cipriani Hotel S. Michele an, in einem alten Kloster von Michelangelo – non plus ultra ist nicht übertrieben – ich gerate in eine Gesellschaft, wie sie es nur im Bilderbuch gibt. – In der Baccia di Fiesole ist seit 1973 die Europäische Universität – ich gehe hinein – zauberhaft. Für Bewerber um einen Doktorgrad der Fakultäten Kunst- und Kultur- und politische Geschichte werden Stipendien für drei Jahre vergeben. Das Doktorexamen wird in Europa anerkannt. – Weiter – nach dem Fragment der Fassade der Badia – das hinreißend schön ist – gelüstet es mich nun nach der Kirche San Miniato (nicht zu verwechseln mit der gleichnamigen Stadt in der Toscana, die diverse deutsche Kaiser angezogen hat).

San Miniato liegt oberhalb des Plazza Michelangelo, mit der berühmten Aussichtsterrasse, mit dem hinreißenden Blick auf Florenz, die ich schon heute früh auf dem Wege nach Fiesole benutzt habe. –
Und ich sehe das Erlebnis dieses Gebäudes, auf das ich – midi – bis 15 Uhr eine Stunde warten muß, als einen der Höhepunkte von Florenz an. – Der Baubeginn geht auf das 11. Jahrhundert zu Ehren des Märtyrers Minias zurück, und auch hier hat eine wechselvolle Geschichte an der Weiterentwicklung des Gebäudes mitgewirkt – was letztlich für uns überliefert ist: großartig, ausnahmsweise auch die Zutaten des 19. Jahrhunderts, die geometrischen Motive der Obergaden, die dem Äußeren nachempfunden wurden.

Zurück zur Villa, Versuche, den Bau etwas zu zeichnen – und dann die allmähliche Vorbereitung auf die morgen beginnende Exkursion – und die dauert bis zum Einschlafen. –

Am 7. Juni ist die Sonne schon früh da, makelloser Himmel verlockt bereits um 6 Uhr zum Aufstehen – um 7 Uhr schleiche ich mich aus der Villa, durch taufrisches Gras zum Auto – alles ist verpackt und bedacht – nur der Motor springt nicht an – wahrscheinlich ist zu wenig Sprit im Tank – ich hatte noch gestern tanken wollen ... aber. – Entschluß, in der frühen Morgenzeit zu Fuß eine Tankstelle zu suchen und einen Kanister zu leihen – immerhin bin ich mit Verspätung, aber dennoch vor 8 Uhr auf der Strecke. – Nun wird es um 22.30 Uhr schwer, den ereignisreichen Tag – im Bett mangels anderer Möglichkeiten – nur in etwa noch zu rekonstruieren: zunächst auf die A 1 Richtung Rom gen Süden – der blaue Himmel trübt sich ein – Nebel, oder besser Dunst kommt auf; die toscanische Landschaft mit ihrem abwechslungsreichen Bild gewinnt dadurch neue Dimensionen – mein Panda neigt ohnehin nicht zur Hektik, so läuft alles – und schneller als erwartet zunächst zur Abfahrt Arezzo. Noch eine gewisse Strecke Zubringer, dann entlang der Stadtmauer, bis ein Tor die Einfahrt ermöglicht. Erstes Ziel: Grand Place – nein Piazza Grande. Hier kann der Wagen noch (9 Uhr) abgestellt werden. Ein großartiger Freiraum mit starkem Diagonalgefälle: eine Wand nehmen die Loggien von Vasari ein – großartig an sich, in ihren Proportionen und im Detail – aber der Maßstab ist übersetzt – die Fassade des Palazzo della Fraternita dei Laci ist anmutiger und maßvoller, aber nicht so stark, quer zu den Loggien – die gegenüberliegende Seite, abgestufte Bürgerhäuser mit dem hohen Turm des Palazzo Lappoli geben dem fallenden Platz den Halt – und den Maßstab. Am unteren Gefällepunkt des Diagonalgefälles steht der Chor der Maria delle Pieve – mit, für einen studierten Architekten, abenteuerlicher oder unbekümmerter Bewältigung des Gefälles durch entsprechende Abstufungen. – Die Kirche ist aus dem 12. Jahrhundert, Hochchor mit darunter liegender Krypta, eindrucksvoll – nicht minder die dreifach horizontal gegliederte Säulenfassade, die sich nach oben zu in den Säulenabständen verengt (leider wie so viele, wie fast alle interessanten Bauten Italiens, zur Zeit mit Gerüsten versehen).

Der Kampanile heißt im Volksmund wegen seiner 40 zweibögigen Fenster „dalle cento buche" – mit hundert Löchern. – San Domenico bemerkenswert – ein gotischer Dom – von dort nicht weit das Haus von Vasari, das vom Künstler selbst mit Fresken – und zwar beachtlich – ausgemalt wurde. Von außen sieht es eher bescheiden, besser ohne besondere Ambitionen gestaltet, aus. Sehr sympathisch – und viele andere Kirchen, Plätze und Palazzis wären in Arrezzo zu vermerken – man muß es nachlesen – besser sehen – noch besser in Muße erleben. –

Dann weiter über die A 1, bis zur übernächsten Ausfahrt, die nach Pienca führt. Pius II., der hier geboren wurde, wollte hier eine stilreine Renaissance-Stadt erbauen – der Ortsmittelpunkt ist die Piazza Pio II mit dem Dom – der römische Größe ausstrahlt, dem Palazzo Piccolanini, dem Palazzo Pubblico und dem Bischofspalast – danach ist offenbar alles zur alltäglichen Tagesordnung übergegangen – weil wohl der Atem ausging – und wenn schon die Absicht, ein Exemplum zu bauen – dafür ist es nicht exemplarisch genug – aber in sagenhafter Situation – wie man überhaupt in der Toscana dazu neigt, Berge, Hügel und Kuppen zu bebauen und nicht die Täler – wie bei uns.

Von dort aus geht es nach Montepulciano, das gute Wetter wird immer wieder von heftigen Gewitterschauern unterbrochen – Montepulciano, eine unglaublich urbane Bergstadt, 598 m hoch, die Perle der Renaissance genannt. Sangallo und Vignola haben hier im 16. Jahrhundert eindrucksvolle Paläste gebaut – dagegen steht die Fassade des Doms noch im Hintermauerwerk unvollendet da – das gibt Stoff für Reflektionen. –

Montepulciano hat beachtliche Dimensionen – Hauptstadt Etruriens – und überall schimmert oder strahlt das etruskische Element durch – auch hier bleibt vieles unbeschrieben, und dann geht es wieder zur A 1 – dieses Mal zielstrebig nach Orvieto. – Man hatte mir von der Villa Romana aus im Hotel Badia, unterhalb der Stadt, in einem alten Kloster, Hotelunterkunft reservieren lassen. – Dort komme ich gegen 14.30 Uhr an. – Auffrischung, Umziehen und dann auf in die auf einem Tuffsteinkegel liegende Stadt. Sie ist voll im mittelalterlichen Bestand erhalten – Prunkstück der Dom, 1290 begonnen, eine schwarz-weiß gestreifte Basilika mit weiß gestrichenem offenen Dachstuhl – ein Raum von für mich bisher selten erlebter Großartigkeit – hier soll um 17.30 Uhr die Hochzeit von Michelangelo Crescini mit Guilia di Montevecchio stattfinden, zu der ich eine Einladung erhielt – und nach Durchstreifen der gut erhaltenen, aus dem heimischen Tuffstein erbauten Altstadt finde ich mich mit dem erlauchten Adel des Fürstengeschlechts vom Castel Viscardo in der Seitenkapelle des Doms ein – weiße Lilien und Zitronengestecke schmükken den Raum – der Bräutigam kann es nicht fassen, daß Professore aus Tedesco gekommen ist – das Brautpaar sitzt auf rotem Samt vor dem Altar und nimmt nach den liturgischen Zeremonien und einer leidenschaftlichen Ansprache des Priesters am Gottesdienst teil, darf auch am Altar aus dem Kelch trinken – und nach Vollzug des Ritus wird das Paar beim Auszug aus dem Hauptportal des mit rotem Marmor ausgelegten Fußbodens vom Dom – draußen kiloweise mit Reis bombardiert – um dann zur Gratulationskur überzugehen. Zum Glück scheint nach heftigen Gewitterschauern die Sonne wieder – und auf den Treppenstufen zum Dom schwelgt alles in Glückseligkeit – dann geht es von dort zum Castel Viscardo mit vielen Autos im Convoi – vor dem Schloß sind Tische mit den Aperitifs aufgebaut – die Sonne meint es wieder gut, aber es hat aufgefrischt. – In den Räumen des ältlichen, mehr mit Farbenpracht brillierenden Castels sind Buffets und Tische arrangiert für die illustre Gesellschaft mit gut anzusehenden Damen jeglichen Alters – ich nehme den Augenblick, als zu Tisch gebeten wird, wahr, um zu meiner Badia zu entfleuchen – vor allem mit dem Bewußtsein, zur Tischunterhaltung der italienischen Gesellschaft wenig beitragen zu können – meine Mission war erfüllt, das gegebene Versprechen eingelöst – zurück zu meinem Hotel, Diner im Hause mit dem vorzüglichen Badia Orvieto Classico und nach Niederschrift dieses Tagesberichts um 24.15 Uhr todmüde in den Tiefschlaf.

8. Juni 1986, ich sitze nun, 19.30 Uhr, entspannt im Hotel Umbra in Assissi, im Glase einen Frizzante Bianco di Ass., und der hinter mir liegende Tag kommt mir wie eine Ewigkeit vor – oder besser gesagt – es fällt mir schwer, das heute Erlebte zu rekonstruieren. Ein Grund, der – so schwer es fällt – für das Reisetagebuch spricht – denn wie sonst könnte man die

*nur ein Detail
da Brunelleschi
di SS. Annunziata
a firenze*

Fülle der Eindrücke, Erlebnisse und Begebenheiten im Gedächtnis behalten. –

Nach recht lautem Gästeverhalten, nachts in meinem Kloster – der Lärm nahm und nahm kein Ende – ich glaube, es waren Engländer der ungezogensten Sorte – nahm ich nun meinerseits keine Rücksicht auf die Sonntagsruhe und ging – à bonne heure, bei strahlend blauem Himmel, bereits um 6 Uhr aus dem Bett. Bis zum Frühstück hatte ich den Blick aus dem Fenster auf die Bergstadt Orvieto schon im Skizzenbuch – spartanisches Frühstück, dann nochmal nach Orvieto – ich hatte gestern von einer Sache gehört: „Pozzo di San Pantrizzio", die ich unbedingt noch sehen wollte – aus meiner ganz speziellen Interessenlage. Clemens VII ließ einen Brunnen anlegen, um die Stadt im Belagerungsfall mit Wasser zu versorgen. 1537 wurde der Plan von Sangallo verwirklicht, in einem Bauwerk, in dem Lasttiere non stop auf und ab aus 62 m Tiefe das Wasser nach oben bringen können. Das Doppelspindelprinzip wurde so verwirklicht, daß um einen von oben mit 72 Fenstern belichteten Schacht 248 flache Stufen hinunterführen und ebenso viele wieder hinauf. So war das Problem auf geniale Weise zu lösen – und ich habe es als Frühsport nachvollzogen, nicht ohne unten in dem klaren Wasser eine Münze hinterlassen zu haben (fürs Wiederkommen). Laut dem Michelin Reiseführer sagt man in Italien für einen Verschwender: . . . er hat Taschen wie der Pozzo di San Pantrizzio, das heißt bodenlos, von unsondierbarer Tiefe . . . Der Zugang wurde erst um 9 Uhr geöffnet – Zeit, um eine Kirchenfassade zu zeichnen, deren Namen ich nicht weiß. Und dann geht es auf die Strecke – Viterbo ist das erste Ziel, ich muß nun überlegen, was dort sehenswert war. – Auf dem Weg ging es durch den Ort Montefiascone – ein Blick in den Führer zeigte, daß es sich um ein bemerkenswertes Örtchen handelte, nämlich um eines, in dem der Wein eine Rolle spielt. Ein Prälat, Johannes Fugger, der auf seiner Italienreise einen Bediensteten vorausschickte, um die Weine zu probieren – er mußte an die jeweilige Herbergstüre „est" für „est vinum bonum" – der Wein ist gut – markieren. Für den Wein, den man ihm in Montefiascone vorsetzte, fand er nur die Bezeichnung „est est est" – und der Prälat Fugger schloß sich diesem Urteil so uneingeschränkt an, daß er diesem est, est, est völlig verfiel, den Rest seines Lebens dort verbrachte und nun im Dom, ein unglaublich wuchtiger Doppelstockbau mit majestätischer Kuppel von Sanmicheli von 1519, seine ewige Ruhe fand.

Man muß sich angesichts der gewaltigen baulichen Hinterlassenschaft, die einem überall, auch in den weniger bekannten Orten begegnet, nicht nur nach der Potenz dieser Bauherren fragen, sondern auch nach der unvorstellbaren Kraft und Imagination der Baumeister – beides muß sich wohl bedingen, die eine die andere bewirken – wie wir ja aus unserer Praxis mit zum Teil bescheideneren Aufgaben auch durch Erfahrung wissen.

Die nächsten Stationen des heutigen Tages waren: Viterbo, Bomarzo, Spoleto, Todi, Perugia – verknüpft durch zauberhafte, wechselnde Landschaften der Toscana, Umbriens und Apuliens – und mein Panda hat das alles bergauf, bergab auf kurvenreichen, herrlichen Straßen ohne zu murren bewältigt – ein strahlender Tag mit sengender Sonne, den man besser in der Badehose verbracht hätte – aber ich habe diesen Sonntag, der von Höhepunkt zu Höhepunkt verlief, so recht genossen. Wenn am gestrigen Tage trotz der vielen unvergeßlichen Eindrücke eindeutig das Innere des Domes von Orvieto das Stärkste war – so heute der Domplatz von Spoleto – aber ich muß der Reihe nach vorgehen:

Viterbo, ich mache die Stadtbesichtigung vom Wagen aus, bei atemberaubendem Hakenschlagen, durch die mittelalterliche Enge des noch weitgehend erhaltenen alten Gefüges. – Viterbo war Stauferstadt, hatte seine große Zeit im 12. und 13. Jahrhundert, zeitweilig auch Residenz von Friedrich dem II., der die Stadt aus Rache zerstören ließ, als sie von ihm abfiel. – Weiter nach Bomarzo, um dort die MOSTRE, die Monstren, Dämonen, Masken, Tierungeheuer – in Stein gehauene Skulpturen im Park der Villa Orsini aus dem 16. Jahrhundert zu besichtigen (auf der Fahrt dorthin durch den mittelalterlich dicht bebauten Ort Baguaia, mit abenteuerlichen Hangbebauungen, der auf keiner Karte steht – aber durch die Villa Lante von Vignola – ehemalige Residenz zweier Päpste – bekannt ist). – Der Monstrenpark ist Ziel für viele italienische Sonntagsbesucher, Familien mit zahlreichen Kindern, die hier auch picknicken – unerwartet der malerische, dazu gehörige Bergort mit dem gigantischen Fürstenpalast. – Weiter durch die Lande: Spoleto – hier bleibt mir die Luft weg – nach langen Kurven bergauf durch die alte Stadt, eine Parklücke, zu Fuß weiter, plötzlich, es ist Mittagszeit und kaum Menschen auf der Straße, öffnet sich der Blick auf einen – ich schätze 20 m tiefer liegenden, backstein-gepflasterten Platz, an dessen Stirnwand der Dom steht – eine majestätische, unendlich lange Treppenrampe führt hinunter – vor einem Palast, der ein Restaurant enthält, sitzen einige Menschen und geben der zauberhaften Szenerie den Maßstab. – Hier finden alljährlich im Herbst internationale Musikfestivals statt – ich verstehe jetzt den Grund – und mir ist noch das Glück hold, daß die oberhalb liegende Kirche St. Eufemia, die mich interessierte – aus dem 10. / 12. Jahrhundert – geöffnet ist – ein archaischer Raum.

Weiter, ohne Rücksicht auf Verluste, wieder durch kurvige Vorgebirgslandschaft – das Schalten macht wieder Spaß – nach TODI – schließlich sehe ich die Stadt von weitem – wie eigentlich alle alten Städte, in beherrschender Berglage – von drei erhalten gebliebenen, konzentrischen Ringmauern umgürtet, der etruskischen, römischen und mittelalterlichen – die Piazza del Popolo ist Zentrum der Stadt mit dem gotischen Palazzo dei Priori, den Renaissance-Palazzi del Capitano und del Popolo und dem römisch gotischen Dom mit seiner starken Rechteckfassade aus weißem und rosa Marmor und der kunstvollen Fensterrose – zu ihm führt ein gewaltiger Treppenberg hoch – der abgehängte, dreiseitig umbaute Piazza Garibaldi öffnet sich zu einem herrlichen Landschaftspanorama. –

Auf schöner vierspuriger Straße geht's zum vorletzten Ziel, PERUGIA, die mächtige Hauptstadt Umbriens, auch in beherrschender Lage, die im Mittelalter eine bedeutende Rolle gespielt hat – heute durch riesige Neubauviertel umbaut und durch verwirrende Verkehrsregelungen schwer zu überschauen. Ich gebe schließlich auf, um noch zeitig im 20

Tenuta di Ricavo
Castellina in Chianti
5.6.86

Montefiascone
(Esterici)
6.8.86

km entfernten Assisi anzukommen. – Zu bedauern: das bei Perugia – in Torgiano gelegene Weinmuseum versäumt zu haben – das wird ein Ziel für das Weinseminar.

Erleichtert, der städtischen Dichte Perugias entkommen zu sein, geht es nun im Flachland durch Wiesen und Felder in die Zielstrecke – Assisi liegt von weitem sichtbar als steinerne Wand in Halbhöhenlage grüner Berge. Beim Herannahen dominieren die gewaltigen Substruktionen des Kirchenklosters S. Francesco aus dem 13. Jahrhundert – wahnsinnig. – Sehr sympathisch die Oberstadt, die sich immer wieder zur weiten Landschaft öffnet und – welch Glück – mein Hotel UMBRA liegt am Piazza del Commune, einem herrlichen, vollumbauten Freiraum, an dessen einer Wand der römische Minerva-Tempel des ehemaligen Forums – nun Kirchenfassade – integriert ist. Sonntag spätnachmittags – die Stadt ist voller Menschen, Einheimischer, Touristen, kein Wallfahrerpublikum, überwiegend junge Menschen ohne Hemmungen – schließlich nach erstem Rundgang Erklärung für letzteres: auf dem Platz vor San Francesco sind gigantische Installationen aufgebaut, „180 umbrische Musiker rokken für den Frieden" steht auf großen Transparenten – das hier.

Ich verzichte auf weitere Erklärungen der Stadt, sie ist zauberhaft – eine Fußballweltmeisterspiel-Übertragung Deutschland – Schottland in Mexiko hat mich aus dem Plan geworfen. Zum Glück endete es 2 : 1.

Und am 9. Juni begann früh der neue Tag – wegen des großen Tagesprogramms drängt es mich früh hinaus, denn es gibt noch einiges Ungeplante auf dem Programm, zum Beispiel Foligno, denn auch hier waren die Staufer – Dom aus dem 13. Jahrhundert, Palazzo Communale aus dem 13. – 17. Jahrhundert – ein schöner Platz, der nun in der Morgensonne liegt – dann auf die Strecke.

Weiterer, ursprünglich nicht vorgesehener Ort ist GUBBIO. Mich hat am stärksten der Palazzo Ducale aus dem 15. Jahrhundert beeindruckt und der großartige Domplatz, an einer Seite hoch über der Altstadt zum Blick in die Weite geöffnet – der Dom steht an einer Kopfseite und legt eine Freitreppe wie einen Ausleger – oder eine Zugbrücke in den Platz hinunter – halsbrecherische Fahrten auf bis zu 18 % Steigungen – dann wieder zu Fuß – das Hauptziel bleibt Urbino, und möglichst vor 12 Uhr, da sonst Wartezeiten bis zur Wiedereröffnung der wichtigen Gebäude bis 15 Uhr zu berücksichtigen sind. – Eine halbe Stunde vor der Mittagspause, die unbarmherzig eingehalten wird, treffe ich im Museum des Herzoglichen Palastes von Frederico da Montefeltro, im 15. Jahrhundert erbaut, ein und kann noch einmal vor Staunen sprachlos werden. – Auf meine gestrige Frage, wer kann denn diese Größe gehabt haben, um derartig gigantische Bauten zu beauftragen, muß man in den Uffizien die Portraits des Herzogsehepaars: Frederico da Montefeltro von Urbino und Battista Storza – gemalt von Piero della Francesa, studieren – es bleibt unerklärlich – um das zu verstehen, muß man einige Zeit in Urbino verbringen.

Für mich die stärkste Stadt von den gesehenen – und das überträgt sich auch auf die hier lebenden Menschen – heute Universitätsstadt, junge

Menschen bestimmen das Bild – Transparente sagen allerdings, daß zur Zeit ein Filmfestival veranstaltet wird – dennoch, die Stadt ist zweigeteilt – in Wissenschaft und Leben – den Mittelpunkt bildet ein Platz, der akustisch vom Schallpegel der sich unterhaltenden Menschen den Höhepunkt gibt.

Ich war also gerade noch früh genug da, um „mein Bild" – unbekannter Meister (dort stand LAURANA) einer Idealstadt der Renaissance selbst zu sehen (und anschließend im Poster zu kaufen – es ist offenbar doch weithin begehrt) – alles andere kann und will ich hier nicht beschreiben – eine Stadt, ganz in Ziegelstein, vom Fußboden bis zur Wand, mit einem Milieu zum Verlieben. Durch Ausdauer finde ich auch noch das völlig integrierte, aber meisterhaft entworfene neue Institutsgebäude (aus den 60er Jahren von Carlo di Carli) – es ist schwer zu finden, da von außen nicht zu sehen. – Noch eine Skizze von San Bernardino degli zoccolanti – Mausoleum der Herzöge genannt, wie ich später lese, und dann zum Tagesziel: Ravenna. – Ich dachte bei der Gelegenheit auch etwas von der Adria mit ihren großen Namen zu sehen, Pesaro, Rimini, Cattolica usw., denn nach der Straßenkarte geht die Straße an der Küste entlang; nur verwüstetes Land durch Gewerbegebiete, Reklame, Ramsch-Gastronomie etc. verunstaltet, kein Stück Meerblick – *so* schlimm hatte ich mir das nicht vorgestellt – und nach der heilen Welt der bereisten Landstriche ein grausiges Zeugnis unserer Zivilisation – wie in Deutschland, Frankreich, Belgien und und und.

Dann Ravenna – das heißt zunächst 5 km vorher S. Apollinaire in Classe – heute im freien Feld – einst – 534 am Bestattungsplatz des Hl. Apollinaris, des ersten Märtyrers und Bischofs von Ravenna, begonnen, 549 geweiht – Glockenturm aus dem 11. Jahrhundert, die Rundform mit den nach oben zunehmenden Öffnungen, das Thema wiederholt sich mehrfach in Ravenna. –

Zu Fuß durch Ravenna, bis zur Erschöpfung. –

Alles andere muß nachgelesen werden, Ravenna war Hauptstadt des weströmischen Reiches nach 402, ursprünglich auf Pfählen gegründet, wie Venedig, und daher gegen Einfälle geschützt – durch den von Augustus angelegten Hafen (der 250 Schiffen Platz bot) bedeutend – Mitte des 5. Jahrhunderts führte Galla Placidia, Halbschwester des verstorbenen Kaisers Honorius, für ihren unmündigen Sohn die Regentschaft – später kamen die Ostgoten mit Theoderich 5./6. Jahrhundert und im 8. Jahrhundert kamen nach einer Zeit des oströmischen Reiches die Langobarden – danach wurde es von den Franken erobert und jahrhundertelang Teil des Kirchenstaates. – Die Stadt ist voller sehenswerter Baudenkmäler aus den verschiedenen Epochen. S. Vitale, 547 geweiht, wurde Vorbild der Aachener Pflazkapelle – immerhin gab es damals schon Informationsvermittlung. – Aus 520 stammt der Grabbau Theoderichs – für mich gibt es wenig Eindrucksvolleres in der Baugeschichte, oder sagen wir, Einprägsameres.

Nach einer Zeichnung dieses Bauwerkes schwanke ich noch einmal

das ist theoderichs Grab in Ravenna
19"
9.6.86

durch die Innenstadt, die auffallend lebendig ist – die Plätze voller Menschen – aber auch von faschistischer Architektur geprägt – zur Zeit nur von der Denkmalpflege anerkannt.

10. Juni 1986 Ravenna – vor dem Frühstück noch zu Theoderichs Palast – oder besser zu dem, was davon übrig geblieben ist – die Ziegelfassade ist von klassischer Schönheit, das Motiv des gemauerten Bogens wird vielfach variiert; der einzige Schmuck sind einige eingesetzte Säulen aus hellem Kalkstein – dann geht's wieder auf die Reise, über Landstraßen – lange Zeit durchs Flachland – in Porti wird zunächst gehalten, eine Provinzhauptstadt – zwischen großer Geste, Mittelalter und Normalbebauung schwankend, und Faenza, nur wenige Kilometer weiter, hier wurde die Keramik entwickelt, die der Fayence den Namen gegeben hat – mich hält sie nicht – nun ein Haken über Riola Terme – schon in Richtung Süd-West auf Florenz.

Ich suche die Kirche, die A. Aalto in der Bologneser Gegend in Riola gebaut hat – finde bisher den Ort nicht und suche nun nach ähnlich lautenden; Fehlanzeige – dann über Brisighella, wo es einen Halt gibt. Ein kleines, malerisches Städtchen in starker Hanglage, von mächtigen Festungsbauwerken überragt. – Dort gibt es die Via Borgo, eine überdeckte Laubengasse, die im ersten Stock durch viergeschossige Bebauung führt. Auf der gegenüberliegenden Seite sind erdgeschossige Arkaden – unerklärliche Mutation – dann aber weiter Richtung „Heimat" durch zum Teil Hochgebirgslandschaften, über unendlich gekurvte Sträßchen, ich genieße es, und der Panda macht brav mit – gegen Mittag geht es dann durch immer stärker urbanisierte Landschaft, in einem Endspurt durch den atemberaubenden Großstadtverkehr von Florenz – am Tante Emma-Laden in der Via Senese vorbei, wo noch Wein mitgenommen wird, zur Villa Romana zurück – es ist noch alles, wie ich es verließ. Und der Rest des Tages besteht aus dem neu Einrichten.

11. Juni 1986,

diese Eintragung mache ich mir leicht – ich habe gegen 8 Uhr das Haus verlassen – in meiner alten Bar an der Porta Romana meinen Caffee Latte genommen und bin dann eigentlich ziellos aber dennoch zielstrebig durch die Stadt gestreift – zunächst am eigenen Arno-Ufer – St. Carmine und St. Spirito und umliegende Quartiere und einige noch unbekannte Plätze – dann zur anderen Seite – aber ohne jegliche Hektik mit manchem Stillstand zum Skizzieren, und gegen 17.30 Uhr dann wieder den Berg zur Villa Romana hinauf. – Ich sitze jetzt, 19.30 Uhr, in der vollen Abendsonne und bereite mich auf die morgige Exkursion nach Norden vor.

12. Juni 1986, Cremona,

ich sitze in meinem Zimmer im Hotel Imperia – das geöffnete Fenster gibt den Blick frei auf vier von sechs Geschossen Hinterhof – dafür ruhig, das heißt ohne Straßenlärm. Im Hof selbst gibt es durchaus Geräusche, Stimmengewirr unterschiedlicher Herkunft, Blockflötenübung (zum

Glück nicht mit zu viel Ausdauer), zwei sich küssende Damen erscheinen an einem Fenster, auf dem Balkon darunter raucht ein alter Herr eine Zigarette, ein Fenster tiefer gibt Einblick in ein technisches Büro, und ab und zu kommt ein neugieriger Blick zu mir – da ist offenbar noch nie etwas sichtbar gewesen – ganz sicher niemand, der schreibt und dabei Wein trinkt. –

Aber davon will ich gar nicht berichten, obgleich ich es auf meinen Exkursionen, überhaupt bei dem ganzen Villa-Romana-Aufenthalt genieße, nun auch mal Blick für die Alltäglichkeiten haben zu können. – Nach der Abfahrt in Florenz trübte es sich mehr und mehr ein, nieselte und entwikkelte sich zum Landregen. Nun gut, für die Reise selbst erträglich – erste Station Modena – eine der wichtigsten Städte der Emilia Romagna – Maserati, Ferrari und de Tomaso fabrizieren hier – aber die Stadt hat auch Geschichte, die sich zum Beispiel im zu den besten romanischen Kirchenbauten Italiens zählenden Dom manifestiert. Das Innere wird weitgehend vom Backstein bestimmt – außen beherrscht weiß-rosa Marmor das Bild – nicht minder eindrucksvolles Gebäude der gewaltige Palazzo Ducale. – Die Stadt macht einen vitalen Eindruck, weitgehend Arkaden, die bei diesem Regen geradezu ideal sind – es ist 11 Uhr, am Stadtplatz lebhafte Diskussion, die Cafe Bars erfreuen sich auch um diese Zeit lebhaften Zuspruchs – alles in allem „Lebensraum Stadt" – weiter, nächste Station Sabbioneta – eine im 16. Jahrhundert von Vespariano Gonzales auf der grünen Wiese angelegte ambitionöse Idealstadt, die als „Klein-Athen" bezeichnet wurde; das Teatro Olimpico von Scamiozzi ist das erste geschlossene Schauspielhaus Europas. – Leider ist bei Mittagszeit und strömendem Regen alles wie ausgestorben, wird auf Wiedervorlage gelegt.–

Dann nach Mantua, nach den üblichen Einbahnstraßen-Verwirrungen komme ich genau zum Piazza Sordello, dem wichtigsten Platz, von dem aus sich eine schöne Platzraumfolge entwickelt: Piazza Broletto, Piazza delle Erbe und schließlich Piazza Alberti mit S. Andrea, der nach den Plänen von Leon Baptista Alberti gebaut wurde – grandios! Und dann folgt Palazzo Te, im 16. Jahrhundert von Ginlio Romano für den Herzog Frederigo erbaut – in jeder Hinsicht atemberaubend.

Nun weiter nach Cremona – die italienischen Landsträßchen sind für mich eine wahre Wonne, man kommt durchs Land, stets wechselnde und auch erfaßbare Eindrücke – im Gegensatz zur Autostrada – und für den Panda gerade richtig. – Cremona, geplante Endstation – gegen 17 Uhr erreicht – zunächst Hotelsuche, dem Instinkt gelingt, das IMPERIA zu finden, 2 Minuten vom Dom und dem interessanten Bereich des centro storico – der lombardisch-romanische Dom – wieder werden die Portale – wie in Modena und sonst – das heißt deren Säulen, von unwillig dreinblickenden Löwen getragen, und dann der TORRAZZO, der mit 112 m der höchste gemauerte Turm Italiens ist – aber auch der differenziertest gestaltete. Was mir hier erstmalig auffällt – auch die Querschiffe haben den Basilika-Querschnitt. Cremona – übrigens die Stadt von Stradivari und Amati – und noch vieles mehr ließe sich vermerken. –

Freitag, der 13. Juni, in keiner Weise vom Aberglauben getrübt – im Gegenteil, von mir als 13er-Fan als Glückstag begrüßt, beginnt schon vor dem Frühstück mit der Wiederholung des Rundgangs vom gestrigen Abend: unglaublich schön, zusätzlich komme ich noch in das Baptisterium mit einem gigantischen „Scheingewölbe" aus Ziegelstein. –

Auf dem Rückweg nach Florenz, Mittagspause in Parma, und da bereits um 11.30 Uhr vor Ort, zum ersten Mal Dom und Baptisterium von innen gesehen – und: das größte Theater der Welt, das Teatro Farnese, 1619 für eine Fürstenhochzeit gebaut, aber dann nicht gebraucht (über 5000 Sitzplätze), nach dem Vorbild des Teatro Olimpico von Palladio aus Vicenza – nur ganz in Holz: märchenhaft.

Ich denke an Tokio, erneut an unser prämiertes Projekt, welches auf gleichen Grundformen beruht.

14. Juni – ein Tag in Florenz, Repetitorium: Uffizien, Baptisterium, Dom, Akademia mit den Michelangelo Skulpturen, dann San Lorenzo, Medici-Kapelle, Sakristei und Bibliothek Laurentiana. Lunch in Harry's Bar. – Siesta.

15. Juni – Sonntag, Fahrt in die Toscana – Wiedersehen mit San Giminiano, um 9 Uhr noch fast ohne Touristen – einmalig. VOLTERRA, ein italienisches Rothenburg, dann SIENA – es bleibt einem immer noch die Luft weg – der Kampanile mit den vier Ecktürmchen ist hinreißend (offenbar für Ph. Johnson Vorbild für das Verwaltungsgebäude der Glasgesellschaft in Pittsburgh). – Von dort nach Castellina in Chianti – um die Tenuta di Ricarri wiederzusehen – die Umwandlung eines Gutshofes in ein Hotel, ohne falsche Ambition, daher nobel.

Dann Entschluß, von dort nach PISA durchzustarten, der Piazza dei Miraculi ist immer wieder „wundervoll". Und dann durch Unwetter und zurückrollendem Sonntagsverkehr mit viel Geduld gen Florenz. –

16. Juni, wieder ein ruhigerer Tag, denn inzwischen sind ab Mittag offenbar die Gewitter vorprogrammiert: es wurde angesehen (noch einmal) San Minitiato – Florentiner Romantik von höchster Vollendung und großem ästhetischen Reiz – Baubeginn 1013, Bauzeit 50 Jahre, dann wechselvolle Geschichte: großartig!

Von dort nach Santa Croce con Capella dei Pazzie – ersteres „ein Pantheon der würdigsten Art" – die Kapelle von Brunelleschi 1430 – 46, frühester und reinster Bau der Renaissance, von dort nach Fiesole, zunächst zur Abtei (Badia) mit dem herrlichen romanischen Fassadenfragment und der Konzeption von Brunelleschi – seit 1973 Europäische Universität – eine Institution, von der man nur träumen kann. – Und dann – es ist gerade Mittagszeit – in die Villa San Michele, dem ehemaligen, von Michelangelo entworfenen Kloster, heute hervorragend adaptiertes Luxushotel in traumhafter Lage. Und danach – Gesamteindruck Fiesole – hinunter, Ponte Vecchio. Heute ist trotz Montag mehr Rummelverkehr – zurück bei explodierenden Unwettern – Siesta und und und.

am piaza
Carolo goldoui
11.6.86   D.
Roray

dieses ist typisch florentinische Renaissance

Palazzo Bartolini-Salimbeni 1520
Baccio d'Agnolo wurde wegen des

17. Juni, nochmals Aufbruch zum Norden, bis nach Lodi, von dort nach Piacenza, dann Autostrada del Sol bis Sasso Marloni – die A. Aalto-Kirche von Riola wird gesucht – und gefunden (es gibt kein Pardon) im Appenin – über die Landstraße weiter nach Pistoia, Dom Baptisterium, Palazzo Pretoria, Ospedala (della Robbia), S. Andrea, San Pietro – Wolkenbruch.

Und nach Prato – dem „Manchester Italiens" und dadurch ist wohl auch der Reichtum an Kunstschätzen zu erklären – übrigens Geburtsort von Malaparte – und des außergewöhnlichen Mönchs Fra Filippolippi (15. Jh.), dessen Story gelesen werden muß. Die Stadt mit verkehrsgesperrten Bereichen in der Innenstadt, in die man aber hineinfahren kann, macht insgesamt einen anspruchsvollen Eindruck – und dann öffnen sich wieder die Schleusen des Himmels – und dank des Scheibenwischers gelingt die Rückkehr zur Villa Romana.

18. und 19. Juni,

langsames Ausklingen – morgens zu Fuß zum alten Coffeeshop (sprich Bar), zum Zeitungsstand an der Ponte Sta. Spirito, Haarschneiden bei lebensgefährlichem Disput des Friseurs mit einem Kunden bezüglich des verlorenen Spiels bei der Fußballweltmeisterschaft gegen Frankreich 0:2, dann noch ins Palazzo Pitti zur Ausstellung „La Maddalena tra Sacro e Profuno", ergreifend – zeichnen und langsames Einrichten auf den Abschied mit der Zusicherung des Hausherrn, Joachim Burmeister, im Jahre 1987 wieder herzlich willkommen zu sein.

So etwas – u. mehr – stellt im
Garten der Villa Romana
in Florenz
19.6.86
D.

Studienreise nach Kanada

8. – 19. Oktober 1986

Donnerstag, 9. Oktober

Gestern lief der Countdown der Abreise wieder wie auf inzwischen vielfach geübte Weise. Kofferpacken, dann noch zur letzten Inspektion ins Büro. Mit dem Wagen zum Flughafen nach Düsseldorf, 10 Uhr Einchekken, 11 Uhr Abflug nach Frankfurt – von dort aus dann 13.25 Uhr Abflug nach Vancouver mit Zwischenlandung in Calgary. – Vorher noch freudiges Zusammentreffen der altbekannten Reisegefährten – Aufbruch in bester Stimmung. Der Flug soll 12 Stunden dauern, was niemand tangiert, denn Langeweile kennen wir nicht. Der Zeitunterschied zum Zielort beträgt 8 Stunden, die wir nun auf dem Hinflug hinzugewinnen. – Der Flug vergeht wie im Fluge, unterbrochen von einigen Mahlzeiten, einer Filmvorführung (Tod eines Handlungsreisenden), die aber niemand verfolgt – im wesentlichen muntere Gespräche. Ankunft 17.15 Uhr Ortszeit in Vancouver, mit Taxen ins neue Meridien Hotel; angenehm, ohne aufregende Architektur, solider, hoher Standard; sehr geräumiges Appartement mit Blick auf einen Ausschnitt von Downtown. Im Bildausschnitt das riesige Glasdach über dem Law Court of British Columbia (B.C.). – Schöner Tagesabschluß im Restaurant des Hotels mit Lobster und weißem Macon. Dann eine lange Nacht im Bett, der Tag war zwar 8 Stunden länger als üblich, aber es ist erst 21 Uhr – um 24 Uhr erster Versuch einer telefonischen Kontaktaufnahme mit Daheim, dort ist es nun bereits 8 Uhr in der Früh ... – Um 4 Uhr Ortszeit Aufstehen und Vorbereitung auf den kommenden Tag, der der Expo '86 gewidmet sein wird. – Wir starten um 8.30 Uhr zu Fuß durch die Stadt zum False Creek, an dessen Ufern die Expo liegt, gegenüber von Granville Islands.

Um 6 Uhr in der Früh des 10. Oktober geht nun die Berichterstattung weiter. – Also auf dem Weg zur Expo erster Stop am Law Court von Arthur Erickson, der mir bereits von einem früheren Aufenthalt in Vancouver bekannt ist – und schon sind wir mitten in der Fachdiskussion. Von außen eindrucksvolle Betonbasiskonstruktion, nach 10 Jahren noch recht ansehbar, großzügig berankt aus durchlaufenden Pflanzbecken – zur Straße durch Baumreihen distanziert. Beherrscht wird der Bau durch das riesige Glasdach, welches mit seiner 45° Neigung die terrassierte und zurückgestaffelte Raumgruppierung überdeckt. Es wird dadurch ein Binnenraum von eindrucksvollen Dimensionen gebildet und damit ein völlig neuer Typus eines hellen, lichtdurchfluteten Gerichtshauses geschaffen! Der umbaute Luftraum – ebenfalls durch üppige Bepflanzung belebt – ist sicherlich voluminöser als der gesamte Nutzraum. – Ja, aber: Vergleiche mit dem, was bei uns für ein solches Haus möglich und akzeptabel wäre – ich muß an das von mir zur Zeit in der Realisierung befindliche Justizzentrum in Münster denken, wo ich bereits glaubte, mit dem großen glasüberdachten Wintergarten etwas Besonderes durchgesetzt zu haben.

Dann diskutierend weiter zum am Cityrand gelegenen Ausstellungsgelände, durch typisches Downtownchaos unbewältigter, im Umbruch befindlicher Mischbebauung – wie aus USA genügsam bekannt. – Über riesige Autoabstellplätze schließlich zum East Entrance, wo wir erwartet und zum von Eberhard Zeidler gebauten Ontario Pavillon geleitet werden. Unübersichtliches Menschengewühl von unbeschreiblicher Buntheit, das Ganze einem riesigen Kirmesrummel mehr ähnelnd als einer Weltausstellung. Überall vor den Pavilloneingängen endlose mäandrische Menschenschlangen, die geduldig auf Einlaß zur jeweils nächsten Performance warten. – Große Beratungen, wir werden, mit Pässen für „prefered acces" ausgestattet, von freundlichen Hostessen eingewiesen und von einem wortgewandten Guide durch das erste Besichtigungsobjekt geleitet, dem Ontario Pavillon – eine kühne, geschwungene, textilüberdachte Stahlkonstruktion, in deren Innerem eine unglaublich naiv-primitive Abfolge von Horrorvisionen der Entwicklungsgeschichte Ontarios zu durchschreiten, besser zu durchschieben ist. Am Ende eine große Multivision von Land und Leuten. Wieder im Freien geht es im Menschengewühl zum British Columbia Pavillon. Wir überqueren die witzige Großskulptur von Site, die das Thema der Ausstellung, Verkehr und Kommunikation, durch geisterhaft verfremdete Verkehrsmittel wie U-Boot, Panzer, Automobile, Straßenbahnwagen, Fahrräder, Trucker und von anderem mehr, interpretiert – zum Teil aus dem Straßenniveau hervorbrechend, zum Teil über wellenförmig bewegte Brückenfragmente über die Besucher hinweghebend.

Der British Columbia Pavillon, eine große lichte Glas-Stahlkonstruktion, total überinstrumentiert, ohne die erwartete inhaltliche Ausfüllung. Auch hier die Multivision-Show. – Beim ratlosen Weiterschreiten wird klar, daß die sehr unterschiedlichen Nationenhäuser weitgehend eine typisierte Tragwerkstruktur aus Stahlrohr zur Grundlage haben. Interessant, was die einzelnen daraus gemacht haben. Danach kann man die Aussteller und ihre Architekten qualifizieren. – Dazwischen recht witzige, futuristisch drapierte Würstchen- und Ice-Cream-Buden, an denen auch lange Menschenschlangen auf die Stärkung warten. – Lunch an einem Knackwurst-Restaurant und dann zum recht erfreulichen Pavillon der Tschechoslowakei, mit noblem Restaurant, an dem man stundenlang anstehen muß. – Sympathische Darbietung – es ist bereits 15 Uhr – dann endlich zum Objekt des besonderen Interesses: Pavillon von Germany. Unsere Expertengruppe erstarrt vor der Art und Weise, wie hier unsere Republik repräsentiert wird – als Maßstäbe gelten deutsche Repräsentationen von zum Beispiel Brüssel (Eiermann, Sep Ruf), Montreal (Gutbrod, Otto) oder auch Osaka (Bornemann). Der Architekt und seine Gestalter haben ein Milieu kreiert, mit dem wir uns aber auch in keiner Weise identifizieren möchten. Eine Pappmaché-Nachbildung der ehemaligen Fassade des Anhalter Bahnhofs steht zwischen modernsten Fahrzeugen von BMW und Mercedes und schwebenden Satelliten, der Gutenbergpresse und dem Transrapid, Omnibussen und mäßig arrangierten Bildpräsentationen, Grafiken inclusive statistischen Darstellungen, Monitorgeflimmer, vor Wänden mit fragwürdigen Bemalungen.

Erschöpft suchen wir Stärkung in der VIP-Lounge bei halbtrockenem deutschen Wein – forget it, nein, wir werden dagegen Einspruch einlegen müssen!

Wieder draußen; ein erfrischend mit einem weißgestrichenen Bambusbaugerüst umkleideter Pavillon von Hongkong – im Innern eine hinreißend schöne Multivision, die die Qualitätsunterschiede derartiger Vorführungen deutlich macht. Ermüdung setzt ein, wir bummeln zum Ausgang, viele weitere Eindrücke, die das Gesamtbild des Riesenrummels vervollkommnen. Insofern ist der deutsche Pavillon perfekt angepaßt – 20 000 Besucher täglich, man ist stolz auf den Erfolg – es gibt dort dank deutscher Organisation keine Schlangen ... nur Geschiebe. Vor dem Ausgang noch eine Erfrischung durch eine mitreißende Bigband, die beschwingte Evergreens intoniert.

Zu Fuß zur City zurück, immer wieder Zwischenstops bei interessanten Beobachtungen – und dann im GBD viel qualitätvolle Architektur – ein hervorragender Bau, die Commercial Bank, tut wieder gut.

19.30 Uhr zum Diner im Pan Pacific Vancouver Hotel, brandneu zur Expo – bei Chablis und gutem Essen geben wir uns zunächst mit den ersten Eindrücken einer großzügigen Raumfolge mit imponierenden Dimensionen zufrieden. – Dieses hochinteressante Gebäude werden wir dann nach durchschlafener Nacht näher in Augenschein nehmen.

Freitag, 10. Oktober

Der Freitagmorgen beginnt mit blauem Himmel, es scheint ein guter Tag zu werden. Um 9 Uhr werden wir von einem Kollegen, John Marchant, in Empfang genommen. Er begleitet uns auf einem Fußweg durch Downtown, um uns einiges an interessanter Architektur zu zeigen – zunächst zum Provincial Government Building, einem weitgehend unter der großzügigen Wassergartenanlage liegenden Baukomplex, der sich an den Law Court von Arthur Erickson anschließt. Wasserfälle aus den Anlagen rauschen zum Teil an den dahinter liegenden Fenstern der Büroräume vorbei oder über die horizontalen Oberlichter der Großraumbereiche – und das bereits seit 10 Jahren, ohne Schaden anzurichten. Mutig! – Im übrigen sehr sympathische Architektur, Beton und Naturholz. – Dann weiter durch die frische Luft dieses schönen sonnigen Tages zu einigen gut gestalteten Hochhäusern, auch zu dem aus dem vorigen Jahrhundert stammenden Marine Building, zum Sinclair Centre, einem Komplex mehrerer älterer Gebäude, die durch eine neue Glaspassage miteinander verbunden wurden. Lebhafte Diskussionen über das Wie. Und letztlich dann zum Pan Pacific Centre von Zeidler, in dem wir am Vorabend zum Diner waren. Nun zunächst Außenbesichtigung. Der große interessante Komplex besteht aus dem lebendig gestalteten, hoch aufschießenden, mit einer Glaskuppel gekrönten Hotel und sich daran anschließenden schiffsdeckartigen Plattformen, aus denen 5 Paare segelförmiger Aufbauten als leichte Flächentragwerke aus Textil herausragen: dem kanadischen Pavillon der Expo '86 – später Ausstellungs- und Convention Centre.

Dieser signifikante Bau ist bereits zum Wahrzeichen von Vancouver geworden – wie das Opernhaus für Sydney. – Dieses Gebäude ist, so scheint es, auf Anhieb zum Publikumsliebling geworden – wie das Centre Pompidou in Paris. Bei herrlichem Sonnenwetter schieben sich die Menschenmassen über die Promenadendecks und genießen die großartige Situation am False Creek mit dem weiten Blick über das Wasser auf das gegenüberliegende Bergpanorama. Großartig in der Tat. Schiffe und abenteuerliche Dampfer, Segelboote und Wasserflugzeuge tummeln sich und beleben die Szenerie. – Wir nehmen den Lunch im »The Prow« Restaurant mit Panoramablick, B. C. Salm mit einem erfrischenden kanadischen Weißwein von Mission Hill, Westbank B. C., Enjoy it –.

Dann geht unsere 10-Mann-Crew im Kleinbus auf weitere Besichtigungstour – nachdem wir den kanadischen Pavillon noch von innen besichtigt haben –, nun erstirbt die Kritik, die gestern an den Expo-Bauten angebracht wurde. Unter dem vielteiligen Zeltdach präsentiert sich dieses Land mit seinen technischen Errungenschaften in prächtigstem Licht, in beiderlei Sinn der Wortbedeutung.

In B.C. University Wiedersehen für mich mit dem vielfach publizierten anthropologischen Museum von Arthur Erickson – eine großartige Betonarchitektur, genial in ihrer Einfachheit und ihrer inspirierten räumlichen Vielfalt. Sie kann hier nicht weiter beschrieben werden – ein Muß für jeden Kanadabesucher, der an der ethnologischen Vorgeschichte und an Baukunst interessiert ist. – Dann quer durch die Stadtlandschaft zur Simon Frazer Universität, auch von Arthur Erickson, mir auch bereits bekannt, eine faszinierende Anlage mit fabelhaften Raumfolgen in einer einmaligen landschaftlichen Situation – Studium mit Panoramablick – eine bauliche Anlage, die der Würde der Wissenschaften einen kaum sonst zugestandenen Rahmen gibt. – Zurück zum Hotel – Ausklang im „The Cask a. Anchor", einem rustikalen Sea-food-Restaurant.

Samstag, 11. Oktober

Wieder ein herrlicher Sonnentag, ich habe den Vormittag zur freien Verfügung. Meine Kollegen unternehmen heute eine Sight-Seeing-Tour ins Landesinnere.

Ich habe eine Verabredung mit einem alten Bekannten und Bauherren aus Persien, der inzwischen dabei ist, sich eine neue Existenz als Developer in Seattle im Nachbarstaat Washington aufzubauen. Herr M. will mich mittags am Hotel abholen. – So habe ich noch einige Stunden Zeit für Downtown. – Es ist herrlich frisch – zu Fuß zunächst zum Canada Place, um 9 Uhr stehen dort schon tausende Menschen an, um in den Zeltpavillon zu kommen – also das braucht dann nicht zu sein. Ich sehe mir in aller Ruhe das Pan Pacific Hotel von Zeidler noch einmal an: großzügig, innenräumlich interessant, vielfältig, aber ich kann die Überanstrengung im strukturellen Aufbau und Detail nicht ganz verstehen, das heißt weniger wäre ebenso richtig gewesen. – Von außen präsentiert sich der gesamte Komplex mit dem zeltüberdachten Kanada-Pavillon in der Vormittagssonne sehr schön – er ist sehr schwer zu skizzieren – zumindest fällt es mir heute schwer. Ich streife durch die Stadt – im Eaton eine Enttäuschung, das von Cesar Pelli gebaute Warenhaus läßt im Inneren jedes Gespür für Kaufatmosphäre vermissen: schade. Im Book Shop des Kunstmuseums fällt mir ein Heft von L'architettura in die Hand, in dem ich die Spielbank Hohensyburg publiziert finde – eine Überraschung. – Gegen 12 Uhr trifft Herr Malekpur am Hotel ein – er ist mit der Linienmaschine aus Seattle gekommen, um mich abzuholen – nach kurzem Lunch starten wir zu einem 6-Stunden-Aufenthalt in seine neue Heimat – Rundfahrt durch Seattle – Stadt auf 7 Hügeln, dazwischen Wasser, Seen, Flußläufe, Kanäle und viel Landschaft. – Seattle ist der größte Hafen nach Ostasien, Hafenanlagen, Quais und Werften prägen das Stadtbild – GBD wie gehabt mit der Konzentration von Highrise Buildings – aber, charakteristisch viele Fußgängerzonen und basarartige Märkte – viele junge Menschen – die Universität hat 80 000 Studenten, vitales Leben. Besichtigung eines soeben von M. fertiggestellten Wohnhauses mit 12 Wohneinheiten. Dann nach Bellevue, einer in den letzten 10 Jahren entstandenen Community mit 40 000 Einwohnern. Büro von M. – Red Lions Hotel, Neubauten, Hochhäuser schießen aus dem Boden, ein riesiges Shopping Centre von guter Qualität, in dem sämtliche Einkaufsstätten des Ortes zusammengefaßt sind. – Zur Wohnung von M., sehr elegant, herrlicher Blick über einen großen See mit Sonnenuntergang. 19 Uhr Abendessen mit Larry G. Johnson, Freund und Anwalt des Hauses, der hinzukommt. Interessante Tischgespräche und dann eiliger Aufbruch, um den Flieger um 21.40 Uhr zurück nach Vancouver nicht zu verpassen. – Der neue Flughafen von Seattle mit computergesteuertem Shuttle Service ist imponierend.

Sonntag, 12. Oktober

Früh um 6 Uhr Aufbruch vom Hotel zum Flughafen – mit Canadian Pacific nach Edmonton – direkt vom Flughafen zum Walter C. MacKenzie Health Sciences Centre, dem Universitäts-Klinikum von Eberhard Zeidler, welches ich bereits von einem früheren Besuch kurz vor der Inbetriebnahme kenne. Dieser Krankenhausbau ist der erste und zunächst auch einzige, bei dem – das ist meine Version – das Hotelbauprinzip von John Portman der offenen gebäudehohen Hallen zur Verbesserung der Krankenhausatmosphäre angewendet wurde. Zwei offene Atrien, glasüberdacht, gliedern den dreischiffigen Gebäudekomplex. Im Mitteltrakt sind die hauptsächlichen Behandlungseinrichtungen untergebracht – in den Außenflügeln liegen die Patientenzimmer – es ist eine großzügige Gesamtanlage mit kommunikationsfreundlicher Atmosphäre, die den Muff der engen Binnenbereiche an langen Fluren vollkommen überwunden hat. Ein

Canada Place
Vancouver
10.X.86

wichtiger Schritt – wenn nicht überhaupt bereits die Lösung – vom Krankenhaus zum Gesundungszentrum. – Allgemeine Begeisterung.

Dann zum mir ebenfalls bereits bekannten HUB, der Studenten-Galerie von Barton Myers – zwei lineare Studentenwohnhäuser mit im Erdgeschoß untergebrachten Läden und kleinen Gastronomien sind mit einem Glasdach auf eine einfache Weise zur Mall verbunden. – Und dann zum Citadel Theatre des gleichen Architekten. Ein großartiger Komplex, in dem eine Reihe unterschiedlicher Theater mit offenen Foyers lichtdurchflutet, großzügig bepflanzt, verbunden sind. Man kann so etwas nicht besser machen. –

Dann auf dem Weg zum Flughafen zum Edmonton-West-Mall-Komplex mit dem Fantasy Hotel. So etwas gibt es sicher nicht noch einmal – eine gigantische Shopping-Mall-Anlage in mehreren Geschossen – nun, am Sonntagnachmittag, überfüllt mit Menschen. Ein riesiges, überwölbtes Wellenbad, Eislaufbahn, Kirmes, Wasserläufe – in einem die Nachbildung der Mayflower – ansonsten weitere Attraktivitäten, Straußengehege, Großvogelvolieren, Wasserspiele und und und. Gesäumt von Hunderten von Geschäften und gastronomischen Einrichtungen – unglaublich abseits der Stadt – mit all den bekannten Problemen und Folgen jetzt nicht zu übersehen – eine Situation, die wir bereits für überwunden glaubten. Abendflug nach Toronto und nach intensiver Unterhaltung Ankunft im Four Seasons Hotel um Mitternacht.

Montag, 13. Oktober

Montag, hier in Canada Thanksgivingday (Erntedanktag) – für uns ein normaler Exkursionstag. Eberhard Zeidler und Astra Burka empfangen uns um 9 Uhr im Hotel. Bei einer ersten Stadtrundfahrt wird die Geschichte und Entwicklung Torontos erklärt – dann zum Queen's Quay Terminal, der Umwandlung eines riesigen Lagerhauses zum Multipurpose Gebäude. Ich habe es bereits während der Bauzeit gesehen – nun ist es fertig – imponierend, wie es gelungen ist, aus dem nüchternen Lagergebäude ein vitales Zentrum für Geschäfte, Theater, Gastronomien und gehobenes Wohnen zu machen. – Lunch dortselbst – Ed Jones, ein englischer Architekt, kommt hinzu – er führt uns anschließend durch die noch nicht ganz fertige Mississauga City Hall, ein Gebäude auf der grünen Wiese, für eine nicht sichtbare, in einer weiten Region angesiedelten Vorortbevölkerung von 700 000 Menschen. Ergebnis, was von Ed Jones temperamentvoll erläutert wird, ein bombastisches Gebäude gewaltiger Dimensionen – ständig Assoziationen an Mussolini wachrufend – unglaublich, aber bereits Realität: Ist das die Lösung für eine derartige Aufgabe? Trotz imponierender Ansätze: Nein! Das ist unsere übereinstimmende Meinung und Anlaß zu leidenschaftlichen Diskussionen. – Von dort aus Fahrt über Land zum Millcroft Inn, einem sehr sympathischen Gasthof mit Hotel, in dem auch bei einem guten Abendmahl die Auseinandersetzung über das Pro und Contra zu diesem Monster neuester Machart – sprich Postmoderne – nicht zu Ende geht. – Gute Nacht im schönen Four Seasons Hotel.

Dienstag, 14. Oktober

Ein neuer Morgen, der Himmel hält sich bedeckt – in der Halle werden wir von Astra Burka und Ted Teshima (Moriyama and Teshima Architects), einem sympathischen japanischen Kollegen, erwartet. Wir fahren zur Scarborough City Hall, jetzt 15 Jahre alt, einem Rathaus (mit Schule kombiniert) – ich kenne es bereits von einem früheren Besuch –, das bei allem architektonischen Anspruch wesentlich angemessener ist als das Beispiel von gestern. Die Architekten wollten ein offenes, bürgerfreundliches Haus. Um eine große, 6 Geschoß hohe Halle gruppieren sich auf der einen Seite, mit offenen Galerien, die Bereiche der Ämter, auf der anderen die der Schule. Ein echtes Community Centre, hell, licht, von Geschoß zu Geschoß in wechselnden Farben Teppichfußböden, die dem ganzen eine heitere Gesamtstimmung geben. Ebenerdig der Ratssitzungssaal, von der Halle einsehbar. Dort flammen die Diskussionen wieder auf – insgesamt Zustimmung zu dieser Art der Aufgabenlösung – Scarborough ist mit Mississauga vergleichbar, und auch dieses Gebäude wurde zunächst auf der grünen Wiese errichtet, gleichzeitig mit einem Shopping Centre – inzwischen sind Verwaltungs- und Versicherungsgebäude dazu gekommen. – Lange Gespräche über das Phänomen fehlender Stadtplanung und städtebaulicher Konzepte, sowohl hier in Kanada als auch in USA – Verkehrsingenieure treffen die Festlegungen, und so sieht alles aus. Das Problem der Suburbs wird erneut erörtert – wird das Pendel zugunsten der Citybereiche zurückschlagen? Es gibt da viel Wunschdenken – aber es fehlt der Glaube. –

Zurück nach Toronto, zu einer Stadtbücherei der gleichen Architekten, 11 Jahre alt – alles gut gemacht und gedacht – man könnte das Gebäude auch als Warenhaus benutzen, das heißt es gäbe dann ein bemerkenswertes Warenhaus. Zu Fuß zu Fentons, einem sehr angenehmen Restaurant in Yorkville, dem Quartier, in dem auch unser Hotel liegt, ein Quartier, welches die sympathische erste Version dieser Stadt noch erahnen läßt – inzwischen ist die zwei-, dreigeschossige Bebauung mit Hochhäusern durchsetzt. Das Restaurant ist sehr sympathisch, wir entspannen uns bei Lunch im Wintergarten. Jack Diamond kommt hinzu, Architekt des YMCA-Gebäudes, das anschließend besichtigt wird. Interessanter Gedankenaustausch.

Das Gebäude selbst, in postmoderner Attitude, sorgfältig gemacht, Sichtmauerwerk, Terrazzo – nicht ohne Witz. Vom Eingang aus sieht man in das imponierende Wettkampfschwimmbad, in dem Profis ihre Bahnen unbeirrt ziehen. Das ganze ist eher ein Fitness Centre mit Sporthalle, Konditionstrainingsräumen, Squash-Courts, Tanzstudio und auf dem Dach Sportplatz mit Laufbahn. Gegenüber ein schönes Gerichtsgebäude in Hochhausform. – Weiter geht unsere Tour zum Eaton Centre, wo Eberhard Zeidler Erklärungen abgibt. Diese vielfach publizierte Einkaufsgalerie, die mir auch von früher bekannt ist, imponiert immer wieder durch die Dimension (ca. 250 Ladeneinheiten und Großwarenhaus neben Mietbüros, Praxen, gastronomischen Betrieben), aber vor allem durch ihre inspirierte Vielfalt. Nach Zeidlers Schilderungen ist dieses innerstädtische Shop-in-shop-Zentrum ständigen Wandlungen unterwor-

fen, bei denen in der Regel der Architekt eingeschaltet wird. – Draußen regnet es etwas, die Stadtbesichtigung wird auf eigene Faust fortgesetzt, für mich Wiederbegegnung mit vielen bekannten Gebäuden, aber auch Entdeckung von so manchem Neuen. Die Stadt ist sehr vital, und das zeigt sich in ständig sich vollziehenden Mutationen. Dann in langem Marsch Süd-Nord durch das Universitätsviertel mit seinen großzügigen Parks, nach Yorkville zurück, zum Hazelton Lane, dem immer noch, immer wieder schönen, privaten, exklusiven Einkaufsbereich, und letztlich zur Auffrischung ins Hotel.
Wir sind zum Abendessen zu Zeidlers nach Hause eingeladen. – Wiederbegegnung mit Jane und dem großartigen Haus in seiner atemberaubenden Steilhanglage mit herrlichem Baumbewuchs. Die Hausfrau zerteilt persönlich den pochierten Salm, zu dem es grüne Soße und Kartoffeln in der Schale gibt. – Ausklang des Abends in angeregtem Gespräch in faszinierender Atmosphäre, die durch herrliche Kunstwerke bereichert wird. – Nightcup im Hotel mit Jill.

Mittwoch, 15. Oktober

Zeitiger Aufbruch, Abflug nach Montreal, gegen Mittag im Hotel Chateau Champlain, einem komfortablen Kongreßhotel mit quirligem Leben, vielen Läden, Restaurants, Theatern und Showstätten. Es geht nach Belegen der großzügigen Zimmer, 30. Stock, herrlicher Blick über die Stadt, sofort im Bus weiter zum Canadian Centre for Architects, einer privaten Stiftung, Architekturarchiv mit Zeichnungen und Modellen aus den verschiedensten Epochen, gesponsert von einer Frau, Phyllis Lambert, die durch ihre Donationen großen Einfluß auf das zeitgenössische Architekturgeschehen gewonnen hat. Das Institut wird weitgehend von Damen betrieben, von denen wir zum Lunch eingeladen sind. Dabei gibt es bereits Informationen über die Zielsetzung der Stiftung und eine Neubauplanung (die Baustelle wird anschließend besichtigt). Dazu gibt es in Scheiben geschnittene Hühnerbrust, die mit Kräutern und Roquefort gefüllt ist – zum Glück gibt es dazu einen weißen Macon. – Anschließend nach dem Baustellenbesuch eine erste Orientierungsfahrt. – Montreal, so erfährt man, ist auf einem Vulkan am Zusammenfluß von St. Lawrence und Ottawa River gebaut worden, bereits um 1611 von Samuel de Champlain, somit eine der ältesten Städte der westlichen Hemisphäre. Es ist das zweitgrößte Metropolitan Centre Kanadas und die zweitgrößte französischsprachige Stadt außerhalb Frankreichs. – 1,75 Mio Einwohner in der Stadt, fast drei Millionen in der Region. – Die bewaldeten Höhen der Umgebung reichen bis dicht an die City – vom Mount Royal aus erschließt sich ein herrlicher Blick über die Stadtlandschaft. – Wir sehen die Universität, eine imponierende, in Grün eingebettete Anlage, Architektur aus den zwanziger Jahren, an die man nun gerne im Sinne einer „Kanadisierung" der Postmoderne anknüpfen will. – Auch hier zeigt sich die Ambivalenz, die Pluralität der Richtungen, und die Stadt ist wie so viele oder fast alle geprägt vom unbekümmerten oder provozierenden Nebeneinander vieler Auffassungen vom Bauen – nicht zu reden von der Vielfalt der Größenordnungen. Nur, Montreal ist viel sympathischer als die meisten anderen kanadischen und amerikanischen Städte und eigenartig, wie New Orleans, die französische Provinz, macht alles bzw.

läßt alles humaner erscheinen. – Bummel durch die abendliche Großstadt mit den kleinmaßstäblichen Bereichen – Besuch in einer Galerie Stern (ehemals Düsseldorf), dann ein Drink im Café de Paris des Ritz Hotels und anschließend Gang von unserem Hotel aus durch die Altstadt mit ihren Sträßchen und schönen Plätzen zum Restaurant Les Filles du Roy, wo wir schließlich den Tag (fast) beenden. Zusammentreffen mit einem Professor der McGill University.

Donnerstag, 16. Oktober

Zunächst Rundgang durch das Bonaventure, einem frühen, das heißt 20 Jahre alten Beispiel multifunktionaler Gebäudenutzung – unterirdische Shopping Arcades über einer U-Bahn-Station, darüber merchandise mart – Ausstellungshalle, und auf dem Dach ein dreigeschossiges Atriumhotel mit bepflanzten Höfen, die die Großstadt vergessen lassen. – Montreal ist weitgehend durch unterirdische Passagen verbunden.

Mit dem Bus wird die Stadt- und Gebäudebesichtigung fortgesetzt – in der McGill Universität ist eine Ausstellung des soeben verteilten kanadischen Architekturpreises – sehr gute Qualität, einiges davon haben wir gesehen. – Zum Habitat von Moshe Safdie, anläßlich der Weltausstellung '67 gebaut, ein Nightmar, desolat, was eine wegweisende Wohnungsbaukonzeption sein sollte. Und dann zum Olympiastadion von '76 – das Stadion von Talibert wird zur Zeit noch weitergebaut, um es zu vollenden, schlimm. – Ein Lichtblick das Alcan House, eine gut gestaltete neue Aluminiumarchitektur in Verbindung mit überlieferten Bauten – Lunch dort in einem Restaurant mit schöner Atmosphäre, Brass mit Senfbutter. – Dann Gang durch Innenstadtbereiche, die über und unter den Verkehrsstraßen geführt sind. – Endpunkt das neue Convention Centre von Broz, einem polnisch-kanadischen Architekten – sehr großzügig. – Ab zum Flughafen, Abfertigung nach Boston – gegen 20 Uhr im mir bereits bekannten Long Wharf Marriott Hotel. – Durchstarten zum Burgins Park, dem ältesten und bekanntesten old fashioned Lobster House – es ist noch unverändert urig und bis auf den letzten Platz gefüllt, aber nach geduldigem Warten werden wir auch noch plaziert – und so endet der Tag in dem von Stimmengewirr berstenden Lokal dank der guten Betreuung durch Autumn auf beste Weise.

Freitag, 17. Oktober

Wir werden um 8 Uhr von Dennis Pieprez, einem jungen Architekten, in Empfang genommen und zunächst zum John Hancock Tower von I.M. Pei geführt. Im 60. Stockwerk dieses höchsten und schlanksten Gebäude Neuenglands kann man einen großartigen Überblick über Stadt und Umland gewinnen, noch bei blauem Himmel und strahlender Sonne – leider bezieht sich der Himmel aber sehr schnell, und wir müssen den Stadtrundgang im Regen fortsetzen – letztlich dann im Bus zum an der Bay gelegenen J.F. Kennedy Memorial Museum und Bücherei – auch von I.M. Pei – hoher Anspruch – aber bei Anerkennung der Bemühung, die Architektur läßt kalt – die Darstellung von Leben und Wirken Kennedys im Basement des Gebäudes hat etwas von einer angestrengten Pflicht-

Boston
vom Hotelfenster aus
17 x 87

übung mit vielen Aspekten: Herkunft von K., Karriere von K., persönliche und kulturelle Interessen von K., das Büro von K., Robert F. K. und anderes mehr – Lunch in einem unverfälschten italienischen Familienbetrieb in der Altstadt (eigenartig, alle genießen so etwas besonders, offenbar in Erinnerung an Italia), dann mit dem Bus nach Cambridge, Fahrt durch MIT und nach Harvard, wo wir von einem anderen jungen Kollegen betreut werden – Architekturabteilung von J. Andrews, Carpenter Centre von L. C. – mit beiden Örtlichkeiten verbinden mich Erinnerungen an meine Lecture dort während der Spring Conference '68 – letztlich Wiedersehen mit dem schönen Gebäude der Arts and Science Academy – und, fast hätte ich es vergessen, das Arthur M. Sackler Museum von James Stirling, mit seiner durch wechselnde braune und graue Klinkerverblendung erzielten flächigen horizontalen Bänderung, die den plumpen Baukörper nicht besser macht – Versuch, die chaotisch angeordneten Fenster (vom Inneren her vorbestimmt) in eine Ordnung zu zwingen – schwache Leistung, James!

Dann noch zu Saarinens Chapel für MIT, seinem Auditorium und Alvar Aaltos immer noch schönem Dormitory, das leider verwahrlost ist – Rückfahrt und letztlich Fußmarsch durch die rush hour von Boston zum Hotel zurück.

Farewell Dinner in Antony's Restaurant am Pier 4, beste Stimmung, zu Fuß durch die Nacht zurück, was hierzulande sicher ungewöhnlich ist.

Samstag, 18. Oktober

Es sieht wieder freundlich aus draußen – vom Fenster aus Blick auf den Inner Harbour – vor dem Aquarium bewegt sich die faszinierende kinetische Metallplastik des Japaners Susumu Shingu aus Osaka still vor sich hin – Abreisetag, für den es kein Programm gibt – Resümee: es war eine lohnende Reise, die den beabsichtigten Überblick über die Architekturentwicklung in Kanada brachte – aber auch über Land und Leute durch viele interessante Begegnungen –, die mehr aber durch interessanten Meinungsaustausch und Diskussionen mit Kollegen zur Erweiterung des Horizonts beigetragen hat – und eine sicherlich wünschenswerte Distanz zur eigenen Situation erbrachte.

Die allerletzten Kreationen der Architektur, das kann zum Beispiel auch bei einem Stadtrundgang durch Boston festgestellt werden, zeigen unverkennbar und übereinstimmend dekadente Züge. Das gilt für noch im Bau befindliche Großvorhaben von Philip Johnson/Burgee, von SOM (Skidmore, Owings & Merrill), von TAC (The Architects Colarborativ), deren architektonische Strukturen und geschmäcklerisch dekorative Fassadenkünsteleien sich beängstigend altmodisch geben. Ein erneuter Besuch in der Boston City Hall von Kallman und Partner aus den sechziger Jahren zeigt dagegen kraftvolle Monumentalität, die der Bedeutung der Aufgabe angemessen und gegen die Poparchitektur neuester Machart geradezu von antiker Größe ist.

Miami – Panama – Los Angeles

18. Dezember 1986 – 5. Januar 1987

Donnerstag, 18. Dezember

Count down wie üblich – letzte Abklärungen noch mit Mitarbeitern – telefonische Auskunft vom US Generalkonsulat betr. Paßformalitäten – das Wetter ist dezembrig, zum Glück ohne Straßenglätte – zeitige Ankunft zum Abflug im Flughafen Düsseldorf um 10.30 Uhr – 12.05 Uhr soll die Reise losgehen, schon beginnende Vorfeiertagshektik – schließlich kurz vor dem Einchecken die Botschaft, daß die Maschine mehrfach überbucht sei – so das Lufthansa-Personal. – Also schon am Ende? Wir müssen ja den Anschluß zu unserem gebuchten Schiff, der Vistafjord, erreichen. – Ratlosigkeit, Ärger, Diskussionen, die am Tatbestand nichts ändern – schließlich Umbuchung vom Direktflug nach New York, Abflugzeit eine Stunde später – am Check-in-Schalter Howard Carpendale mit seinem Team, was aber auch nichts bringt. – Abflug nach New York dann mit einer Stunde Verspätung, – man versteht das alles nicht.

Trotzdem dann ruhiger Flug mit guter Betreuung nach JFK-Airport. In New York regnet es in Strömen – wir müssen mit Gepäck, weil durch die Verspätung die Umladezeit zu knapp ist, in das Abfertigungsgebäude der Pan Am – alles sehr umständlich und aufgeregt, da die Zeit zum Weiterflug nach Miami bedrohlich knapp wird – in New York noch mehr holiday Hektik, viele Kinder mit ihren Eltern, die zu den Ferien nach Florida reisen – wie in USA üblich – letztlich dann schaffen wir es, in die Maschine zu kommen, die auch voll ausgebucht ist und dann aber eine Stunde auf dem Hollfeld wartet – nur ruhig bleiben – statt 15.30 Uhr landen wir um 22.30 Uhr Ortszeit am Ziel, für uns sind das seit dem Aufstehen 24 Stunden später – aber dank auch der Hilfe von Beate Holle, unserer Reisebegleiterin, sind wir dann doch noch vor Mitternacht im „Biscayne Bay Marriott" und beenden den Tag mit einem Schluck aus der Zimmerbar. – Manchmal kommt es doch anders als – wenn auch noch so gut – geplant.

Nun, am 20. Dezember 7.00 Uhr früh gleiten wir unter tiefblauem, mit Wölkchen betupftem Himmel über den dunkelblauen Atlantik – die Nacht war ruhig, in wachen Momenten spürte man ein leises Vibrieren der erstaunlich leise laufenden Schiffsmotoren. – Nun haben wir die erste Nacht an Bord der sehr schönen Vistafjord hinter uns. – Und so werden Träume wahr. Vor drei Jahren kam ich mit Studenten nach schweren Wolkenbrüchen völlig durchnäßt mit dem Vaporetto vom Lido nach Venedig zurück – wir hatten eine Radtour nach Chioggia und zurück gemacht – da lag die Vistafjord über die Toppen geflaggt und illuminiert am Pier – auf Deck festlich gekleidete Damen und Herren mit Cocktails in der Hand, Empfang vor dem großen Galaabend – damals fragte ich mich zähneklappernd, ob ich nicht besser dort oben stünde – nun, heute abend werden wir dort oben stehen. –

Zunächst aber zurück im Bericht zum 19. Dezember

Frühstück im Terrassencafé mit Blick auf die Biscayne-Bay-Marina. Das sieht draußen schon ganz freundlich aus – Seenebel lösen sich rasch auf, und die Sonne strahlt. Wir haben bis zum vorgesehenen gemeinsamen Aufbruch um 13 Uhr Zeit zur freien Verfügung und fahren mit dem Taxi nach Downtown, zum cultural center zunächst, welches ich bereits kenne – vom Architekten Philip Johnson im Stil einer spanischen Hazienda entworfen – ohne die geringste Bemühung, das Erbauungsdatum 1983 erkennbar zu machen, eine fast perfekte Geschichtsfälschung, und das u. a. für ein Museum moderner Kunst. Das teuflische daran ist, daß Johnson den Historismus qualitätvoll beherrscht – wir sehen im Center for the fine arts: „Hollywood, Legend and Reality", eine gut gemachte Darstellung des Phänomens der amerikanischen Filmentwicklung. Anschließend Bummel durch Mainstreet, in der Sonne bereits unerträglich heiß, und Besichtigung der Southcoast Bank, einem Gebäudekomplex der letzten Generation von SOM von höchster Qualität. Bemerkenswert das offene, glasüberdachte Atrium und auch die Banking-hall mit hervorragend designter Einrichtung – davon können wir nur träumen. In einem Foyer lieben sich drei junge Pärchen ziemlich ungeniert, offenbar Bankkunden. – Nebenan das Intercontinental-Hotel mit einer gigantischen Innenraumskulptur aus Travertin von Henry Moore. – Zurück zum Hotel, Haarschneiden, dann Aufbruch mit dem Bus nach Fort Lauderdale. Unterwegs dreistündige Unterbrechung zum Besuch des Seaquariums. Nach Durchgang durch das Aquarium nacheinander vier Shows, und zwar: killer whale show, golden dorne sea lion show, Flipper show und Dolphin show – man kann es nicht beschreiben, so großartig sind die Dressuren, spielerisch in ihren Darbietungen. Das war also lohnend anzusehen. Schlimm das rummelige Drum und Dran und die billigste Architekturqualität – das heißt baulicher Ramsch.

Ankunft im Einschiffungsgebäude in F. L., einige Formalitäten, Einschiffung – Kabine 227, das Gepäck steht bereits dort. Sonja Unger (österreichische) Stewardeß, begrüßt uns freundlich und führt uns alles vor – 20.30 Uhr Abendessen im freundlich festlichen Speisesaal – dort stellt sich Erwin als unser Steward vor, aus Salzburg – und dann legt das Schiff gegen 22 Uhr ab, die Kreuzfahrt beginnt, und wir beenden bald den langen Tag mit erquickendem Schlaf. – Und der darauffolgende 20. Dezember wird früh um 8 Uhr als Sonnentag mit 27 °C angesagt. Es gibt Einführungs- und Begrüßungsveranstaltungen, Siesta im Liegestuhl auf dem Sonnendeck, Schwimmen im Meerwasserpool, Lunch im Lido-Café – und dann Vorbereitung auf Kapitäns-Cocktail, Kapts-Willkommens-Diner und dem Vistafjord-Ball, Smoking und große Roben. Kapitän Sverre Brakstad nimmt das Defilee der 700 Passagiere ab (davon 180 deutsch sprechend). Die ‚chaine des rotisseurs' Küche zaubert ein hervorragendes Willkommensessen, das von der aufmerksamen Bedienung souverän serviert wird (360 Personen Personal sind an Bord). Anschließend rauscht der Ball, und im Vikings-Club geht es dann noch über Mitternacht hinaus – dennoch am 21. Dezember, Sonntag, beginnt der Tag für Unermüdliche bereits um 7.30 Uhr mit Morgengymnastik auf dem Sonnendeck. Wir haben die „Golden Door Spa at Sea" Truppe an Bord. Die-

*Magans Bay
St. Thomas
22.XII.86*

Fort Christian
St. Thomas / Charlotte Amalie, 22.XII.87 D.

ses Institut mit Stammhaus in Südkalifornien gilt derzeit als exklusivstes (Preis je Person und Woche 2700 $!) für Gesundheit, Fitness und Schönheit. Im übrigen läuft das Tagesprogramm – täglich neu ausgedruckt – so vielseitig und abwechslungsreich, wie es den unterschiedlichen Interessen der Passagiere entspricht. In den ebenfalls täglich gelieferten deutschen Nachrichten ist zu lesen, daß es in Deutschland Eis und Schnee hat mit minus 10 °Celsius. Wir haben 27 °C plus mit herrlicher Sonne. Steuerbords sieht man Hispaniola liegen (Haiti und Dominikanische Republik). Gestern fuhren wir an Kuba vorbei. Der Kurs geht ziemlich ostwärts. – Sonnenbaden, etwas schwimmen, lesen, Lunch im Lido-Café an Deck, Sitzgymnastik, Sauna, kurzum wirkliche Urlaubsentspannung, wie im Bilderbuch.

Um 18.30 Uhr ist Cocktail-Empfang für die deutschen Reisenden, die von Hanseatic Tours betreut werden, mit Begrüßungsansprache von Andrea v. Löbecke. Nach dem Abendessen showtime im Ballsaal mit einer hinreißenden Sängerin – gute Nacht – der Morgen des 22. Dezember beginnt bereits um 6 Uhr. Wir laufen gen St. Thomas, Land in Sicht vom Promenaden-Deck backbords – ein unglaublich schöner Sonnenaufgang, orange unter violettschwarzen Wolken – wird sofort im Skizzenbuch festgehalten. – Um 8 Uhr liegen wir am Pier (7.30 Uhr wie üblich Morgengymnastik an Deck), und zwar am West-Indus-Pier, St. Thomas, Virgin Islands, US „Americas Paradise" steht auf den Nummernschildern der Autos. – Dieses Inselreich mit 50 Inseln haben die Amerikaner erst 1917, im ersten Weltkrieg, den Dänen für 25 Mio $ abgekauft. – Kolumbus hat diese Inseln auf seiner zweiten Reise 1493 entdeckt. Er war so bewegt von deren Schönheit, daß er sie nach den 11 000 Jungfrauen, die der heiligen Ursula in den Märtyrertod folgten, benannte. – Wir fahren zunächst mit der Sammeltaxe nach Magans-Bay, durch das bereits auf den ersten Blick reizende Städtchen Charlotte Amalie, welches allenthalben an die dänischen Zeiten und auch die der Seeräuber erinnert. Es geht über einen begrünten Höhenrücken hinweg auf die andere Seite der Insel, die unbebaut ist, Landschaftsschutz mit seinem Bilderbuchstrand – herrlich weißer Sand und türkisfarbenes Wasser, hinein, in die Brandung – es ist wirklich wie im Paradies mit dem Rum Cola in der Hand – zurück zum Schiff, dann mit dem Skizzenbuch ins Städtchen, das als „the discount capital of the caribbean" gilt mit seinen hunderten anspruchsvollen Geschäften. St. Thomas soll der beliebteste Ferienplatz sein für US-Bürger. Nach dem Abendessen ist „Karibische Nacht" auf dem Sonnendeck mit Show und Tanz bis in den Morgen. Gegen Mitternacht laufen wir aus gen Süden –

und damit sind wir beim 23. Dezember, Dienstag, der um 7.30 Uhr wieder mit Morgengymnastik beginnt, bei bereits 28° Celsius. – Ein Tag auf See, mit Sonnenbaden, Schattenlesen, Lunch, Schwimmen, Siesta in der Sonne, Sauna, Cocktail und dann ein „internationales Diner" – anschließend Showtime im Ballsaal mit Tanz.

Am 24. Dezember wurde für das Aufstehen 6 Uhr empfohlen. Wir laufen langsam in der Morgendämmerung auf Curacao zu – der Lotse geht an Bord, und wir laufen durch Willemstad in den riesigen Naturhafen ein, der einer der wichtigsten Umschlag- und Handelsplätze der Karibik ist. Es wird gesagt, Curacao sei ein Beispiel dafür, was Händlerphantasie aus einem unnützen Eiland machen könne. Es gibt keine Bodenschätze und keine fruchtbare Erde. 1499 betraten die Spanier bei der ersten Fahrt Kolumbus' die Insel und deportierten die dort lebenden Indianer, die sich Curacaos nannten. 1634 eroberten Holländer die Insel, da sie für ihre Handelsinteressen günstig lag und den natürlichen Hafen besaß. Es wurden die niederländischen Antillen. Von den im 17. Jahrhundert bestehenden Handelsflotten mit 20 000 Schiffen besaßen die Holländer allein 15 000. Ein großer Wirtschaftszweig war der Sklavenhandel – 250 Jahre lang wurden sie von Afrika aus zum Zuckerrohranbau herübergeschafft. Es gab einen Dreieckshandel: Waffen, Schmuck und Branntwein ging an die Stammesfürsten nach Afrika, Sklaven, dafür „erworben", in die Karibik und Zuckerrohr zurück nach Europa. Alexander von Humboldt schrieb, daß alleine die englischen Kolonien auf den Antillen zwischen 1680 und 1786 2 136 000 Sklaven erhalten haben – zumindest war das die registrierte Zahl. Übrigens hat Kolumbus bei seiner 2. Fahrt die Zuckerrohrpflanzen mitgebracht, die die Spanier den Mauren verdankten. – Die Pflanzungen gediehen so gut, daß für die Spanier aus Zucker und Rum das vergeblich gesuchte Gold der Karibik wurde. – 1915 kam die Royal Dutch Shell nach Curacao. Heute ist C. der größte Ölumschlaghafen und auch Raffinerie – daneben dank des Freihafens bedeutender Handelsplatz. – Wir fahren gegen 9 Uhr mit dem Taxi nach Willemstad, da die Vistafjord im Öl- und Container-Hafen festmachen mußte.

Willemstad ist durch die Hafeneinfahrt in zwei Stadtteile geteilt: Punda und Otrumba, beide mit einer Pontonbrücke (Königin Emma) verbunden, das heißt, beim Ein- und Auslaufen von Schiffen wird sie aufgeschwemmt. Seit einigen Jahren gibt es aber auch die mit 58 m lichter Höhe geführte Königin-Juliane-Brücke für den Autoverkehr. Sie spreizt sich zwischen zwei natürlichen Hügeln neben der Altstadt, die recht malerisch ist. Farbenprächtige Giebelhäuser aus den verschiedensten Epochen erinnern an die Grachtenbebauung in Holland, daher heißt Willemstad auch „Klein Amsterdam". Die Stadt ist – ähnlich wie Charlotte Amalie auf St. Thomas – ein großes Shopping center – nun trotz karibischen Klimas in Weihnachtseinkaufsstimmung. Die bunte Bevölkerung, in der sich viele Rassen und Völker gemischt haben, ist stark durchsetzt von den Touristen der zur Zeit hier liegenden Kreuzschiffe – 130 Stück sollen zur Zeit in der Karibik kreuzen –. Wir sehen die älteste Synagoge der westlichen Hemisphäre und dürfen sie sogar betreten – von außen ein Barockbau mit verschnörkelten Giebeln in Gelb und Weiß – innen eher archaisch, ein hoher Raum, dessen Dach von vier mächtigen Stützen getragen wird, weiß getüncht – Fußboden mit feinem Sand bedeckt, der an das gelobte Land erinnern soll. – Die Sonne meint es gut, über 30 °C mit entsprechender Luftfeuchtigkeit. Ich muß dennoch zum Skizzenbuch greifen – beim Zeichnen eines der Fischkutter am „floating market" werde ich für die Fischer zur Sensation. – Zurück an Bord, zum Mittagessen bieten die netten Stewards schon Weihnachtsgebäck – alles ist bemüht, entsprechende Stimmung zu animieren – 18 Uhr kleine private Bescherung in der Garden Lounge, im Ballsaal wird eine besinnliche Weihnachtsstunde veranstaltet. Um 19 Uhr legen wir ab, es geht wieder an

Willemstad
Curaçao
24.XII.86

dem Bilderbuchpanorama von Willemstad vorbei und hinter uns her wird in der schnellhereinbrechenden Dunkelheit ein Feuerwerk abgeschossen – Dann kommt das Weihnachtsdiner, am heiligen Abend – ein unendliches Menü, natürlich auch mit Gänsebraten – anschließend die Weihnachtsshow mit Tanz und danach die heilige Nacht ... auf der Fahrt nach Panama.

Der 25. Dezember 1986 fängt für mich wie gewohnt hier mit der Frühgymnastik an Deck an, 7.30 Uhr. Es ist noch nicht ganz so heiß wie in den letzten Tagen, aber der Himmel ist bereits wolkenlos blau. Wieder ein Tag auf See, für die, die sich nicht selbst beschäftigen können oder für die, für die das Liegen in der Sonne an Deck unerträglich ist, gibt es wie immer zahlreiche „Programme": Schach, Elektronik, Tanzkurs, Kartenspielgemeinschaften, Aerobics und Bodybuilding, Vorträge, Filme, Gottesdienste, Parties, Zwischenmahlzeiten und und und – also kein Grund zur Langeweile – und nach dem Abendessen ist „showtime" und zum Beispiel heute am ersten Weihnachtstag Weihnachtsball und – um Mitternacht dann noch wie jeden Abend, ein großes Buffet – wer da nicht zunimmt, der leidet an Magersucht.

26. Dezember 1986, 6 Uhr,

wir erreichen Colon – und Christobal, die östliche Einfahrt des Panamakanals, der interessanterweise aber von Nord-West nach Süd-Ost verläuft. Das muß man in der Karte nachsehen, um es zu verstehen.

27. Dezember 1986,

der ganze gestrige Tag fand im Panamakanal statt, für mich wieder einmal ein „Kreisschluß", denn fast vor genau 40 Jahren habe ich als noch POW, gefangener Leutnant des Afrikakorps den Kanal in umgekehrter Richtung passiert. – Diese unglaublich großartige Anlage wird als technisches Weltwunder der Neuzeit bezeichnet – und sie ist es auch. Im Gegensatz zu damals, als wir diese künstliche Wasserstraße mehr oder weniger als selbstverständlich hinnahmen, waren wir nun durch gründliche mündlich vorgetragene und schriftlich erläuterte Informationen mit den ganzen Hintergründen der Vorgeschichte und Realisierungsstory vertraut. – Erstaunlich, daß Karl V von Spanien schon 1524 die Vermessung der Kanalroute durch den Isthmus von Panama anordnete (wie er übrigens auch schon den Rhein-Donau-Kanal plante). Von 1880 an bemühten sich dann Franzosen unter Ferdinand Lesseps, dem Erbauer des Suezkanals, 20 Jahre lang vergeblich, den Kanal zu bauen. Die Idee, den Kanal ohne Schleusen auf Meereshöhe durchzubringen, scheiterte unter riesigen Verlusten – 20 % der Arbeiter starben an Malaria und Gelbfieber. 1904 begannen dann die Amerikaner zunächst mit der Beseitigung der Krankheitsherde durch Austrocknen der Sümpfe. – Sensationell ist die Anlage der Schleusen – von Colon aus werden in drei Stufen 26 m Höhenunterschied überwunden – durch eine enge Dschungelstrecke gelangt man dann in den gewaltigen Gatun-Stausee, der mit seinen malerischen Inseln eine abwechslungsreiche Urlaubsatmosphäre bietet. Das Schauen vom Deck aus läßt vergessen, daß man einer unbarmherzigen

Sonnenbestrahlung ungeschützt ausgesetzt ist – das wird erst später – zu spät spürbar. Die riesige Seenlandschaft, in der uns auch Handelsschiffe der Panamax Klasse begegnen, (die auf das maximale Maß, welches die Schleusen aufnehmen können, konstruiert sind: 33/300 m) wird vom Sagres-Fluß gespeist. – Das Geniale an dem Schleusensystem ist, daß es nur mit dem natürlichen Wassergefälle arbeitet. Dabei werden ungeheure Mengen – am Tag soviel wie zum Beispiel Hamburg in zwei Wochen – verbraucht. Es gibt keine Pumpen – und die Schleusentore funktionieren heute noch wie bei der Eröffnung des Kanals 1914, ohne jegliche Störung. Die einzige technische Neuerung besteht im Ersatz der Maultiere durch Dieselloks, durch die die Fahrt der großen Schiffe in den Schleusen gesteuert wird (mittels Drahtseilen).

Auf dem Weg nach Balboa, dem Pazific-Hafen, der unser Tagesziel ist (9 Stunden dauert die Fahrt), wird dann eine längere, inzwischen 152 m breite Strecke passiert, die am ehesten kanalartig ist – aber keineswegs gradlinig. Die Sicherheit der gesamten Passage wird durch Lotsen gewährleistet, die für die Steuerung der Schiffe voll verantwortlich sind. – Der Höhenunterschied zum Pazifik wird in zwei Etappen überwunden, um die Gezeiten besser berücksichtigen zu können. – Anlegen in Balboa gegen 16 Uhr, der Fahrtwind fehlt nun und es wird die Schwüle des Tages spürbar. – Man kann von Bord – wir fahren mit der Taxe nach Panama, einer riesigen Stadtlandschaft mit unterschiedlichen Bereichen. Vor Straßenkriminalität wird gewarnt. Man versteht das, wenn man durch die Armenviertel der Altstadt kommt. Unvorstellbares Elend, Müll auf den Straßen, verfallene Massenquartiere, die mit Menschen überfüllt sind. Kinder spielen mit den zu Weihnachten bekommenen neuen Fahrrädchen. Repräsentative Gebäude aus den vergangenen Jahrhunderten und den verschiedenen geschichtlichen Epochen. Am Platz der Unabhängigkeit die Kathedrale, die zweitürmige Fassade mit spätbarockem Werksteingiebel, sehr originell und malerisch. Im Innern vier gewaltige weiße Säulenreihen, in beiden Richtungen zu einem großen Tragraster verbunden, fünfschiffig, darüber ein großer, offener Dachstuhl aus naturbelassenem dunklen Holz. Nach drei Seiten sorgen offenstehende große Portale für Licht und Lüftung.

Dann durch eine Zone mit starker Begrünung und zweigeschossigen großzügigen Gebäuden aus der Zeit der Jahrhundertwende, ein Hospital, die britische und US-Botschaft und daneben zum zur Zeit ausgeebbten Pazific das Nationaldenkmal, die Unabhängigkeit von Kolumbien 1903 (mit US-Hilfe) symbolisierend. Und ohne Übergang dann die Solitär-Hochhäuser der 150 Banken und Kondominen für deren Angestellte, auch Hotels und dazwischen Shopping-Areas – und, wieder von Grün getrennt, die Touristenattraktion einer Ruinenstadt, der ehemaligen spanischen Stadt aus dem 16. Jahrhundert, die von Erdbeben und Piraten zerstört wurde und nun mit ihren Gebäuderesten aus Haustein recht eindrucksvoll als Grünanlage sich präsentiert. – Weiter durch kleine Vorstädte mit hübschen Anwesen und, die Straße begleitend, zwischendurch etwas sehr schönes: riesige Rasenflächen, topographisch bewegt, in denen – scheinbar regellos – farbige Blumensträuße stehen, durch im Boden eingesetzte Rohrhülsen fixiert, wie eine ins Große übersetzte Krokuswiese: eine offene, parkartige Friedhofsanlage, ohne Grabsteine oder sonstige Attribute.

Zurück an Bord, es ist bereits Abend. Während des Abendessens legt die Vistafjord ab und läuft in den Pazific aus – unter der gewaltigen Bogenhängebrücke her, 1,65 km lang, über die der Verkehr der Transamericana verläuft. – Der Abend endet im Ballsaal – und während ich das nun angestrengt nachtrage, haben wir bereits Samstag, 27. Dezember 1986.

Wir laufen gen Norden an der Küste entlang, unserem nächsten Ziel Costa Rica entgegen, bei 35° Celsius. In Deutschland gab es weiße Weihnachten, wie wir in den Nachrichten lesen. – Um 9.30 Uhr gibt es einen Dia-Vortrag: Costa Rica – die Schweiz Mittelamerikas?!, der auf die Landung am nächsten Tag in Puerta Caldera und den geplanten Ausflug in die 1200 m hoch gelegene Hauptstadt San José vorbereiten soll. Kolumbus hat dieses Land bei seiner Entdeckung als „reiche Küste" bezeichnet, in der Hoffnung auf hier erwartete Goldschätze – aber da war nichts. – Das heutige Costa Rica wird als das Wunderland des heutigen Mittelamerikas geschildert, mit hohem kulturellen Standard, intakter Demokratie, abgeschaffter Armee, Schulpflicht, höchster Geburtenrate, fehlender sozialer Probleme, ohne Rassenprobleme, – weißer Bevölkerung, aber – nach Mexiko – höchster Verschuldung – das mittelamerikanische Schweden. –

An Bord ist heute Abend, nach einem weiteren Bilderbuchtag auf See, der „Ladies Night Ball", und danach wieder eine erholsame Nacht. – Vorher gab es ein französisches Abendessen, bei dem die „Chaine de Rotisserie" Fünf-Sterne-Küche das bisher Gezeigte übertraf.

Sonntag, 28. Dezember 1986,

ein ganztägiger Ausflug nach San José, drei Stunden Hinfahrt mit der Schmalspur-Eisenbahn, eine Stunde Aufenthalt und dreistündige Rückfahrt mit dem Bus, beginnt um 7.30 Uhr. – Für die „Daheimgebliebenen" ein geruhsamer Tag an Bord im Hafen. Abends: Chef's Abendessen, eine nochmalige Übertreffung des bisher Gebotenen und anschließend „Tanz unter dem pazifischen Sternenhimmel" – zauberhaft!
Auslauf war um 19 Uhr.

29. Dezember 1986, ein geruhsamer Tag auf See, Teil der 1200 Seemeilen Strecke nach Acapulco – mittags Gala Buffet mit unvorstellbarem Aufgebot – abends die Passagier-Talent-Show, die wir uns schenken. Und vorher Sonne, Sonne, Sonne.

30. Dezember 1986, noch ein Tag auf See mit Sonne, Sonne, Sonne, und für den Abend geplant ein Kostümfest. – Es ist erstaunlich, wieviel Sonne von den an Deck ausgestreckten Leibern vertragen wird. – Erfahrene Mitreisende sagen, daß es auf dieser Tour zu dieser Zeit noch nie so viel Sonne bei so ruhiger See gegeben habe.

Mittwoch, 31. Dezember 1986, bereits um 6 Uhr an Deck, es ist noch dunkel – Acapulco strahlt wie ein schillerndes Geschmeide aus der die Bucht umgebenden, sich bereits abzeichnenden Bergkette. Frischer Wind gibt willkommene Kühlung im lauwarmen Morgen – im Osten kündet sich bereits orangerot die aufkommende Sonne an – wir steuern das Pier an, das war gestern Abend noch nicht klar. Dort liegt bereits die Royal Viking Ski aus Norwegen, ein Schiff unserer Größe.

Um 9 Uhr geht es von Bord, mit Bussen zu einer sight-seeing-tour, zunächst natürlich zu den Todesspringern, dem bekannten Spektakel, bei dem Springer sich von 40 m hohen Felsen in die Brandung stürzen – unter dem Beifall der zunächst atemlos wartenden Touristen – dann durch das frühere Touristenquartier mit nunmehr nicht mehr zeitgemäßem Hotel zur Avenida Aleman, nach einem ehemaligen Präsidenten benannt. Und dort stehen dann, entlang der von Stränden gesäumten Bucht, die Hotelriesen der vorletzten und letzten Generation – weiter geht die Fahrt, am renommierten Terrassen-Bungalow-Hotel, Las Brisas vorbei an einen Strand jenseits der Bucht zum nunmehr Top Star Hotel Princess, einem Nonplusultra an gebotenem Komfort und entsprechenden out-door-Facilitäten. Großartige Anlagen mit landschaftlich gestalteten Pools, mit Wasserfällen durchsetzt, Bars, Sonnenbädern und dem riesigen offenen Strand mit brausender Brandung. Eine unglaubliche Farbenpracht und offenbar unbegrenzter Luxus, auch im Angebot von Boutiquen und Ladengeschäften. – Für den, der ein totales Urlaubsangebot mit entsprechender Kommunikation sucht, sicherlich unübertrefflich. – Zurück zum Schiff, umrüsten zum Besuch der nahebei gelegenen Altstadt mit den Volksstränden (öffentlich sind alle Strände an der Bucht). Ich suche nach typischen Situationen für das Skizzenbuch – es ist sehr heiß, was sich bietet ist alles andere als erfreulich – malerisch ja, wenn man bereit ist, Verkommenheit, Schmutz, Ungepflegtheit, Gleichgültigkeit der Umwelt gegenüber und anderes Unerfreuliche und Unappetitliche dafür in Kauf zu nehmen. Kein Ansatz von städtebaulicher Qualität – der Zoccolo, der vielen bekannte Platz, ist in erbärmlichem Zustand, die dort stehende Kathedrale ein Kitschbauwerk ersten Ranges, die übrige Bebauung völlig dem blinden Zufall überlassen, kaputt, unvollendet, ruinös verfallen, verkommen – und die Menschen, ich spüre nichts von der Anmut, Rasse, Apartheid zum Beispiel der karibischen Bewohner – von Schönheit ganz zu schweigen – nichts Ästhetisches, geschweige Erotisches. – Vielleicht sind aber auch die attraktiven Einheimischen alle im Dienste des Tourismus, in den Hotels, auf den Schiffen oder sonstwo. – Acapulco lebt einzig und allein vom Tourismus. – Nur, so meine ich, dann bedürfe es auch entsprechender Anstrengungen, damit diese Rechnung auch weiterhin aufgeht. Copacabana ist trotz der ihr nachgesagten Kriminalität ein Traum dagegen.

18 Uhr Auslaufen in den Sylvesterabend. Vorbereitungen dazu laufen auf allen Touren – Ende der Durchsage für dieses Jahr.

Und nun, am 3. Januar 1987, geht der Bericht weiter, bei etwas schwankendem Schiff, wir „düsen" weiter gen Norden, dem letzten Ziel der Fahrt entgegen, Los Angeles, wo wir am Sonntag, 4. Januar, in der Frühe eintreffen sollen. – Der Sylvesterabend war festlich, mit großem Diner

on public shore, Acapulco   31.XII.82

und anschließendem Ball mit Champagner – das Jahr begann gut, und um 7.30 Uhr des 1. Januar war ich der einzige, der zur Morgengymnastik erschien. – Anschließend dann Frühschoppen auf dem Sonnendeck, blauer Himmel, Sonne, ein schöner, ruhiger Tag auf See – nachmittags gab es den großartigen, amüsanten Film „Männer", und schließlich endete alles mit dem Neujahrsabendessen und Tanz. Selten so einen schönen Neujahrstag erlebt.

Der 2. Januar begann mit dem Einlaufen in CABO ST. LUCAS, dem Cap, welches den Pazifik vom Golf von Kalifornien trennt. Wir ankern vor dem kleinen Ort, der eigentlich Fischerhafen und Touristenanlaufpunkt ist, mit nur geringer Besiedelung, Anfänge eines Badeortes. Wir werden mit Tendern an Land gebracht – herrlicher Strand mit hoher Brandung – traumhaft. Mit sight-seeing-Booten, die Glasboden haben, sodann in die bizarre Felsküstenwelt, die von einmaliger, malerischer Schönheit ist – ein Paradies, von Pelikanen und fast zahmen Seelöwen bevölkert, die es offenbar gewohnt sind, von Touristen fotografiert zu werden – und durch den verglasten Boden des Schiffchens sieht man Schwärme von bunten Fischen. Ein Höhepunkt dieser Reise. – Zur Mittagszeit laufen wir aus – der vorletzte Tag auf dem Sonnendeck wird noch einmal genossen – Sonne, Sonne, Sonne – und abends der Farewell-Empfang des Kapitäns mit anschließendem Farewell-Diner und nochmals Ball. – Fest reiht sich an Fest – und nach abgrundtiefer Nacht jetzt der unwiderruflich letzte Seefahrtstag, immer noch Sonne, aber die Hitze scheint gebrochen – gut zur allmählich notwendigen klimatischen Umstimmung. – In Deutschland wird das Wetter von endlosen Regenfällen bestimmt, wie wir den Nachrichten entnehmen. Hier kaum vorstellbar, aber in Kürze werden wir auch nicht mehr davon verschont sein. – Also enjoy your stay here! –

Und dann der 3. Januar 1987, der unwiderruflich letzte Tag an Bord – es windet sehr, man muß sich schon etwas bedeckt halten, aber es ist noch ein lazy day, nachmittags Sauna – auf diese Idee kommt an diesem letzten Tag, an dem um 22.30 Uhr die Koffer vor der Kabinentür stehen müssen, nur noch ich. – Aber dann kommt noch ein großes (endgültig letztes) Abschiedsdiner, und die Farewell-Show mit Inge Larsen und anderen (Lesantoo) und ein letzter traumtiefer Schlaf – und frühes Lugen durch die Luke – noch schwarze Nacht, mit einer faszinierenden Lichterflut an Land – Los Angeles – Ich bleibe von 6 Uhr an an Deck, um diese unsere letzte Landungsanfahrt voll mitzuerleben – und danach kommt dann die lange, die Geduld strapazierende Ausschiffungszeremonie, und es regnet inzwischen in Strömen – um 11.30 Uhr geht es endlich von Bord, obgleich wir ja wirklich keinen Grund haben, gerne von Bord zu gehen, aber es muß nun eben sein – bis 15.30 Uhr, unserer Abflugzeit, soll es noch eine Stadtrundfahrt geben, aber diese ist schon durch Regen und Verspätung auf eine Bedeutungslosigkeit dezimiert. – Schließlich dann Einchecken in L.A.X., wie sich der Flughafen von Los Angeles nennt – und anschließend in 9 Stunden und 40 Minuten zurück in die Heimat, die sich zur Zeit wenig von dem regennassen L.A. unterscheiden wird. Tant mieux – es war eine großartige Reise – so, wie man sie nur seinen besten Freunden gönnen möchte.

113

Pilgerreise nach Santiago de Compostella / Hin

27. Februar – 6. März 1987

Wie immer beginnt der Count down früh, um 4 Uhr, eine Viertelstunde vorher geht es freiwillig hoch – um ½ 5 bei strömendem Regen auf der Strecke zum Airport Düsseldorf – Der für 7 Uhr gebuchte Flug der LH 130 ist erst für 7.35 Uhr angezeigt – etwas Zeit zur geruhsamen Einstimmung. Und dann hebt der Vogel ab nach Paris CDG – Pause zum Anschlußflug nach Bordeaux – der Anschlußflug ist bis auf den letzten Platz besetzt – Gelegenheit zur vertieften Vorbereitung auf die erste Etappe der Reise – Thema: el Camino – die Straße der Baumeister.

Seit dem 9. Jahrhundert als der Leichnam des Hlg. Jakob, des Apostels, hier angeschwemmt wurde, – oder poetischer gesagt, wie die Legende es hartnäckig weiter verbreitet hat – von Engeln in einem Nachen an die Stätte seiner missionarischen Tätigkeit zurückgebracht worden war – ist Santiago de Compostella eine der wichtigsten Stätten der Christenheit. Die Pilgerwege führten durch ganz Europa über die Pyrenäen, um sich westlich von Pamplona im Camino zu vereinigen. Millionen und Millionen frommer Menschen aller Kategorien, von Herrschenden bis zu armen Büßern oder zur Buße verurteilten sind diesen Weg in die Nordwestecke Spaniens nach Santiago de Compostella gezogen – die Pilgerstraße wurde zur wichtigsten Entwicklungslinie des baulichen Geschehens, an der Kathedralen, Kirchen und Klöster, Pilgerherbergen und Hospize in dichter Abfolge als Relaisstationen dieser über 800 km langen Strecke entstanden. Bauorden und Zunfthandwerker aller Sparten haben den Camino zum Entwicklungsschwerpunkt abendländischer Sakral- und Profanbaukunst gemacht – man spricht wegen der Konzentration des Fachwissens und dessen Weitergabe am gebauten Beispiel von der ersten Bauuniversität Europas –.

Ein spannendes Thema, was da vor einem liegt – trotz manchem angelesenen Wissen darüber, verbleibt eine ungeheure Spannung im Hinblick auf das real Vorzufindende und die wird nun abgebaut werden. – Mit dem Kleinwagen, der schon bereit steht, dem braven Ford Fiesta, geht es in Bordeaux unmittelbar vom Flughafen aus auf die auto-route gen Süden. – Es ist Mittag, bedeckt mit gelegentlich durchblickender Sonne, angenehm frische Luft, etwa 15 °C – trotz Freitag kaum Verkehr. Ein Ausfahrtsschild verlockt zu einem Abstecher Richtung Westen, nach Arcachon, dem bekannten Seebad. Die Sonne bricht durch, au bord de la mer ein vertrauenerweckendes Restaurant, cafe de la mer – Austernverkauf vor der Türe und die müssen es dann auch sein und anschließend ein schönes Stück Fisch et après espresso und dazu ein frischer leichter Weißwein: entre deux mer. Nettes fröhliches Publikum und freundliche Bedienung. Ein guter Einstieg – auf der Weiterfahrt noch an le Dune vorbei, dem Naturphänomen der höchsten Düne der Welt – und dann aber ohne Umschweife auf die Strecke – „Wir düsen nach Süden". Pinienwälder und unbestellte Felder zu beiden Seiten, angenehmes durchwachsenes Wetter – erst ganz im Süden gen Bayonne und Biarritz wird Landschaft und Vegetation differenzierter, bewegte, zum Teil dramatisch hohe Bergformationen, vielfältig gegliederte Vorgebirge – und Hügellandschaft, abwechslungsreiche Vegetation durchsetzt mit lockerer Bebauung – der Frühling steht kurz vor dem Ausbruch – Weidenkätzchen und blühender Ginster – Hochhausformationen künden städtische Strukturen an – zwischendurch Straßenzoll – endlich die Grenze bei Irun – kurz vor S. Sebastian (das steht für den Rückweg auf dem Programm) geht's links hoch in die Berge – typisch voralpine Landschaft, das könnte auch in Deutschland, oder Österreich oder Italien oder sonstwo sein. Kurvenreiche Straße führt über einen Paß langsam aber sicher dem Tagesziel zu: Pamplona, die Stadt, die nach Pompejus benannt worden sein soll – durch Hemmingway's Fiesta ist sie berühmt geworden. Beim Eintreff am Hotel ORHY in der Kyre ist es noch gerade Tageslicht – dann nach kurzer Erfrischung Bummel in die Altstadt, an der Stierkampfarena vorbei zum zentralen Platz, dem Plaza mayor, einem herrlichen Quadrat, das von Arkaden umsäumt ist – nun gegen 20 Uhr ist die Stadt noch voller Leben und Treiben. Hier ist die Universität von Navara, daher wohl auch die vielen jungen Menschen. Einkehr im Cafe IRUN, der Stammkneipe von Ernest H. – Inzwischen ist im großen inmitten des Platzes stehenden Pavillon eine Band eingezogen, die alsbald den Platz überschallt – in einem Seitensträßchen ein nettes sauberes Restaurant im ersten Stock, es gibt Truja con jamon und Merlin a Langosta und einen schönen Rosé des Landes, sehr liebenswürdige Wirtin, der Padron sitzt vorm Fernsehen – alles schon ganz schön zum Anfang – auf dem Platz inzwischen verhaltener Tanz im Freien, Karnevalsfreitag, und dann ein besinnungsloser Tiefschlaf...

Samstag 28. Februar 1987, 8 Uhr früh. Blick aus dem 2. Stock des Hotel Residencia ORHY – es ist bedeckt und nieselt. Nevertheless, damit muß man in dieser Jahreszeit rechnen – der gute Fiesta ist marschbereit – zunächst noch Besichtigung der Sehenswürdigkeiten Pamplonas – an der Stierkampfarena vorbei, aus der zerteilte Stiere in einen davor geparkten Metzgerwagen getragen werden. olé! – Zur Kathedrale, die mit ihrer später vorgesetzten klassizistischen Fassade merkwürdig kalt wirkt – aber der Raum wirft einen um! Das ist navaorestische Gotik, 13. – 14. Jahrhundert, ohne jeglichen Firlefanz – die Kathedrale ist ohne jede künstliche Beleuchtung zu dieser Morgenzeit merkwürdig mystisch – in der Vierung das beeindruckende Alabastergrabmal von Carlos el Noble (Karl III) mit seiner Gemahlin – ein stolzes Paar – und dann durch die Befestigungsanlagen der Wälle, Mauern und Zitadellen aus dem 16. Jahrhundert – die noch heute für konventionelle Feinde uneinnehmbar erscheinen – Karl der Große hat die ersten Befestigungsanlagen zerstört, das mußte sein Recke Roland 700 und etwas in Roncevalles büßen. Und dann schnell durch riesige, hochgeklotzte Neubaugebiete (NH was here) gen Westen zum Camino, der in Puenta de la Reina als Sammelstrecke für alle Pilgerströme beginnt. Zum Glück strömt jetzt noch nichts, die Pilger bevorzugen heutzutage die schönere Saison, und das im Luxusbus mit Bar und Toilette. – Kurz vor dem Städtchen etwas abseits im freien Feld die Eunate, ein 800jähriger Solitär, der würdevoll die Jahrhunderte überdauert hat – in der Zeit der großen Pilgerströme als Friedhofskapelle gebaut, hat sie den Gebrauchszweck verloren, was ihrer souveränen Existenz nicht schadet – sie fordert zu einem schnellen Aquarell heraus und dann geht es weiter nach Puenta de la Reina – die Stadt, die dem Brückenbau im 11. Jahrhundert, durch die Frau von König Sancho dem Starken von Navarra den Namen verdankt. Am Ortseingang linker Hand die romanische Zweischiffkirche mit Kloster des Templerordens „del Crufijo". Ein deutscher Mönch soll sie im 14. Jahrhundert gebaut haben – er muß sehr konservativ gewesen sein – und kreativ, denn nichts aber auch gar nichts ist an dieser Kirche wie gehabt. Das eindrucksvolle, mit vielen Bögen zurückgestufte Portal ist mit vielen Jakobsmuscheln – natürlich in Stein gemeißelten – verziert – durch ein Gewölbejoch ist es mit dem vis-à-vis liegenden Klostereingang wetterfest verbunden. – Inzwischen ist das Wetter schon wesentlich freundlicher, die Sonne blinzelt hin und wieder durch wallende Wolkenformationen – über die noch ganz mittelalterliche Calle Major. Gegenüber dem alten Pilgerhospiz die aus romanischen Anfängen stammende Santiago-Kirche, mit schönen gotischen Netzgewölben und strahlend-goldenen Barockaltären. Teilnahme an einer dort stattfindenden fröhlichen Totenmesse mit Chorbegleitung und großer klerikaler Besetzung. Und am Ortsausgang dann die viel zitierte „römische" Pilgerbrücke aus dem 11. Jahrhundert, die dem Ort den Namen gab. Ein wunderschön-naives Bauwerk, was natürlich im Skizzenbuch festgehalten werden muß. – Weiter auf dem Camino – von hier aus noch 623 km nach Santiago. – Cirauqui taucht auf, ein Bergstädtchen von der Kirche San Roman überragt – in der samstäglichen Mittagszeit sieht man nur spielende und Wagen waschende Kinder – ein herrlicher Blick über die Weinfelder der roten Erde des Rioga-Gebietes mit den blauen Kulissen entfernter Höhenzüge. Unten an der Straße im einzigen – neuerbauten Ristorante – wartesaalartig mit laufender Television und neonbeleuchteten Spielautomaten – ist nur der Padrone anwesend – aber es ist Mittagszeit, es gibt einen knackigfrischen Salat mit Tomaten und Zwiebeln und ein Rumpsteak mit handgeschnitzten Pommes – fabelhaft dazu ein Rosada der Region. – Frischgestärkt zum nächsten Ort, Estella (la Bella), im Tal der glasklaren Ega, zu beiden Seiten den Hang hochgebaut. Die Kirchen S. Sepolcro, San Miguel und San Pedro de la Rua sind über jeweils eindrucksvolle Treppenanlagen zu erreichen – noch gut erhalten der einzige romanische Profanbau, der Palast der Könige von Navarra – zur Volkshochschule umfunktioniert. Übrigens, während ich hier im Hotelzimmer des Almirante Bonifaz Hotels in Burgos schreibe, ist es bereits der 1. März, morgens, es ist dunstig, durch das geöffnete Fenster lärmt frühsonntäglicher Verkehr. – Aber nun muß zunächst noch über den ereignisreichen gestrigen Tag berichtet werden, der so voller Eindrücke war, daß diese nur durch Aufzeichnungen rückerinnerbar gemacht werden können. – Etwa 5 km hinter Estella liegt das Monasterio Irache, besser das Klosterweingut mit Klostergebäuden und

*Die Templerburg
Castrojeriz
1.III.87
D.*

Kirche in cluniazensischer Romantik. – Ein netter Hausmeister öffnet die Pforte und damit den Zugang zum Kreuzgang – eindrucksvolle Stille, eine Gruppe von Zypressen mit verwegen abgespreizten Zweigen akzentuiert die schwermütige Stimmung. Von dort in die Kirche, die in ihrer erhabenen Einfachheit sehr eindrucksvoll ist. – Im nächsten Städtchen, Viana, wo der gefürchtete Condottiere Cesare Borgia vor der schönen Kirche unter einer Steinplatte seine letzte Ruhe fand. Zunächst war der bei Viana im Hinterhalt getötete Kriegsheld in der Kirche beigesetzt, dann unter dem Pilgerweg verscharrt, schließlich aber noch einigermaßen würdig bestattet. – Es geht dann durch das berühmte Rioga-Weingebiet mit seinen bewegten Weinfeldern und einer abwechslungsreichen Landschaft nach Logrono, der geschäftigen Capitale dieses Gebietes – man kann nicht in das Centro urbana, da wegen Kinderkarneval gesperrt – durch massive städtische Bebauung, die nichts Charakteristisches hat und absolut austauschbar ist, wieder zum Camino nach Najera, der alten Königsstadt derer von Navarra und Kastiliens, um 800 den Mauren entrissen, heute bedeutungsloses, gemütliches Provinzstädtchen. Das Kloster Santa Maria la Real ist aber jede Reise wert, eine große Bauanlage, an eine hochragende steile rote Sandsteinfelswand angebaut. Man betritt sie über den Kreuzgang mit seinen filigranen Arkaden spätgotischen Stils. Von diesem aus betritt man die Königsgruft und Grabkammern vieler Könige von Navarra, Kastiliens und Leon. Und die Kirche ist ebenfalls ein Erlebnisraum schönster Hochgotik, in der Einheit des Materials – ohne weitere Zutaten unvergeßlich. – Wieder auf dem Camino weiter gen Westen – kurz vor Santo Domingo de la Calgada sperren Bauern mit einer Protestaktion die Straße, eine halbe Stunde unfreiwilligen Aufenthalts, der von allen Betroffenen mit großer Ruhe hingenommen wird – man wundert sich, da die Spanier bei uns als heißblütig und temperamentvoll gelten – nichts davon ist zu spüren. Endlich ist der Weg frei zur letzten Tagesetappe vor Burgos,

18.30 Uhr, die Dämmerung beginnt, aber es gelingt noch, in die Kathedrale zu kommen, dort gibt es Grab und Grabmal des S. Domingo, einem Einsiedlermönch, der sich im 11. Jahrhundert durch den Bau von Straßen und Brücken für die Jakobspilger verdient machte und in dem Örtchen, das heute seinen Namen trägt, ein Pilgerhospiz gründete und leitete – heute ein gern besuchter Parador. Sein Grab ist in einer Krypta – über dieser steht in der Kirche – mit Durchblick nach unten auf sein Grab, seine Statue, von Hahn und Henne flankiert, an die Hühnerlegende erinnernd, (die in vielen Versionen existiert) – aber, die Sensation, unglaublich, der Statue gegenüber gibt es Hahn und Henne lebendig in einem Käfig, in dem die Tiere ungeniert ihre Töne von sich geben. – Zum ersten Mal für mich, eine sehr originelle Unterteilung des Kirchenschiffs. Etwa in der Hälfte ein Viertel einnehmend gibt es einen ummauerten, nur zum Altar offenen Chorherrenbereich – das letzte Viertel des Schiffs, ohne Sichtverbindung zum Hauptaltar – mit herrlichen barocken Retables – wird als Alltagskirche genutzt. – Besuch des Paradors, noch weitgehend originales Inneres mit kleinem Patio, ein Drink zur Regeneration, und dann durch die zu einer Kinderkarnevalsveranstaltung strömenden Kinder bei beginnender Dunkelheit in die Strecke nach Burgos, herrliche Himmelsverfärbungen aus blaugrauen Tönen und Altrosa – Einfahrt nach

Burgos auf genau der Ciudad Vitoria, an der das vorgebuchte Hotel Almirante Bonifaz liegt. Schnelle Abfertigung, einige hundert Meter weiter dann zur vom Hotel empfohlenen Casa Ogeda – im Erdgeschoß ist der Teufel los, in der ersten Etage ein gepflegtes Restaurant, wo es viel Spaß mit Verständigungsschwierigkeiten bei der Essenbestellung gibt, dann Freude beim Essen selbst – natürlich Spezialitäten: Rinderzunge kalt und Merlin (Seehecht) warm und einen großartigen Rioga tinto – und dann gibt es Spaß beim Verlangen von »la Dolorosa« – wir scheiden als Freunde nicht ohne einen night cup des herrlichen Weines ins Hotel mitzunehmen als Grundlage für einen besinnungslosen Schlaf... –

Es ist nun der 2. März, Rosenmontag in Deutschland – aber der Tag beginnt in aller Frühe in Leon... zunächst muß nun berichtet werden wie der gestrige Tag verlaufen ist, ehe alles unter der Vielfalt der Eindrücke verlorengeht. Als erstes der Weg zur Kathedrale von Burgos, am berühmten Reiter-Standbild von El Cid vorbei, der bedeutendsten Gestalt dieser Stadt, der im 11. Jahrhundert im Kampf gegen die Mauren – in deren Diensten er selbst schon gestanden hatte – eine legendäre Rolle spielte. Schwer verwundet hatte er, ehe er verstarb befohlen, seinen Leichnam auf seinem Pferd festzubinden und der Attacke gegen den Feind vorauszuschicken – das wurde schlachtentscheidend. – Ja die Kathedrale: eine der schönsten und wichtigsten Spaniens, von Dimensionen durch die vielen zugefügten Kapellen, Säle und den Kreuzgang, die einmalig sind. Aber atemberaubend der eigentliche Kirchenraum, das Schiff, das auch im hinteren Drittel durch den eingebauten Chorraum gegliedert ist. Die Vierung ist ein Traum, man muß sich setzen, um beim Anblick in die hinreißende Kuppel nicht schwindelig zu werden – sie ist sternartig durchbrochen und durch ihr Filigran fällt von oben Tageslicht ein. Darunter liegt im Fußboden die Grabplatte des Cid und seiner Frau – in der Kapelle der Constables ein großartiges Grabmahl, von Hernandes de Velasco, dem kastilischen Vizekönig, mit seiner Gemahlin – keinen weiteren Versuch unternehme ich nun, um weitere Einzelheiten zu beschreiben – es würde ohnehin Wochen dauern, sie alle zu betrachten. – Nach Durchschweifen der in Sonntagsmorgenruhe liegenden Altstadt geht's wieder auf den Camino nach Westen. Die Pilgerstraße ist zunächst noch im ursprünglichen Zustand und führt durch eine versteppte Vorgebirgslandschaft, es ist dunstig, was eine Erlkönigstimmung vermittelt. Immer wieder zum Teil frei in der Landschaft, zum Teil im Zusammenhang mit verträumten Ortschaften Kirchen, Pilgerherbergen oder dann plötzlich in Ohnilos de Sasamon die mächtige gotische Burg mit ihren mächtigen ockerfarbenen Mauern und den wuchtigen Rundtürmen – Pause, um das eben im Skizzenbuch festzuhalten – ein kleiner empfohlener Umweg zum Dorf Sasamon, wo aus dem „Plaja mayor" die Kirche Santa Maria Real (15. Jahrhundert) in ihrer malerischen irrationalen Schönheit aufragt, ein schönes Portal mit recht realistischen Menschenfiguren geschmückt. – Weiter nach Castrojez – von weitem schon durch die Templerburgruine charakterisiert, die den Ort auf einem Kegelberg überragt – die Sonne scheint, eine rot-grün markierte Schafherde versperrt der „Fiesta" den Weg, das langgestreckte Dorf mit vier respektablen Kirchen träumt in der Mittagssonne – die Männer nun nach dem Kirchgang comme il faut beim Frühschoppen, stehend freihändig gibt es eine

San Jago
in
Santiago de Compostela

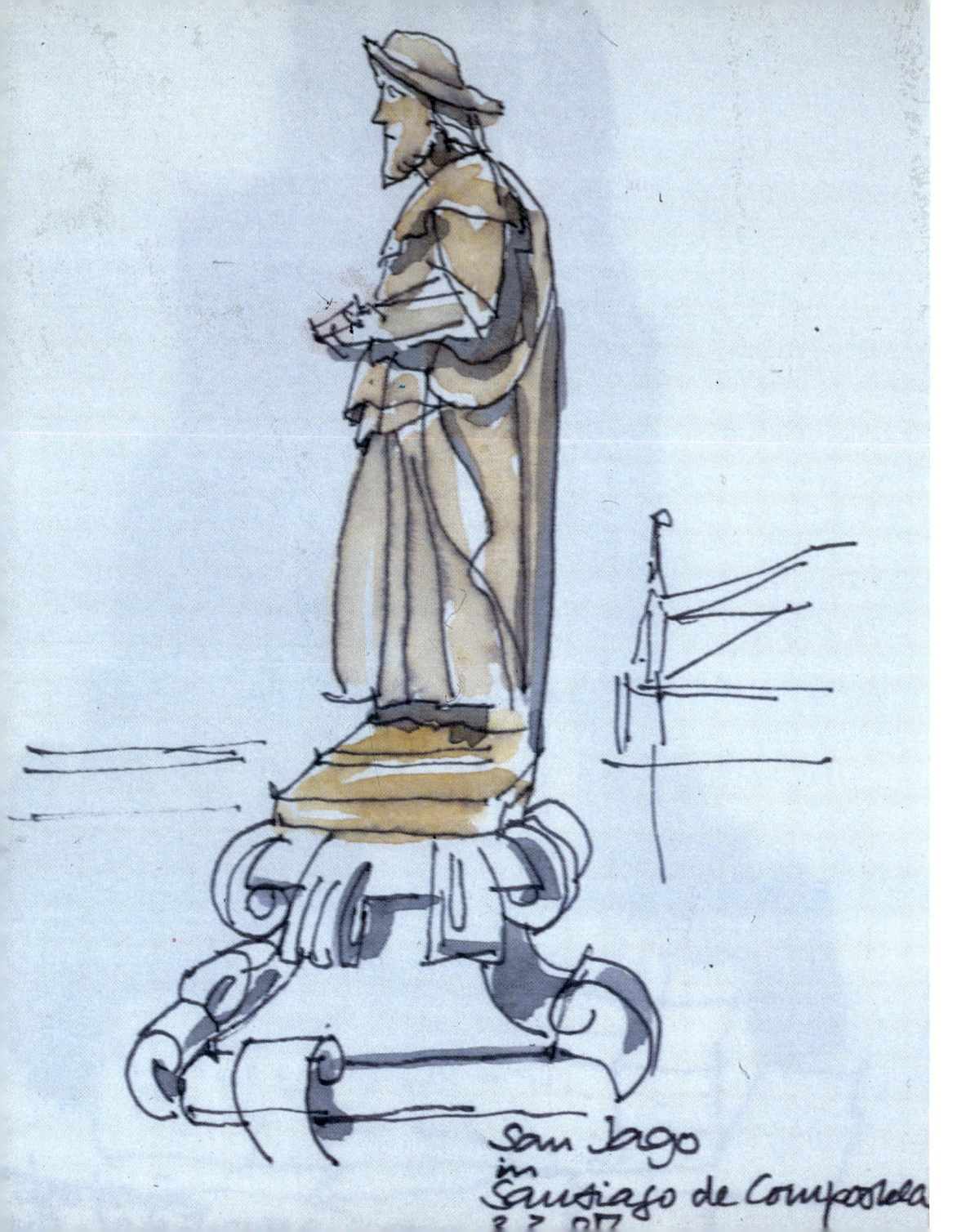

La Catedral
Santiago de Compostela

„Schnapp-Skizze" – zum Verlieben das Ganze – aber hier wird gepilgert! Wenn auch mit dem Auto – und da kann man nur ahnungsvoll versuchen nachzuempfinden, wie den Fußkranken auf den endlos gradlinigen Trassen durch die unendlichen Kornfeldebenen Kastiliens zumute gewesen sein muß. Sie haben sicherlich häufig stöhnend zur Pilgerflasche gegriffen. – Fromista kommt in Sicht mit wie man sagt dem schönsten romanischen Bauwerk am Camino, San Martin aus dem 11. Jahrhundert, gerade von seiner Patina befreit, sieht wie im Bilderbuch aus, oder wie aus dem Steinbaukasten – übrigens noch vor Fromista, bei Hero des Castillo, mitten in der menschenleeren Meseta, Halt an der mittelalterlichen hinreißend schönen Brücke, deren acht Halbkreisbögen im Spiegelbild des Rio Pisuerga sich zu Kreisen vollenden. – In der Hosteria los Palmeros gibt's einen lunch: Spinat mit Garnelen und frischem poschierten Lachs in Zitronenöl – gut gestärkt wieder auf die Strecke durch die unendliche Felderlandschaft, am Horizont im Norden zartblau eine Hochgebirgskette mit verschneiten Zinnen. – Sallagun ist der nächste größere Ort, das Sehenswerte, vor allem die eindrucksvolle Klosterruine S. Benito, wird vom Auto aus gemacht das heißt aufgenommen. Es ist wichtig sich nicht zu verlieren um des Gesamterlebnisses willen.

Und dann die letzte zum Teil geradlinige Etappe nach LEON, dem Tagesziel – schon wird die Vegetation im Tal des Rio Esla freundlicher und differenzierter – und ohne große Vorzonen zeigt sich die hochgeschossige Bebauung des eleganten großstädtisch wirkenden Leon – überragt von der Kathedrale, die nach Chartres und Reims wichtigstes Werk französischer Hochgotik sein soll – übrigens soll der Name der Stadt nicht von Leo – dem Löwen und Wappentier herrühren sondern von Legio – dem Sitz der siebten Legion des Augustus, die hier stationiert war. Ohne großes Suchen endlich dann am Ziel: San Marcos, ehemals Hochburg der Ordensritter, nun eines der prunkvollsten Paradore Spaniens – und Quartier für die kommende Nacht. – Das Gebäude raubt einem den Atem. Bei der Ankunft fährt man vor einer Langseite des offensichtlichen Rechteckbaus vor, dessen eine kurze Seite von der Kirche eingenommen wird. Die Fassaden dieses durchgängig zweigeschossigen Palastbauwerkes sind von unvorstellbarer Pracht aus dem hellen, offenbar weichen Sandstein der Region, mit großem Reichtum der plastischen Form herausmodelliert. Beispiel spanischer Frührenaissance des 16. Jahrhunderts. – Im Innern überrascht das Gebäude dagegen eher durch klare Geradlinigkeit und großzügige Raumproportionen. Herzstück bildet ein unendlich prächtiger zweigeschossiger Kreuzgang. – Abendessen im Restaurant des Hotels, sehr angenehm mit vino tintos der Region – und der anschließende Schlaf ist erquickend . . . – Nun am Morgen des 5. März berichte ich weiter über den gestrigen Tag. Er begann mit der Besichtigung der Kathedrale aus dem 13. und 14. Jahrhundert. – Sie wird – neben Chartres und Reims – zu den drei schönsten Beispielen französischer Gotik gezählt – dennoch hat sie auch ihre eigene Charakteristik. Es gibt wohl kaum ein eindrucksvolleres Beispiel gotischen Geistes als hier mit den völlig in Buntglas von unendlicher Leuchtkraft aufgelösten Wänden. – (Doch es gibt eins: St. Chapelle in Paris.) – Auch in dieser Kathedrale steht der Chor als großes Gliederungselement im Langhaus – erstaunlich. Übrigens wurde die Kirche im 10. Jahrhundert von dem Westgotenkönig Ordono gegründet. Nach Zerstörung durch die Mauren erhielt sie im 13. Jahrhundert ihre heutige Gestalt. Eigenwillig und in seiner Eigenart beeindruckend der ganz aus dem hellen Sandstein der Kirche bestehende Kreuzgang – auch der nicht überdeckte Teil ist, einen großen Versammlungsraum bildend, gänzlich mit Steinplatten bedeckt – die umgebenden Arkaden besitzen keine Brüstungen und öffnen sich mit durchlaufenden Stufen in den Freibereich. – Nach diesem großartigen Erlebnis geht es dann wieder auf die Strecke, die N 120, den Camino. In Hospital des Orbigo Halt bei einer großartigen mittelalterlichen Steinbogenbrücke, die mit ihren 18 Jochen recht lebendig über den Orbigo und sein weites Flußbett führt. 1434 soll darauf ein mehrtägiger Kampf befeindeter Ritterschaften stattgefunden haben. –

Weiter nach Astorga, der Hauptstadt der „Maragasteria", einst römische Siedlung, zwischen 11. und 15. Jahrhundert, der Hochzeit der Wallfahrten, eines der wichtigsten Pilgerzentren. Über einer mächtigen Römermauer, die wie eine Stützmauer die Ciudad urbana gegen einen tiefer liegenden Teil der Stadt abgrenzt, ragen Kathedrale und Bischofspalast als wuchtiges Gebäudeensemble auf. Erstere, aus dem 16. Jahrhundert, teilweise aus rotem, teils aus ockerfarbenem Sandstein erbaut, ist eine Mischung aus Hochgotik, Renaissance und sogenanntem platereskem Stil. Auch in dieser Kirche ist der Raum durch den gemauerten Kubus des Chorherrenbereichs verstellt. Erst nach dem Verlassen fällt mir ein, das im Reiseführer erwähnte Bild einer Ehebrecherin nicht gesehen zu haben – schade, da es vielleicht interessant gewesen wäre. Neben der Kathedrale der bereits erwähnte Palacio Episcopal, 1910 von Antonio Gaudi erbaut, dem berühmten, nein diesem einzigartigen Architekten Catalaniens, der durch seine phantasievollen, skurrilen Bauten in Barcelona unsterblich geworden ist, zumal seine bisher unvollendete Sacrada familia noch Generationen nach seinem Tode weitergebaut wird – er hat hier ein diszipliniert phantastisches Bauwerk für den Bischof gebaut, Mischung aus Palast, Burg und Kirche mit gotischem Disneyland-Charakter, welches mit der unmittelbar daneben liegenden Kathedrale ein großartiges Ensemble bildet. Heute ist es Museo de los Caminos mit Sammlung von Pilgerschaftsutensilien unter anderem – leider geschlossen, da Montag. Bezeichnend: das ehemalige Bischofspalais heißt heute Palacio Gaudi. – Wo ist der Bischof geblieben?

Auf der weiteren Strecke gibt es außer wechselnden Landschaften mit zum Teil berückenden Fernsichten auf ferne blaue Bergformationen (Gott sei dank) keine anderen Sehenswürdigkeiten. Halt an einem Parador, der als medievalesqu angekündigt wurde, aber die an alte Burgarchitektur von ferne erinnernden Bauformen aus Naturstein wirken von nahem wie aus Plastik. Trotzdem Einkehr, eine Portion Gambas mit Weißwein der Region und meditative Pause. – Weiter, es wird bewegter, Vorgebirge, der Maganal Paß – immerhin 1200 m – was müssen die armen Pilger geschwitzt, oder je nach Jahreszeit auch gefroren haben. Hier hatten Sie etwa 1500 km Fußmarsch hinter sich voller erschöpfender Entbehrungen und Strapazen und bis zum Ziel noch 240 km vor sich – das Schuhmachergewerbe hatte Hochkonjunktur für diejenigen, die noch konnten. Aber die vielen Pilgerfriedhöfe am Wege bezeugen, das für

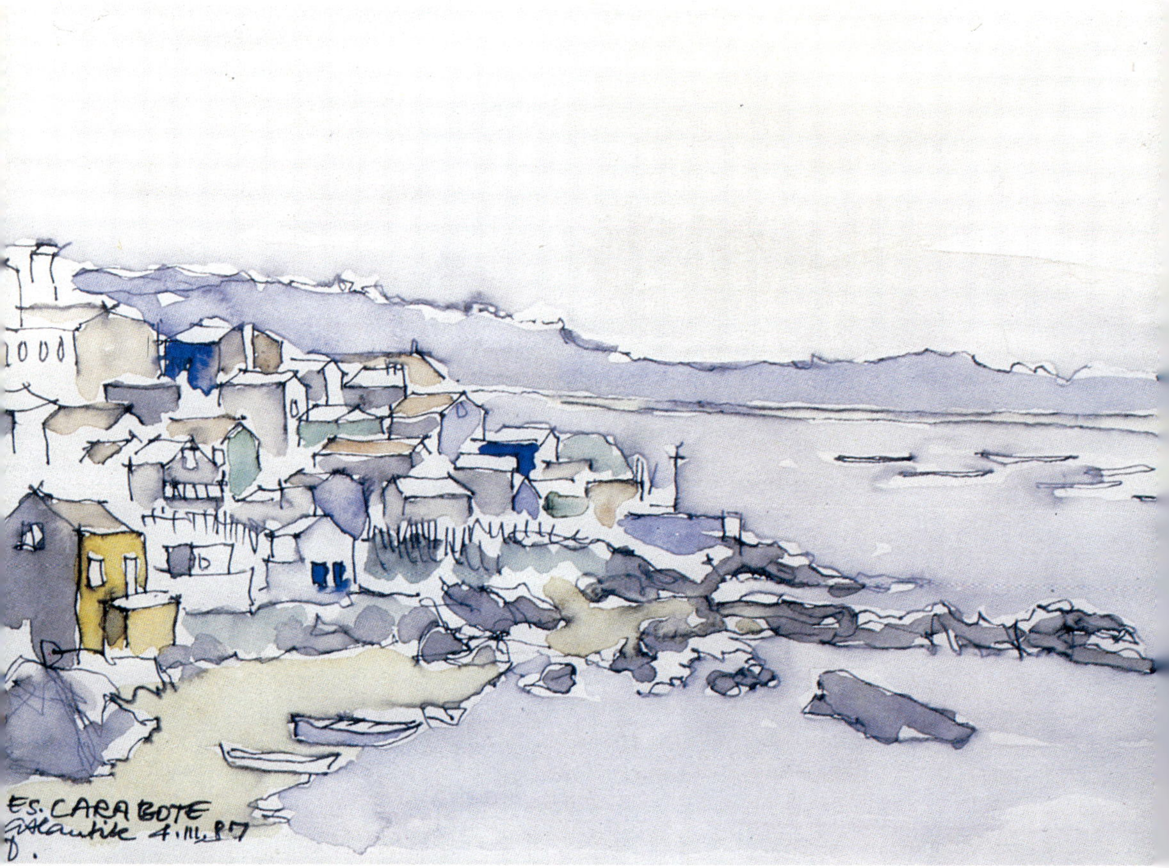
ES. CARA BOTE
4.III.87

Pilgerkreuz
am Jakobsweg

viele das Ziel der Wallfahrt direkt im Himmel lag. Ponferrada die nächste Station, Hauptstadt der „Biergo" genannten Gegend, auch hier waren die Römer die ersten Städtebauer – unvorstellbar die Unternehmenskraft dieses Volkes – und hier in Ponferrada sind noch die respektablen Überreste eines der bedeutendsten Bauwerke spanisch-mittelalterlicher Wehrarchitektur: El Castillo de la Ordo Militar del Temple, Kloster, Burg und Palast in einem, diente dem Schutz der Pilger (gegen wen?). Die 5 Regentropfen, die auf mein Skizzenbuch fallen, sind so gut wie der einzige Regen bisher, zu einer Zeit, in der man von allen gut meinenden Freunden auf katastrophale Regenfälle vorbereitet wurde (in Deutschland wurden in diesen Tagen einige Autobahnen wegen Überflutung durch Dauerregenfälle gesperrt.) – Inzwischen ist Galizien erreicht – irgendwo war der Grenzübertritt von Altkastilien. Der Pilgerweg nach Compostella ist nach Westen abgezweigt, die Fahrt geht auf N. VI, Madrid – Coruna Richtung Lugo, dem heutigen Etappenziel, erneut über eine Paßhöhe, wechselnde Panoramen, die Dämmerung bricht herein und langsam wird es dunkel, hier zwischen 19 und 19.30 Uhr – verhangener Himmel und dann endlich im Neustadtbereich von Lugo, ohne langes Suchen um 20.15 Uhr Ankunft im „Grand Hotel Lugo", ein sauberer großzügiger Neubau, gutes Restaurant, Salat und Seezunge, ein frischer Weißwein der Region, besinnungsloser Schlaf ohne Punkt und Komma.

3. März 1987 . . . aber der Morgen in Lugo ist dafür erquickend dank Café au lait au lit und der absoluten Feiertagsruhe auf den Straßen – hier ist offenbar der Fastnachtsdienstag, die eigentliche Fastnacht – bzw. der Tag vor dieser Nacht – der Feiertag. Zunächst Besichtigung der mittelalterlichen Stadt, die von einem auf römischen Fundamenten ruhenden, begehbaren Mauerring umschlossen ist. Parken im ciudad urban, unter blühenden Mandelbäumchen – das gibt's doch nicht, nach den Warnungen der Reiseberater vor dem ruppigen Klima Nordspaniens in dieser Jahreszeit. Die Kamelien sind schon am Verblühen und Callas und andere stehen voll in der Blüte. – Herrliche Vormittagssonne – über die „Rennstrecke", auf der seriöse Herren (vermutlich eine Fraktionssitzung) auf und ab schreiten, geht es zur Kathedrale, die 1129 in Anlehnung an das Vorbild von Compostella begonnen und im 14. Jahrhundert vollendet wurde. Aber der romanische Ursprung dieses Baues mit seinen eindrucksvollen Tonnengewölben ist trotz aller späteren Zufügungen, unverkennbar geblieben. Ein Spaziergang über die Stadtmauer mit Blick nach links und rechts, das heißt auf Altstadt und Neustadt, gibt eine gute Orientierung – in jeder Hinsicht. An der Plaza de Espana wird noch ein Kaffee once genommen, bis es wieder auf die Strecke geht, durch eine schöne Vorgebirgslandschaft mit wechselnden Prospekten und Panoramen, man spürt den Frühling und riecht bereits das Meer – gegen Mittag führt die Autopista durch Neubau-Wohngebiete mit riesigen Blocks à la Neue Heimat und mündet dann im großen Schwung in die Avenue de la marina ein, die das Hafenbecken von La Coruna umfaßt und in der kleinen dicht bebauten Altstadt endet. Parkplatz am Hafen, zu Fuß – bei herrlichem Sonnenschein in die feiertäglich belebte Stadt. Man sitzt genüßlich an der Avenida und genießt das von kostümierten Jugendlichen durchsetzte Treiben. Das Straßenbild dieser einseitig bebauten, der Sonne zugewandten Promenade wird von den durchgängig mit vorge-

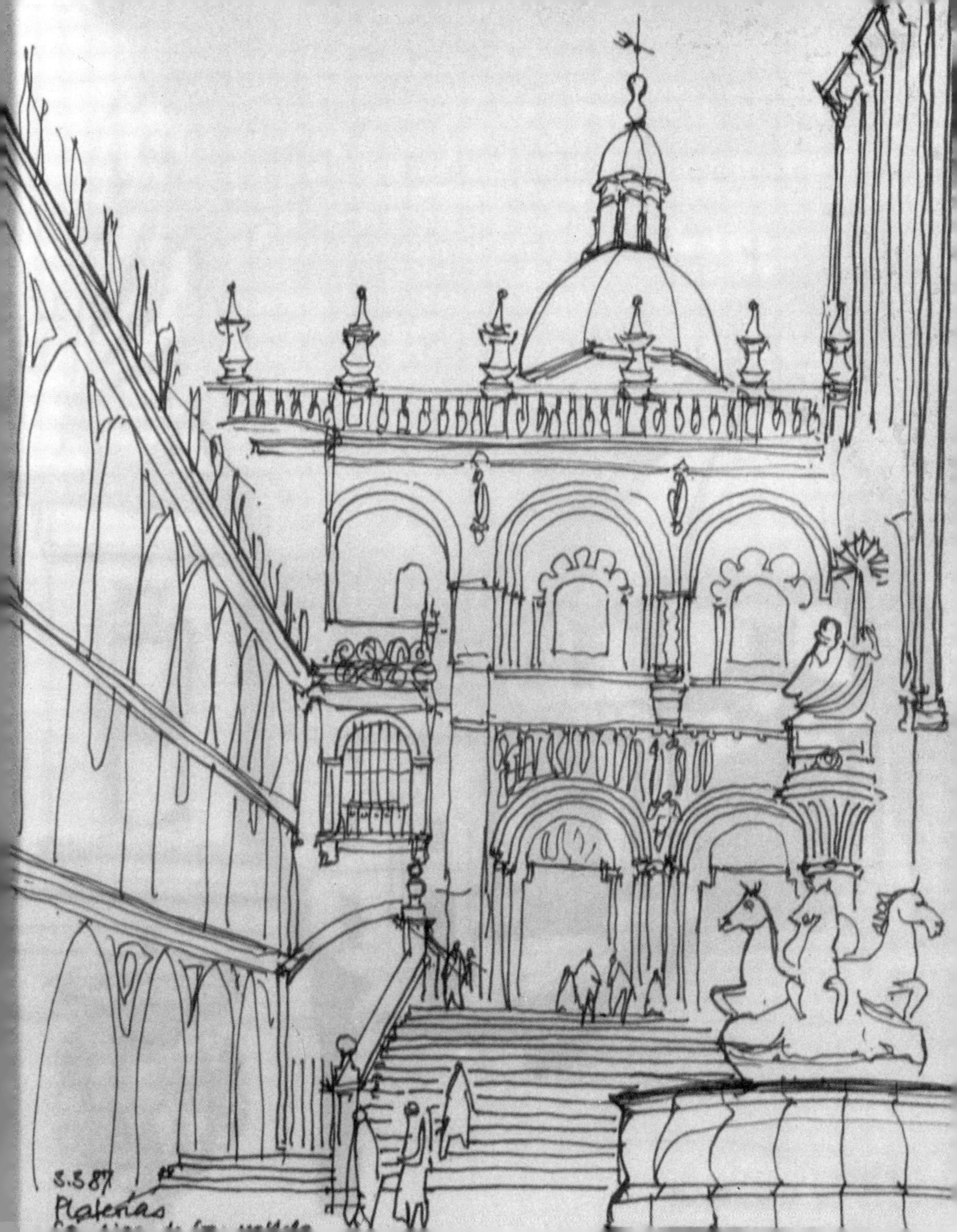
3.3.87
Platerías

Loyola
Santuario de San Ignacio

setzten Glasfassaden versehenen Hausfronten bestimmt. Frühe Beispiele für energiebewußtes Bauen: Fassaden als Wetterschutz und Sonnenfalle – mit großartigem architektonischen Effekt – Lunch in einem zünftigen Fischlokal mit Austern, Langostinos und trockenem, kaltem Weißwein – frisch gestärkt zum Torre de Hércules, dem noch aus der Römerzeit stammenden ältesten Leuchtturm der Welt, Rast zu seinen Füßen in der Nachmittagssonne mit dem Vorwand, ihn zu malen – Kaiser Trajan hat ihn im 2. Jahrhundert bauen lassen – übrigens werden die Glasveranden „Cristallerias" genannt – nun bei der Rückfahrt durch die durch viele Kostümveranstaltungen bevölkerte Stadt fallen sie als besonderes Charakteristikum La Corunas ins Auge.

Auf die Autopista Richtung Südsüdwest zum erwarteten Ziel- und Höhepunkt der Reise, nach Santiago de Compostella. Auch diese letzte Etappe folgt einer früher stark frequentierten Pilgerroute – steinerne Pilgerkreuze legen noch Zeugnis ab. – Schöne abwechslungsreiche sonntägliche Landschaft – kaum Verkehr – in 8 Wochen wird hier wieder der Teufel los sein. Dann gegen Abend bei einbrechender Dämmerung Einfahrt in den Plaza del Obradoiro, den Platz der Kathedrale des Santiago, einer der großartigsten Freiräume der Welt, nun überfüllt von einer kochenden Menschenmenge, die sich mit karnevalistischen Accessoirs und elektronisch verstärkter Musik noch vor Beginn der Fastenzeit austobt – aber auch hier feststellbar, nordspanisch gedämpft. Das Feuerwerk ist dann bereits vom Hotelzimmer aus zu sehen, im Parador „Reyes Catolicos", dem 1499 von Isabella und Ferdinand als königliches Spital zur Aufnahme von Pilgern gegründeten Prachtbau, mit seinen vier Innenhöfen – nun für die drei folgenden Nächte ein standesgemäßes Nachtasyl. – Nun müssen es zum Abendessen aber die Jakobsmuscheln sein, begleitet von einem erfrischenden galizischen Wein als Überleitung zum Nachtlager, nach einem erfüllten Tag...

Mittwoch 4. März 1987, Aschermittwoch, café au lait au lit und dann zur Kathedrale, der bedeutendsten Schöpfung romanischer Kunst in Spanien, im 11. Jahrhundert begonnen, im Jahr 1211 eingesegnet, aber Jahrhunderten weiteren Bauens ausgesetzt – jetzt ist sie Ziel und Quintessenz der Pilgerfahrt hierher. Es ist bereits 10.30 Uhr – spät für ein Aschenkreuz – aber beim Durchstreifen der Kathedrale plötzlich Konfrontation mit der Celebration einer Messe in deutscher Sprache, in der Krypta des Sankt Jakob, vor dessen Schrein, – ausgeführt von fünf Priestern aus Essen, die damit den Tag ihres zehnjährigen Priesterjubiläums feiern... ein tiefbeeindruckendes Erlebnis wie überhaupt diese Kathedrale, aus dem romanischen Ursprungsbau durch alle Epochen weiterentwickelt und bereichert, durch ihre beglückende Harmonie Hochstimmung erzeugt. Über den Plaza Immaculada ins Freie, Verschnaufpause nach dem Erlebten und hier nun Beeindruckung durch einen der Plätze, einer Raumfolge, die von der Kathedrale mit den umliegenden Quartieren gebildet wird: großartig! – Bummel durch die Stadt, die nun ohne Pilger ihr vitales Alltagsleben zeigt, welches stark von der Innenstadt-Universität geprägt wird. – Diese wunderbare Stadt wird man wieder und wieder besuchen müssen, wenn man ihre räumliche Vielfalt und städtebauliche Schönheit ganz ausschöpfen will. – Erschöpft wird schließlich in der Calle S. Clemente vor einem kleinen Fischrestaurant in der Sonne Platz genommen und bei Paälla, Stonecrabs und weißem Wein Raum und Zeit vergessen. Gegen Abend dann erneuter Anlauf zur Stadtergründung mit dem Zeichenstift und letztlich dann, nach einem Merlan in dem Kellergewölbe des Hotels eine erquickende Nacht... und nach café au lait au lit... schöner Beginn des neuen Tages des 5. März, für den eine Exkursion ans „Ende der Welt" geplant ist, zum Cabo Finisterre. Der Morgendunst weicht schnell der wärmenden Sonne. Schöne Fahrt zunächst nach Padron, dem Ort, an dem der Leichnam Santiagos angelandet sein soll, heute eher unbedeutend, überragt von der Collegiata Santa Maria – dann zur Riviera von Barbanza, entlang einer Halbinsel, welche durch fjordartige Flußmündungen des Ria Ulla und Tambre gebildet wird. Auf kurvigen Straßen, linker Hand den Meeresblick, durch kleine Fischerdörfchen mit plötzlich grell bunt gestrichenen Häusern und auffallend charakteristischen Hórreos, Speicherbauten aus geschlitzten Natursteinplatten, aufgestelzt mit „Mäusescheiben", dienen der Lagerung von Früchten und Getreide. – Mittags in Noya, schönes mittelalterliches Städtchen mit berühmtem Fischmarkt. Die aus dem 15. Jahrhundert stammende Iglesi di San Martin gliedert die Innenstadt in bezaubernde Räume. Vesper in einem typischen Lokal mit offenem Schankraum und dahinter liegendem Speisezimmer; Muscheln und Seespinne sind das Thema, und etwas Käse. – Auf der weiteren Fahrt wird es einsamer und dunstiger bis schließlich dichter Seenebel den Nachmittag verhüllt. Die Landschaft bekommt etwas mystisch gespenstisches, Felsformationen in endlosen Variationen lassen an Nordländer denken. – Schließlich am Kap. Der Faro ist von Dunst umschleiert – das „Ende der Welt" durch die undurchdringliche Nebelwand glaubwürdig dargestellt – durch schmerzhaft grelles Gellen der Nebelhörner kommt „jüngste Gericht" Stimmung auf. – Zurück bei rasch einfallender Dunkelheit, gegen 22 Uhr glücklich wieder im Hotel, letzter Gang in die abendliche Stadt, hier in Nordspanien ist 14 Uhr Mittagessen und ab 22 Uhr beginnt die Abendmahlzeit – letztmalig, zum Abschied müssen es Vieiras sein (Jakobsmuscheln) und Lobster – dann wird gepackt, zum frühen Start am 6. März, mit dem Flugzeug nach Bilbao – von dort aus mit dem Mietwagen über die Autopista, bei schöner Sonne, durch typische Mittelgebirgslandschaft gen San Sebastian. Abstecher nach Loyola, dem Geburtsort des Hl. Ignatzius. Die monumentale Rundkirche mit 56 m hoher Kuppel entspricht in ihrer Intellektualität, trotz aller Pracht, dem Bild, daß man sich von dem hier manifestierten Jesuitenorden macht. –

San Sebastian, eine elegante großzügige Seebadestadt, die weit großstädtischer wirkt, als die 160 000 Einwohner vermuten lassen. Herrliche Lage an der Bahia de la Condia, eine der schönsten Atlantikbuchten des Golfo de Vizcaya. Abschiedslunch in einem typischen Altstadtlokal mit herrlichem Fisch – und vorher der köstliche Jambon des Landes. –

Der Rest der Strecke deckt sich mit der Hinfahrt vor genau 7 Tagen –, unglaublich, da das Zeitgefühl von den zahllosen und vielfältigen Eindrükken und Erlebnissen total überlagert wurde. – Gegen Abend Ankunft Bordeaux Innenstadt, Grand Hotel mit eher bescheidenem Flair, Farewell Diner in einem eleganten Lokal mit Leberpastete und Canard und kurzer

Nacht bis zum Aufstehen um 4.30 Uhr am Samstag 7. März –
Flug nach Paris – Tagesaufenthalt mit Frühstück in der Résidance maxime, um diese Novität kennenzulernen, dann Schlangestehen vor dem Musée d'Orsay, kritische Betrachtung des umgewandelten großartigen Gründerzeit-Bahnhofs zum Zentralmuseum für die Kunst des 19. Jahrhunderts – die dazu von der italienischen Architektin Gae Aulenti eingesetzten Mittel erscheinen zu schwer, zu monumental, kunstfeindlich. Die Exponate selbst nicht repräsentativ genug für diese Epoche – anschließend Musée Rodin, ohne Darbietungsaufwand, großartige Meisterwerke – nur Michelangelo war größer. Das unwiderruflich letzte Essen findet am Boulevard St. Germain statt im Apollinaire Austern, Coquille St. Jaques, frommage, Margaux: standesgemäßer würdiger Abschluß einer phantastischen Fahrt, über die „Straße der Baumeister" bis ans Ende der Welt.

HOSTELLERIE DU
CHATEAU
FERE-EN-TARDENO
1.V.87

MORT (MARNE)
Jean
87

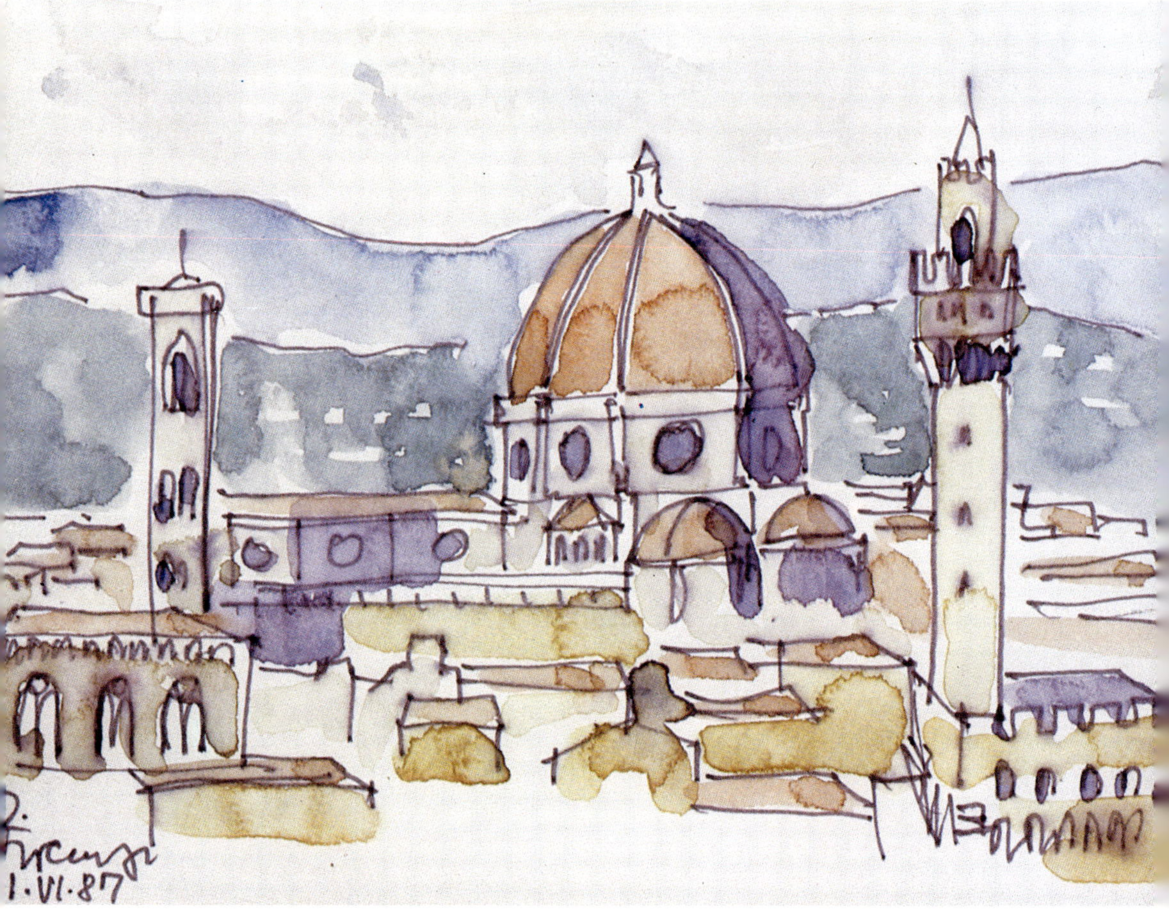
1·VI·87

Strada Santa Sofia
Brasov VI/87

Tenuta di Piazzo
Castellina in Chianti
16.6.87

Tenuta di Ricavo
Castellina in Chianti
16.6.87
D.

Cala es Grao
18.7.87 D.

a Formentor aus
'87
4 '94

23.7.87
Cala Santa Pousa
D.

in der Bucht von Andraitx 7³⁰
24.7.87 P.

Tokio

11. – 17. Oktober 1987

Münster 10. Oktober 1987,

10.20 Uhr Abflug via Frankfurt, von Ffm. mit der Lufthansa LH 700, via Hamburg nach Tokio. Ziel der Reise, das erste Planungsgespräch mit Takahiko Yanagisawa betreffs Ausführungsplanung für das neue Nationaltheater in Tokio, für das wir im Mai 1986 gemeinsam mit Prof. Adolf Zotzmann den „Grand Prix" in einem internationalen Wettbewerb gewannen. – Das ist nun schon einige Zeit her, aber nun wird es ernst mit der Realisierung.

Vorbereitung auf die Reise ohne alle Hektik. – Einrichtung im Jumbo-Jet der Lufthansa auf den 16stündigen Flug. Zeit zum Lesen, zwischendurch Unterbrechungen wie üblich, durch kleine Mahlzeiten, Film, Schlaf, Gespräche mit dem netten Sitz-Nachbarn aus Tokio, Mr. Sato, Präsident einer Maschinenfabrik, der gerade von seiner Geschäftsreise aus Deutschland zurückfliegt. – Flughöhe 10 000 m, Geschwindigkeit 960 km/h. – Zwischenlandung in Alaska, Anchorage. Man verliert das Zeitgefühl auf diesem Flug gegen die Zeit. – Nach einer Stunde Aufenthalt in dem kleinen US Airport mit seinen großen Waren- und Andenkenangeboten geht es mit einer neuen Crew weiter. Die erste Etappe war 8 ½ Stundenflugzeit lang, nun noch einmal 7 ½ Stunden bis zum Ziel – noch einmal der gleiche Verlauf. Ich stelle meine Uhr auf Tokio Ortszeit um, wo wir um 15.45 am Sonntag, acht Stunden später als unsere Ortszeit landen. – Nach der üblichen Abfertigung Abholung am Flughafen durch Hidemi Ito, ehemaliger Mitarbeiter, nun Projektleiter des Theaterplanungs-Teams. – 70 km Fahrt durch die Stadtlandschaft zum Hotel Palace, am Kaiserlichen Garten. 18 Uhr bei der Ankunft.

Anruf im Imperial-Hotel bei Lothar und Kathrin Lammers, die auf einer Weltreise – Zufall – gerade an diesem Tag dort den 60. Geburtstag von Kathrin feiern – um 19 Uhr frisch gerichtet beim festlichen Geburtstagsessen im französischen Restaurant, werden die Nachrichten aus Deutschland gegen die Reiseerlebnisse der Weltreisenden ausgetauscht. – Zum Nachtisch gibt es die Geburtstagstorte und „happy birthday" Ständchen, dem sich alle Restaurant-Besucher anschließen. – Tiefschlaf.

Montag, 12. Oktober,

7.30 Uhr Aufstehen, es regnet. Blick aus dem Fenster auf die grau verhangene Stadt mit dem verträumten, von breiten Wasserflächen umgebenen Kaiserlichen Garten. 9.30 Uhr Abholung von der Chefsekretärin mit livriertem Chauffeur zum Büro von TAK ASSOCIATED ARCHITECTS INC. Wiedersehen mit dem Planungspartner des Opernhauswettbewerbes Takahiko Yanagisawa (endlich habe ich mir den Namen eingeprägt), Vertragsverhandlung mit Y., President of TAK, Satoru Sugiyama, Vicepresident, Hidemi Ito, Senior Associate for design, Wolfgang Waita, dem

Dolmetscher. – Es geht zunächst um meinen Status für die Mitarbeit in der Vorentwurfsphase, die Ende Dezember abgeschlossen sein muß. Neben dem Austausch von Höflichkeiten, zähes Ringen um die Frage als Co-Architekt oder Consulting Arch. – Ergebnislos wegen grundsätzlicher Meinungsverschiedenheiten. Dann meine Forderung nach Gewährleistung meiner Weiterbeteiligung bei den weiteren Planungsleistungen. Auch hier kommt es zu keiner Übereinkunft. – Unterbrechung durch ein gemeinsames Mittagessen in einem nahegelegenen japanischen Restaurant in Kanda Nigliki – Uto mit Tempura und anderen unaussprechlichen Sachen. Das Essen mit Stäbchen geht noch ganz gut. Freundlicher small talk. Anschließend Fortsetzung der Verhandlung. Neues Thema: Honorar. Für zwei je fünf Tage währende „face to face" Arbeitsdiskussionen über Fragen von Funktionen und architektonischer Gestaltung werden 1,2 Mio. Yen geboten, das sind etwa 15 000 DM. –

Gegen 17.30 Uhr Vertagung auf den nächsten Tag. – Telefon-Kontakt mit daheim: Der ehemalige schleswig-holsteinische Ministerpräsident Uwe Barschel ist im Bad seines Hotelzimmers in Genf tot aufgefunden worden. – Drama! Abendessen mit Ehepaar Lammers im Imperial, ihr letzter Abend in Japan vor der Weiterreise nach Taiwan. Die Stadt ist nun, im Gegensatz zum ruhigen Sonntagabend ein zuckendes farbiges Lichtermeer mit unendlich rollendem Verkehr.

Der Dienstag, 13. Oktober 1987 beginnt mit Morgensonne. – Die erneute Durchsicht meines Cooperationsvertrages für das „joint venture" zum Opernhauswettbewerb bestärkt mich zur Standhaftigkeit für die bevorstehende Vertragsverhandlung des heutigen Tages. – 9.30 Uhr Abholung durch die Chefsekretärin im Hotel. – So und nun um 18.00 Uhr, nach Rückkehr aus der zweiten Verhandlungsrunde ist der erfolgreiche Abschluß einer Vereinbarung zu vermelden, die zur allseitigen Zufriedenheit verlaufen ist. Meine Verhandlungspartner sind letztlich durch meinen Vorschlag verblüfft worden: Ich bin Co-Architekt des Projektes, das heißt neben dem Auftragnehmer der mitverantwortliche Architekt für die Gestaltung des Objektes, mit 25 % Gewinnbeteiligung – wie immer der Gewinn ausfallen wird, wenn Null oder Minus, dann ohne weitere Ansprüche – bei voller Übernahme aller meiner Unkosten. Die Japaner haben sich für die Ehre meines Vertrauens bedankt und zum Abschluß wurde, nach Unterzeichnung der Vereinbarung SAKE getrunken. – Alle waren sehr zufrieden mit dem Ergebnis des zweitägigen Ringens um diese Lösung, die ohne Gesichtsverlust erreicht wurde. – Kurz vor meiner Rückfahrt ins Hotel rief Adolf Zotzmann, der Theateringenieur und Planungspartner an, daß er soeben angekommen sei. – Wir verabreden uns zum Abendessen. – Vor der Abholung am Morgen hatte ich noch eine Aquarellskizze, aus dem Hotelzimmer-Fenster, Blick auf den Kaiserlichen Garten, gemacht, die nun eine Erinnerung an diesen 13. Oktober 1987 ist.

Mittwoch, 14. Oktober 1987

Der gestrige Tag endete mit einem gemeinsamen Abendessen mit dem soeben eingetroffenen Adolf Zotzmann im Crown Restaurant im 10.

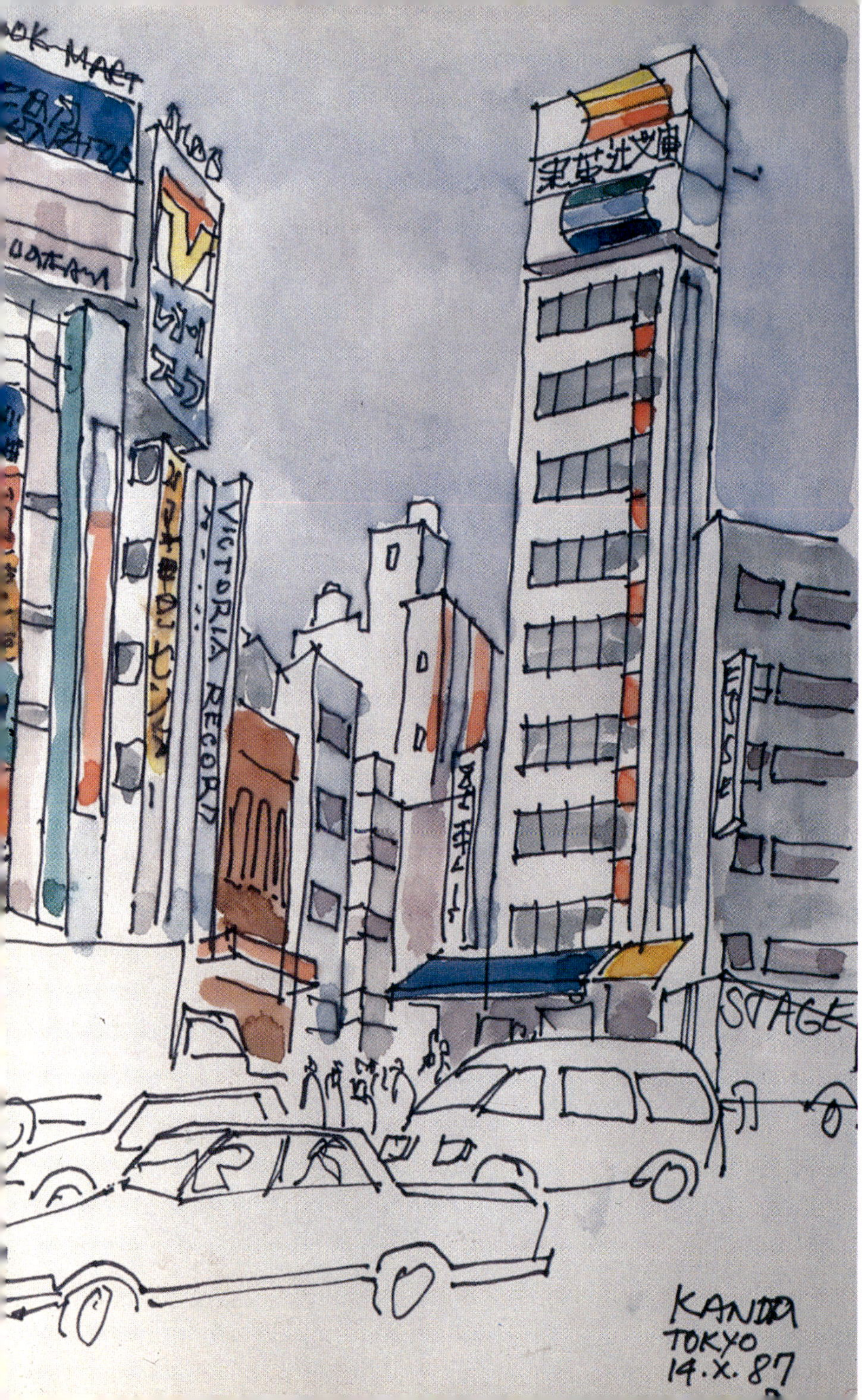
VICTORIA RECORD
STAGE
KANDA
TOKYO
14.X.87

Stock unseres Hotels – Blick auf das Lichtermeer der Stadt und den ruhelos rauschenden Straßenverkehr. Nightcup in der Lounge mit „tour d'horizon".

½ 10 Uhr holt uns die Sekretärin von TAK, wie üblich mit livriertem Chauffeur im Palace ab zur ersten eigentlichen „face to face" Arbeitssitzung. Das Projekt wird anhand der Pläne vorgestellt und dabei die inzwischen vorgenommenen Änderungen gegenüber dem Wettbewerbsentwurf erläutert. Im wesentlichen geht es dabei um geringfügige Verbesserungen. Es hat sich gezeigt, daß die ursprüngliche Planung im Grundsatz nicht verändert werden mußte. Nur – und das gibt dann harte Diskussionen mit den Beteiligten – aufgrund von Einsprüchen und Anregungen aus dem inzwischen gebildeten Baukomitee, dem offenbar Angehörige des Bau- und Kultusministeriums und Theaterfachleute zugeordnet wurden, sind die Proszeniumszonen verändert worden. Ebenfalls wurde das Werkstatttheater unfachmännisch weiterentwickelt. Es zeigt sich, daß die Berater offensichtlich aus dem eigenen Erfahrungshorizont des traditionellen Theaters, des Kabukki, unsere Vorschläge, die auf dem europäischen Theater und seinen dramaturgischen Anforderungen basieren, verkannt haben. Das Neue Nationaltheater mit dem Opernhaus, Schauspiel- und Mehrzweck-Studio-Theater soll für westliche Kultur eingerichtet werden, was darauf bezogene Bühnentechnik erforderlich macht. Dabei ist gerade die Proszeniumszone abweichend von der japanischen Tradition. Wir wollen keine starre Guckkasten-Fixierung, sondern einen anpassungsfähigen Übergang von den Auditorien in das Bühnengeschehen. Die Japaner haben versucht, die typische Kabukki Szenerie mit dem Bühnenrahmen zu versehen. – Dagegen wird vor allem von Adolf Zotzmann leidenschaftlicher Widerstand geleistet. Wir tragen die Verantwortung für eine den gewandelten Erkenntnissen entsprechende Lösung. Die neuesten Erfahrungen des europäischen Theaterbaues müssen für dieses Projekt realisiert werden, wenn es seiner Aufgabe und Zielsetzung gerecht werden soll.

Die Argumentationen lösen bei unseren Gesprächspartnern Betroffenheit aus, man hatte doch auch das Beste gewollt. – Gegen 17.30 Uhr zunächst Ende der Diskussion, zurück zum Hotel – wir sind um 19.30 Uhr vom Botschafter der Bundesrepublik, Dr. Hans-Joachim Hallier und seiner Frau Almuth zum Diner in die Residenz geladen. Es findet zu Ehren des Präsidenten vom Bundesrechnungshof Zavelsberg statt, mit einigen anderen deutschen und japanischen Gästen aus der Wirtschaft. Lobende Erwähnung von uns anwesenden deutschen Theaterplanern. – Ich bin zwischen zwei, leidlich deutsch sprechenden japanischen Damen plaziert – der Frau des Bankiers, der lange die Bank of Tokio in Düsseldorf geleitet hat und einer Diplomatenfrau, deren nun pensionierter Mann, einst Finanzattaché der Japanischen Botschaft in Bonn, zuletzt Finanzminister in Tokio war. – Die Frau des Botschafters ist entzückt über das von mir mitgebrachte Skizzenbuch, da sie selbst zeichnet und malt. – Nettes Abschiedsgespräch mit der Aufforderung, Kontakt zu behalten. Ein schöner Ausklang dieses „heißen" Tages – an dem übrigens auch die Sonne schien.

Donnerstag, 15. Oktober, der Tag beginnt nebligtrüb mit leichtem Regen. Um 10 Uhr tagen wir heute mit dem Subsidiary Building Committee, wieder im Büro von TAK. Es geht um das mittlere Theater. Vorher heftiger Austausch von Visitenkarten mit den committee-members. Es sind vor allem Sumio Yoshi, Managing Director der japanischen Beleuchtungs-Gesellschaft, Hisanori Fujimoto, Director des Theater Ingenieur Instituts und Dr. Kyonosuke Kotani, Architekt, Prof. der Nihoh University und Beamte des Bau- und Kultusministeriums. Interessant die Teilnehmer, insgesamt mit den Büromitgliedern von TAK etwa 20, von ihren Physiognomien her zu studieren. – Wenn man aus westlicher Sicht *den* Japaner als Typus sieht, so differenziert sich diese Vorstellung bei einer derartigen Gelegenheit außerordentlich stark. Es gibt kaum noch einen gemeinsamen Nenner und es fällt gar nicht schwer, die einzelnen Charaktere und ihre unterschiedliche Profession zu unterscheiden: Den Architekten vom Beamten, den Ingenieur vom Künstler. – Es gibt eine sehr lebendige Diskussion, die getragen ist vom gegenseitigen Bemühen und Verständnis der unterschiedlichen Standpunkte. Erfreulich die Toleranz, die eine Offenheit zeigt, da es allen Diskussionsteilnehmern offenbar doch darum geht, die hier gegebene Chance, ein bestmögliches Ergebnis zu erzielen, auch zu nutzen. – Das steht im Gegensatz zu der uns vorher beschriebenen Fixierung des Komitees auf eine bereits festgefahrene Vorstellung. Es wird auch viel gelacht und die Atmosphäre ist entspannt. – Das Mittagessen wird aus dem Karton während der Arbeitssitzung serviert – die Sekretärinnen überbieten sich im liebenswürdigen Bedienen – da steckt noch die Geishatradition drin. – Um 16.30 Uhr Ende – noch ein Gang durch das office, wo auf engstem Raum, Ellbogen an Ellbogen, Architekten, Haustechniker und Statiker emsig an der Arbeit sind. – Anschließend – es regnet immer noch – ein Gang durch die shopping arcade des Hotels und ein schönes ruhiges Abendessen im Dachrestaurant mit Muscadet.

Freitag, 16. Oktober

Es regnet noch – Ausläufer eines Taifuns wie man uns sagt. In der Morgenzeitung ein Bild von U. Barschel, tot in der Badewanne seines Hotelzimmers in Genf. – Das ist offenbar auch in Japan interessant.
Im Büro von TAK wird die Arbeitsbesprechung über die Bühnentechnik der drei Häuser fortgesetzt. Am schwersten tut man sich mit dem Werkstatttheater. Man hat in der eigenen Planung als Grundmodul das TATAMI (Matten)-Maß von 0,91/1,82 zugrunde gelegt, das alte traditionelle Grundmaß, auf dem das klassische japanische Haus basiert. Dieses läßt sich aber in gar keiner Weise mit den funktionellen Anforderungen vereinbaren, denen das Maß des Theaterstuhles von 0,53/0,53 plus Gangbreite von 0,95 m zugrunde liegen muß, das heißt also mindestens 0,53/1,48 oder 1,10/3,00. Man ist gar nicht in der Lage offenbar dieses Faktum anzuerkennen und sagt, daß die Entscheidung darüber „höheren Orts" gefällt werden muß. Aber auch höheren Orts wird man nichts an den durch den Theaterbesucher vorgegebenen Tatsachen ändern können. Da wird man über den eigenen Schatten springen müssen ohne das „Gesicht zu verlieren". – Mittagspause in einem kleinen japanischen Restaurant mit Begleitung auf einem alten Instrument. Es sieht aus wie

ein alter halbierter Baumstamm mit aufgespannten Saiten. – Dann um 16 Uhr Erfrischungspause und Vorbereitung auf eine Bier-Abschiedsparty im Büro. – Dazu wird der große Tisch des Sitzungszimmers, der tagelang mit Zeichnungen bedeckt war, in ein Buffet umgewandelt. Große Platten mit typisch japanischen Häppchen in allen Regenbogenfarben und an Grafiken erinnernden Arrangements werden aufgetragen, dazu Bier und Whisky. Der Planungsstab versammelt sich, junge Leute, adrett angezogen, sortiert nach Statikern, Architekten und Haustechnikern mit ihren Abteilungsleitern, von denen sie vorgestellt werden. Gute Stimmung. Ansprachen werden gewechselt, Scherze gemacht. Schließlich erhalten Zotzmann und ich je die Gesamtdokumentation des Wettbewerbes mit Widmung und den Unterschriften aller leitenden Beteiligten. – Um 20 Uhr großer Abschied mit guten Wünschen und Aufwiedersehen. – Ausklang im Crown Restaurant unseres Hotels.

Samstag 17. Oktober, die Ausläufer des Typhoons sind da, mit Wind und Regen und sich auflockernder Bewölkung. Wir sind um 11 Uhr mit Mr. Ito verabredet zur Besichtigung eines neuen Konzertsaales. Vorher noch in die Kaiserlichen Gärten, die vor dem Hotel liegen, nun am Samstagmorgen gibt es die Gelegenheit hineinzugehen. – Draußen zunächst ein Schock: warme Treibhausluft, die wohl im Gefolge des Taifuns zugeströmt ist – Föhn in Potenz und ich merke nun auch seine Auswirkungen – oder sind es die Nachwirkungen vom gestrigen Abschiedsabend – vielleicht beides. Sonne bricht durch die Wolken, ein wunderbares Licht über den herrlichen Gartenanlagen. Schöne alte schwarz-weiße Eingangsbauten mit herrlichen alten Holztoren – grimmige Wärter und emsige Bewachungspolizei, an denen man sich kaum vorbeitraut – grandiose Steinmauern aus granitenem Zyklopenmauerwerk stehen wie Stauwehre im Raum und gliedern die Wegeführung, die in harmonischen Windungen das Areal erschließt. Ab und zu auch hinreißende Gebäude aus bester japanischer Tradition – und die Anlagen – nie ist mir das so klar geworden – sind gebändigte Natur, nein, zur höchsten Kultur gesteigerte Grünräume. Ich frage mich, ob das nicht noch mehr ist als Baukunst, da die Materie unberechenbar ist, noch mehr der Intuition und einfühlsamer Handhabung bedarf. Ein großes Glücksgefühl beschwingt einen im Nachvollzug dieser phantasievollen sensiblen Naturbewältigung. Ich weiß nun noch stärker als bisher was Gartenkunst ist. – Im Hotel holt Mr. Ito uns ab zu der vorgesehenen Besichtigung der Suntory-Halle, des Konzerthauses, das in einem Ensemble weiterer Gebäude um einen innerstädtischen Plaza kürzlich neu geschaffen wurde, gesponsert von der Whisky Firma Suntory. – Wir werden geführt – architektonisch kann man das ganze vergessen, ein hilfloser Versuch, die Berliner Philharmonie zu imitieren – selbst die Plexiglas-Segel, die in Berlin nachträglich zur Akustik-Verbesserung eingehängt wurden, fehlen nicht. – Eigentlich unerträglich wie spießig das ganze ist. – Im benachbarten, ebenfalls neu errichteten ANN-Hotel, architektonisch etwas besser, gibt es den Abschieds-Lunch im sehr guten französischen Restaurant und damit die Einstimmung zur Rückkehr in die westliche Welt. – Zurück zum Hotel, mit dem Airportbus zum Flughafen, noch etwas Wartesaal und dann ab geht's mit Japanese Airlines, via Anchorage, Richtung Heimat.

anchorage
1.IV.89

Der Weg von Santiago de Compostella / Retour
20. – 26. Oktober 1987

Soeben von Tokio, von einem anstrengenden „face to face" meeting, der ersten gemeinsamen Planungsbesprechung mit den japanischen Kollegen über das Opernhausprojekt zurück – ein Tag Zwischenaufenthalt, um im Haus und Büro Aufgelaufenes zu erledigen – dann geht es wieder auf die schon lange vorgeplante Reise.

Im Februar habe ich den Camino in Ost-West-Richtung befahren. – Nun soll die Reise von Santiago de Compostella aus in West-Ost-Richtung erfolgen, um vieles seiner Zeit Übersehene kennenzulernen.

Flug nach Santiago – im Flughafen Düsseldorf erste Panne, der Flug ist vom Reisebüro irrtümlich einen Tag später gebucht – aber es gelingt noch, das zu korrigieren, sogar mit besseren Verbindungen, späterer Abflug dafür frühere Ankunft – Vorfreude kommt auf, gespannte Erwartung auf die Wiederbegegnung mit vielen bekannten Orten – schöner Flug nach Barcelona mit LH – von dort unter primitiveren Flugbedingungen nach S.d.C. – Rent a car und in der schnell sich ausbreitenden Dunkelheit in die Stadt, zum Hostal de los Reyos Castdicos, dem von Isabella von Castilien und ihrem Gemahl im 16. Jahrhundert um vier Innenhöfe großzügig angelegten Hospital – heute großartiges Hotel, am Plaza del Obradoiro (heute Plaza d'Espana), einem der schönsten Plätze der Welt. Majestätisch steht die Kathedrale vor dem schwarzen Abendhimmel, über den rötliche Wolken ziehen. Herrliche frische Luft nach der fast unerträglichen Schwüle in Barcelona – vor nur wenigen Tagen sind gewaltige Unwetter über Galizien gezogen, nun scheint es aufzuklaren, comme il faut. Schönes Abendessen – natürlich coquille St. Jaques – in dem stimmungsvoll von Gewölben bestimmten Restaurant im UG des Hotels und nach schönem Ausklang im bereits bekannten Zimmer 330 eine erholsame Nacht. Im Gegensatz zum ersten Besuch im Februar herrscht lebhafter Betrieb im Hotel, viele Gäste, offenbar ausländische Teilnehmer von Kongressen, vermutlich an der sehr renommierten Landesuniversität.

21. Oktober 1987, der Tag beginnt mit rauschendem Regen. – So also soll es typisch sein in Santiago; viele behaupten der Regen gehöre zu Galizien und zumal zu dieser Stadt – nun gut, man wird damit fertig werden. Heute steht Stadtbegehung auf dem Programm, Vertiefung bestehender Eindrücke. Natürlich beginnt alles mit der Kathedrale und am Grab des

Santiago de Compostella
21.X.87

Blick aus dem Fenster beim Mittagessen in LA TRINIDADE

Cap Finisterre
das Ende der alten Welt
22.X.87

hl. Jakob. – Das Kirchenbauwerk ist von den verschiedensten Bauepochen geprägt, letztlich dann im 18. Jahrhundert in die jetzige Gestalt gebracht worden. Nach allen Seiten wird über sehr unterschiedliche, jeweils in ihrer Charakteristik einmalige Plätze Anschluß an das Gefüge der Altstadt gefunden: die Plaza Immaculada, Plaza de la Quintana, Plaza de las Plasias und der bereits genannte Pl. del Obradoiro sind sicher die wichtigsten und eindrucksvollsten Freiräume der Stadt, aber das städtische Gefüge ist darüber hinaus ein einziges Wechselspiel von Straßen und Plätzen, Gassen und Treppen, ein unergründliches und unerschöpfliches Studienmaterial für den an Stadtgestaltung Interessierten. – Am Rande der Altstadt eine Neuentdeckung: die Markthalle – ein Doppelgebäude mit maßvoller Längsschiffstruktur und einem vitalen Treiben des Handelns und Wandelns. Die Produkte des Landes, Fische und Krustentiere aller Arten und Sorten und Größen, landwirtschaftliche Erzeugnisse, Schlachtvieh – das ist alles, natürlich schön sortiert in endlosen Präsentationen dargeboten. – Der Rundgang endet im bereits bekannten ursprünglichen Ristorante la Trinidade – über die Tappas mit dem Aperitivo erfolgt der Einstieg: Austern, Stonecrabs, eine herrliche Paäla und dazu ein frischer Landwein – Ende der Stärkung gegen 17 Uhr – zurück zum Hotel, Siesta... und dann noch ein Abendgang in die Stadt, die Sträßchen und Gassen quellen über von hindurchströmenden Studenten, alle mit Schirmen bewaffnet – in der Via Franco: Wein aus Tassen, und dann nach kurzem Lesestündchen Tiefschlaf.

22. Oktober 1987, zeitiger Aufbruch zum Cap Finisterre, das Ende der alten Welt. – Beim vorigen Besuch, Anfang März hatte plötzlich aufkommender dichter Seenebel die Sicht verdeckt, ohrenbetäubende Nebelhörner aus dem Leuchtturmhaus jagten einem Angst und Schrecken ein, die Fahrt dorthin war eine „aussichtslose" – die Rückfahrt in der Dunkelheit das buchstäbliche Suchen mit der Stange im Nebel, die Rückkehr schließlich ein Glücksfall. – Der zweite Versuch erfolgt nun so zeitig, daß der Rückzug nach menschlichem Ermessen gesichert ist. – Helmut Domke hat in dem Reisebuch über „Nordspanien" (Prestel Verlag) die Situation Galiziens an der Atlantikküste großartig beschrieben und dramatische Schilderungen der Meeresstürme gegeben, denen Mensch und Kreatur in dieser Nordwestecke Spaniens ausgesetzt sind, – die herbe, karge, rauhe Natur ist von ihnen geprägt. Und die vom Menschen hinzugefügte ursprüngliche Bebauung ist einfach und klar, durch die schwere Bearbeitbarkeit des Urgesteins, auf das Notwendige reduziert. Die ganze Region Westgaliziens bestimmenden Horréos, die charakteristischen steinernen Speicherbauten sind in ihren typisierten, unverwechselbaren Erscheinungsformen Beweis dafür. Auch die großen steinernen Pilgerkreuze deuten auf eine unglaubliche Übereinkunft in den Ausdrucksformen über weite Distanzen und lange Zeiträume hinweg. Neben den archaischen Bauformen der vornehmlich romanisch geprägten Bauwerke steht dann der unglaubliche Reichtum des ornamental ziselierten Granits aus der barocken Phase, vornehmlich auf Santiago konzentriert. Dort wurde mit einer gewaltigen Kraftanstrengung im 18. Jahrhundert die heutige Struktur der Stadt mit ihren atemberaubend schönen Plätzen und Treppenanlagen geschaffen, ohne das Mittelalter dabei zu zerstören. – Wie erbärmlich, simpel, modisch, ungekonnt und unsensibel

steht daneben, vor allem in den kleinen Städtchen und Dörfern, oder auch frei in der Landschaft die neue Zeit – aber es sollte ja über den heutigen Tag berichtet werden – 12 bis 15°, etwas schwermütig verhangener Himmel, schöne Stimmung durch das sich durch Wolkenformationen kämpfende Licht. – Die vom seinerzeitigen Rückweg bekannte, vielfach gekrümmte Straße nach Noya führt durch Wald und Feld, hügelauf, hügelab, durch verträumte Orte und dann durch Fischerdörfer an Meeresbuchten entlang. Es ist Ebbe, so weit das Auge reicht Watt, aber immer wieder mit Hintergrund versehen durch blau erscheinende Höhenzüge – im Watt arbeiten Schwärme von Fischerfrauen, bis zum Bauch in Wasser und Schlick – die Fischer, soweit nicht auf dem Meer, warten palavernd auf die Flut. Immer neue Blicksituationen und Landschaftsformen, bis dann aus Geröllfeldern die gigantischen Felsformationen den Kontrast bilden zum auf der anderen Straßenseite heute friedlich und harmlos daliegenden Meer. Einzelne Häuser von rührender Unbekümmertheit, Ochsenkarren mit hölzernen Scheibenrädern von methusalemischen Frauen begleitet, deren Köpfe von großen Strohhüten bedeckt sind, ohne Sonne abwehren zu müssen. Ein archaisches Land, ab und zu durch schreiende Farben der Kleinstvillen geschockt – vielleicht benötigt man das zur Abwehr der depressiven Realität. Die Rias Bajas und Rias Galegas, heute noch Küste der Toten (Costas de los muertes) genannt – déjà vue – auch dieses Mal die Fischerhäfen durch die abgelaufene Flut verschlickt – weiter, Kaffeestop an einer Straßenbar – man kann keinen einzelnen Kaffee machen – gut, eine Gintonic tut es auch, es muß dabei gezeichnet werden – nach vorne der Blick über eine Bucht – nach rückwärts ein Horréo, was Argwohn einer alten Einwohnerin auslöst – und dann die letzte Strecke nach Cap Finisterre, gegenüber dem Ersterlebnis nun normal und ohne Dramatik – üppige Hortensienbüsche fallen auf, wohltuende Milderung der Kargheit. – Endlich das Leuchtturmwärterhaus am Cap, friedlich zur Mittagszeit außer Dienst, ohne das hysterische Brüllen der Nebelhörner – Blick über eine ruhige, von Fischerbötchen getupfte See bis an den Horizont, dem damaligen Ende der Welt. Auf dem Weg in den Hafen von Finis Terrae Stop an einer alten Pilgerkirche, daneben der Friedhof, vom Geschmack des gewandelten Zeitgeistes verändert. Übereinandergestapelte Grabraster aus Betonkästen, in den genormten Rahmen ist noch für individuelle Ausschmückung Spielraum gegeben – mehr oder weniger dem Kitschbedürfnis überlassen. In einer Gruftkammer weint laut eine Frau – unten im Fischerhafen wird die Beute angelandet und in der bereits bekannten Spielhöllenkneipe gibt es einen hinreißend zubereiteten Hummer, zum Discountpreis einschließlich dem Wein der Casa. – Entspannt zurück zum Hostal in Santiago, es regnet, endlich auch das erlebt – und mit Blechbüchsen wird von Studenten gegen den Bürgermeister demonstriert. Nach kurzer Rekreation nochmal in die nachtdunkle regennasse Stadt, die von beschirmten Studenten bevölkert ist. Der Schirm ist das von jedem mitgeführte Begleitobjekt. In einem Gasthaus, nach Besichtigung der „ewigen Lampe" am Monasterio di St. Pelayo de Ante – Brot, Schinken und Tita (ein Käse in Busenform). An einer Anschlagtafel immerhin noch entdeckt, daß im Rahmen des V. Festival international de Musica en Compostelle im eigenen Hostal um 22.30 Uhr ein Kammerkonzert stattfindet – damit ist auch der Auftrieb illustrer Gäste erklärt – die rechtzeitige Rückkehr erlaubt daran teilzuhaben. Es gibt J. Hayden, Quartett in dur op. 76 No 2 (De las quintas) und Dvorak moll op 96 (americano). Das Ravel Quartett wird wegen Müdigkeit geschenkt – Tiefschlaf.

Freitag, 23. Oktober, früher Aufbruch zum Camino – nach ausdauernder Suche an der Ausfallstraße, etwas abseits am ursprünglichen Pilgerweg der Mont Joie, der Mont del Gogo, Berg der Freude (oder lat. mons gaudi). Hier fielen die erschöpften Pilger nach endloser, entbehrungsreicher Wanderschaft im Anblick der Türme der Kathedrale auf die Knie mit dem Ruf „mon joie, mon joie!" Die schlichte Capila de S. Marcos wird gezeichnet – dann geht es endgültig auf die Strecke „Camino retour", der Heimweg vom „westlichen Jerusalem", das man erleichtert von der Bürde der Sünde verlassen konnte, aber der Rückweg war nicht minder mühselig und gefahrvoll – eine Rückflugmöglichkeit vom Flughafen Labacolla gab es noch nicht – landschaftlich reizvolle abwechslungsreiche Strecke. In Melid gibt es den ersten Halt – es regnet, was nicht vom Besuch der kleinen romanischen Wallfahrtskirche Santa Maria abhalten kann. Eine Nachbarsfrau schließt auf und ermöglicht den Blick auf Rudimente von Fresken, die zu den schönsten Galiziens gehören sollen. – Weiter, kurzer Abstecher nach Vilar de Donas, wo vom ehemaligen Hauptkloster des Santiago-Ritterordens nur noch die 1134 erbaute Santiagokirche übrig geblieben ist – das Eingangsportal steht weit offen, im Inneren gibt es die berühmtesten Freskenmalereien Galiziens, was keine zu hohen Erwartungen rechtfertigt; romantische Erinnerung an eine große Zeit, trieft nun still vor sich hin von kleinen Gehöften umrahmt. –

Der nächste Haltepunkt, Purtomarin – dieser „Marinehafen" lag einst am Ufer des Minko. Er mußte einem Stausee weichen. Der Ort wurde oberhalb neu gebaut, bemerkenswert gut – Abu Simbel ähnlich wurde die romanische Wehrkirche des Santiagoritterordens aus dem 12. Jahrhundert Stein für Stein abgebrochen und originalgetreu, überraschend originalgetreu als Mittelpunkt des neuen Ortes wiedererrichtet. – Hier gibt es nun eine Mittagsvesper mit Vino Tintos und marinierten Muscheln im neuen Dorfgasthaus. – Frisch gestärkt weiter, überraschend stark steht dann plötzlich am Ortsausgang von Samos das im 7. Jahrhundert gegründete Benediktinerkloster mit seiner im 17. und 18. Jahrhundert zugefügten Kirche, die durch die großartige Renaissancefassade beeindruckt. – Am Triacastella vorbei, mit seiner moosüberwachsenen Jakobskirche, windet sich dann die Straße bergauf nach Cebeiro, durch Wälder und herbstlich braunrot gefärbte, mit Farn bewachsene Hänge, durch Wiesen mit einzelnen, in Schieferplatten gedeckten Gehöften, die im Regen glänzen. Und am Straßenrand unbeirrt „fürbaß" schreitend, ein Pelegrin – unwirklich aber wahr – das gibt es also doch noch: Ein langer, dürrer Mensch mit Stab und Pilgerhut, Jeans-gewandet, roter Rucksack: malerisch! Tief beeindruckend! – Die Temperaturen fallen kontinuierlich von zwölf bis schließlich vier Grad, das Thermometer im Wagen zeigt es digital an. Nebelschwaden verdichten sich zur „Waschküche", gespenstische Stimmung kommt auf und Spannung vor dem Ungewissen. Schließlich ist in 1300 m Höhe die keltische Siedlung mit elliptisch verformten Reetdachhäusern erreicht – in ihrer Mitte, eindrucksvoll die Jakobskirche aus dem 9. – 10. Jahrhundert. – Hier geschah im

La Cruz de Ferro
entre La Maragatería
y el Bierzo
23.X.87
D.

O CEBREIRO
Santuario Monumento Ja
IX - X.
X. 87

CEBREIRO
poblado Prehistorico
X. 87

14. Jahrhundert das Gralswunder, während der Wandlung einer Messe wurde Wein in Blut und Brot in Fleisch sichtbar verwandelt – das Motiv wurde später von Richard Wagner für seine Oper Parcifal verwendet. – Neben der Kirche eine Pilgerherberge von einladender Ursprünglichkeit – dort gibt es einen Kaffee und anschließend wird Kirche und ein Keltenhaus zur Besichtigung aufgeschlossen. – Ein Höhepunkt der Pilgerreise im Doppelsinn der Wortbedeutung, aber es ist bereits ½ fünf, und noch eine große weite Strecke zu bewältigen. Ade und ab geht's wieder in die Niederungen, zunächst nach Villafranca del Biergo, ein romantisches Städtchen, in dem der Rio Valcarce mit dem Rio Burbio zusammenläuft. Hier gibt es, oberhalb der Stadt – die neben dem von Franziskus selbst gegründeten Convento San Franzisco, einem Jesuitenconvent, dem festungsartigen Schloß der Marques de Villafranca u.a., eindrucksvolle historische Bauten besitzt – oberhalb der Stadt also das Santiagokirchlein, in dem Pilger, die sich den beschwerlichen Weg über den Cerbreiro Paso nicht mehr zutrauten, die Vergebung ihrer Sünden erhalten konnten. Dafür gab es das mehrstufige Seitenportal, Puerta del Pardon, Türe der Vergebung. – Leider war sie nun gegen 17 Uhr verschlossen, so daß keine Absolution stattfinden konnte. –

Wieder auf der Hauptstraße geht es nun nach Ponferrada, der Hauptstadt des Biergo, nun am Freitagnachmittag mit starkem Innenstadtverkehr. Verzweifeltes Suchen nach dem weiteren Caminoabschnitt, der von hier aus nach Astorga führt. – Schließlich gibt es jemanden, der den Weg durch das Innenstadtgewirr weisen kann – denn der normale Verkehr nimmt den Weg über die route national, und diese nur ist ausgeschildert. – Man versteht es sofort, wenn man auf dem schmalen, sich schnell in die steilen Höhen des Gebirges zum Rabnal-Paß windenden Sträßchen ist zum Teil von tiefen Schlaglöchern deformiert, durch faszinierende Gebirgsformationen führend. Sonne versucht durch den verhangenen Himmel zu brechen, zauberhafte und unwirkliche Lichtstimmung: Caspar David Friederich hätte die Staffelei aufgestellt. – Es geht durch menschenleer erscheinende Gebirgsdörfer, schließlich – es muß Manjarin sein – ein verlassener und dämonisch verfallener Ort – die Fahrt wird durch Nebelbänke stellenweise orientierungslos, die Temperaturen fallen auf drei Grad, die Straße klettert auf 1500 m – und dann am Paß – es ist 18.30 Uhr – im letzten Tageslicht endlich das „Cruz de Ferro". Unmittelbar aus dem Straßenweg türmt sich der Hügel auf, der von Pilgern über Jahrhunderte hin in Kegelform aus mitgebrachten Steinen geschaffen wurde. Aus ihm ragt eine gekrümmte Rundholzstange, auf deren oberem Ende ein Kreuz aus Eisen. Ein Mal von großer Einfachheit, deswegen wohl so ergreifend, und jetzt im Gebirgsnebel nach anstrengender Fahrt steht man wie gebannt davor. Erinnerungen an Cap Finisterre werden ausgelöst – dort das Ende der sichtbaren Welt – hier der Punkt des Camino, der dem Himmel am nächsten liegt – ein tiefes Erlebnis, das unvergeßlich bleiben wird, das den Nachvollzug der für uns heute kaum vorstellbaren religiösen Kraft der damaligen Frömmigkeit möglich macht. –

Dann durch die schnell hereinbrechende Dunkelheit nach Astorga, durch das lebendige Städtchen hindurch auf die Zielgerade nach Leon, der letzten Tagesetappe. – Einkehr im Hostal St. Marcos, der einstigen Hochburg der Ordensritter von Santiago, im 16. Jahrhundert an Stelle eines Klosters und Pilgerhospizes errichtet. – Rekreation nach einem langen Pilgertag mit vielen erlebnisreichen Etappen... Bewußtloser Schlaf.

Samstag, 24. Oktober – dieser neue Tag gehört der Vertiefung von beim ersten Hiersein empfangenen Eindrücken und dem Kennenlernen von wichtigen Zeugnissen der ereignisreichen Stadtgeschichte: St. Isodore, die alte romanische Kirche, die viele Wandlungen erfahren hat – erneuter Besuch der Kathedrale, dieses großartigen Bauwerkes, welches mit Chartres und Reims vergleichbar ist, die Plaza mayor, arkadenumsäumt mit unbeschreiblicher Betriebsamkeit eines Marktgeschehens, der verträumte Kornmarkt mit der alten Pilgerkirche – die Altstadt und schließlich dann Ruhe und Verarbeitung des bisher Erlebten im Hotel. – Zwischendurch eben noch in einem recht erfreulichen Lokal am Rande der Altstadt – Merino – Einkehr. Anschließend leiser Regen.

Sonntag, 25. Oktober. Aufbruch à bonne heure. Es ist noch bedeckt, aber die Sonne blinzelt ab und zu durch das Gewölk. Die große Stadt ist noch still und ebenso ruhig ist es auf der Straße gen Osten, der letzten Etappe des „Weges retour" – erste Station San Miguel de Escalada, etwa 20 km abseits der heutigen Straße, am alten Pilgerweg in völliger Einsamkeit gelegen, ein Kloster, das vor 1000 Jahren von Mönchen aus Cordoba auf den Resten einer westgotischen Kirche gebaut wurde. Gemäuer aus der ersten Zeit, mit mächtigem Turm, romanische Architektur und Arkaden mozarabischen Stils mit Hufeisenbögen bilden eine eindrucksvolle Symbiose. Zur Zeit wird restauriert und offenbar haben Archäologen den Umraum des Bauwerkes weiteruntersucht, an ihren Grabungsstellen liegen Reste der Gebeine derer, die hier gelebt haben oder auch nur gestorben sind. Weiterfahrt durch noch unverbaute alte Ansiedelungen – dann auf der route national N 601 weiter gen Burgos. Der nächste Halt ist in Sahagun – übrigens vorbei an Mansilla de las Mulas, einem mauerumwehrten Ort aus dem 11. Jahrhundert.– Sahagun, 11 Uhr am Sonntagvormittag, die Stadt ist menschenleer, man hätte Mengen von Kirchgängern erwartet – eine Frau im pinkfarbenen Morgenrock hat Brötchen geholt, sonst keine Bewegung. San Lorenzo, ein mächtiger Backsteinbau, an dem auch die Mönche aus Cordoba ihre maurischen Reminiszenzen des Mujedar-Stils mit schwerblütiger Romanik vermischt haben. – Und San Tirgo, ebenfalls 11. – 13. Jahrhundert, auch aus Backstein – die Kirche ist leer, zum Teil bestuhlt, zum Teil wegen Einsturzgefahr abgesperrt. Der Küster wartet offenbar auf Touristen. Gegenüber die eindrucksvollen Reste des Klosters San Benito, ehemals Cluniazenser-Zentrum, später Benediktiner Kloster, man sieht die Spuren der Renaissance – weiter durch Carrion de los Condes mit der Kirche Santa Maria del Camino und der Santiago-Kirche, beide verschlossen am Sonntagmorgen. – In Santo Domingo de Silos wird durchgefahren, und ebenso in Burgos, das vom Sonntag, 1. März her in der Sonntagsruhe bekannt ist. Die mächtige Kathedrale grüßt von weitem. – Santo Domingo de la Calzada, die nächste Station, ist auch noch zu gut in Erinnerung, als daß nun eine Auffrischung notwendig wäre. Najera, die alte Königs-

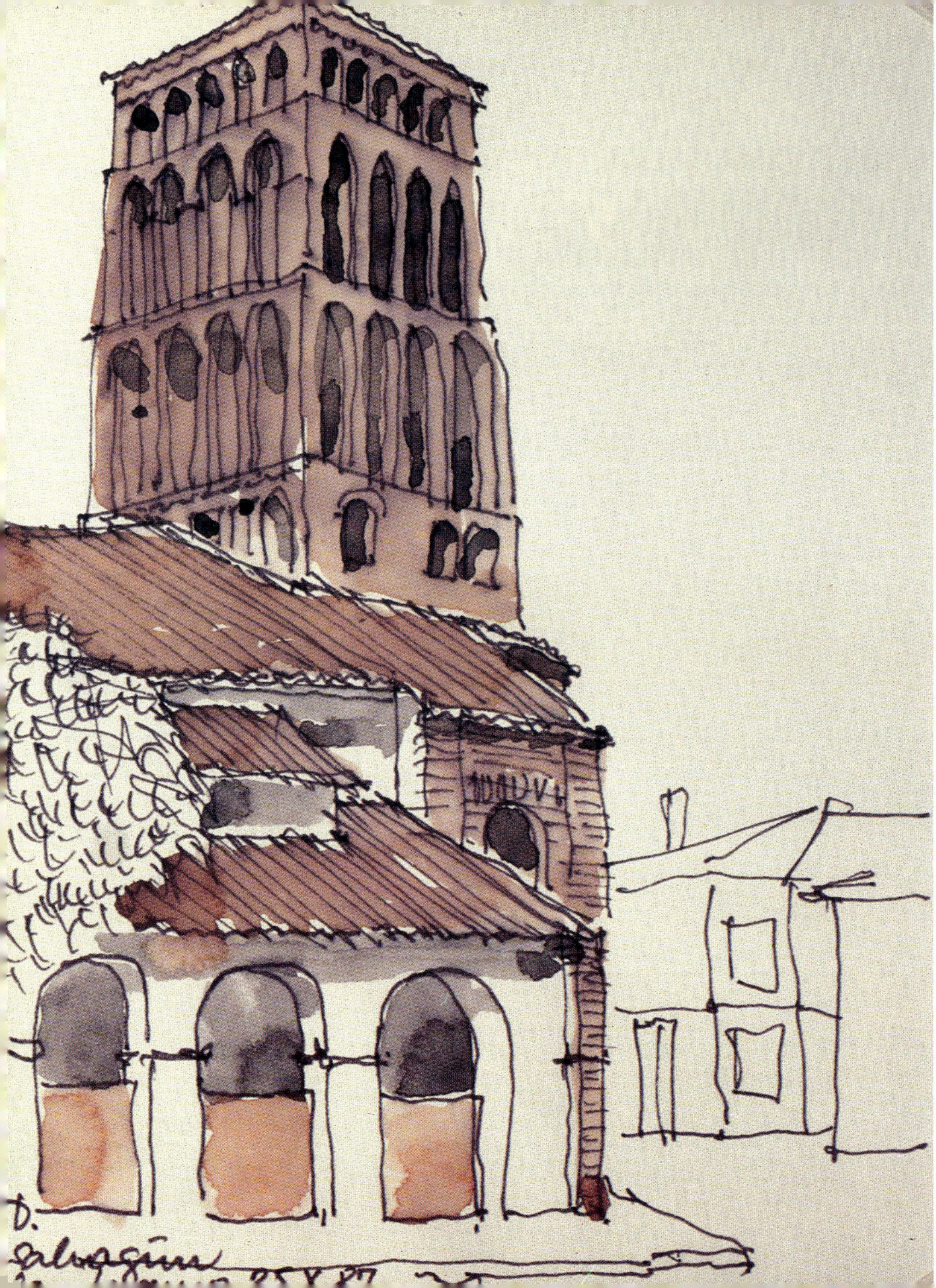

San Tirso
Sahagun
5.X.87

stadt, nun im Provinziellen versunken; Santa Maria la Real, mit dem Panteon de los Reyes, den alten Königsgruften, erinnert an einstige Größe.

– Auf dem Weg nach Logrono, gegen 13 Uhr ist in einem Städtchen der Teufel los – statt Kirchgang: Einkaufsrummel – so ändern sich die Zeiten. Nach Logrono Rast in Viana, auch dieses ein wichtiger historischer Ort, mit dem Grab Cesar Borgia und im Ristorante Borgia eine tolle Überraschung: Ein kleiner Gastraum, weißer Fußboden, weiße Wände, Decke weiß mit dunklem Gebälk. Moderne Kunst, Musik von Bach, weiß eingedeckte Tische mit frischen Rosen, ein junger aufgeschlossener Wirt, ein hervorragender leichter Lunch und dazu ein frischer Wein. Dann Estella, déjà vue – Cirauqui, das romantische Bergstädtchen kommt rechter Hand in Sicht, – in Puente de la Reina Wiedersehen mit der schönen alten Pilgerbrücke. – Eunate, die bereits gezeichnete alte Grabkirche bleibt rechts liegen und dann Pamplona voraus. Links davor eine riesige neue Wohnstadt, für wen? Wo haben diese tausende Menschen vorher gewohnt? Wovon leben sie? Die Frage verstärkt sich angesichts des massierten Geschoßwohnungsbaues in Pamplona selbst. Die jetzt lebende Generation hat ein ungeheures Bauvolumen aus der Erde gestampft. Was kommt danach? –

Von Pamplona aus geht es nun in die letzte Tagesetappe des Camino. Langsam führt die Straße hinauf durch Auen und Wälder, die Bebauung erinnert an alpine Hausformen, wie man sie aus der Schweiz, Österreich, Norditalien und auch aus der Voralpen-Landschaft Deutschlands kennt. Erstaunlich wie die Landschaft offenbar die Erscheinungsformen des Gebauten prägt. Kulissenartig staffeln sich die Höhenzüge hintereinander, Gesamteindruck eher lieblich als schroff, Steigungsverhältnisse eher maßvoll als steil – so hat man sich die Pyrenäen überhaupt nicht vorgestellt. Nicht zu vergleichen mit der schroffen Kargheit der „Montes de Leon" und auch nicht mit den von dort bekannten, atemberaubenden Straßenverhältnissen. Die Dörfer machen einen wohlhabenden Eindruck, Burguete letztlich wirkt sogar wie ein reicher Ort, mit massiven, mehrgeschossigen, die Straße begleitenden Häusern. –

Kurz vor Roncevalles auf der rechten Seite unter Bäumen das älteste und schönste Pilgerkreuz des Camino, Rolandskreuz genannt, welches von vielen kleinen aus Ästen gebastelten Kreuzchen umstellt ist. Hier wird der gefallenen Recken Karls des Großen gedacht, die als Nachhut des Kaisers, unter Kommando von Roland hier den Basken und Mauren erlagen – das war am 15. August 778. – Roncevalles, 778 km von Santiago entfernt, überrascht zunächst durch seine großartige, den weit her Gereisten beeindruckende Situation. Wohltuende Rast, zunächst im Hospiz. Das Augustiner-Kloster aus dem 12. Jahrhundert mit schönem kräftigem Kreuzgang und einem in die Höhe schießenden Kirchenraum und daneben das Kollegiatsgebäude mit der Kirche „Real Cogiata", sind beide Beispiele spanischer Architektur aus der Übergangszeit von der Romanik zur Gotik. Letztgenannte Kirche betritt man auf halber Höhe. Blick durch die Halle auf den Chor mit baldachinüberdachtem Altar: großartig. Angelehnt an diese schönen Kirchenbauwerke die frühgotische Capilla de Santiago und die karolingische Capilla de Santo Spirito,

iglesia di Santiago
Villafranca
24·X·87

das älteste, leider etwas totrestaurierte Gebäude des eindrucksvollen Ensembles. –

Etwas weiter dann der über 1000 m hohe Ibaneta-Paß mit dem Rolandsgedenkstein. – Durch Almwiesen und Wälder schwingt von dort die Straße hinab zur Grenze. Saint-Jean-Pied-de-Port, das erste französische Städtchen, von dem aus die Pilger den mühseligen Aufstieg antraten, versinkt im Abendlicht. – Erholsame Nacht im „du Palais" in Biarritz, die die überstandenen Strapazen vergessen macht, um dann am Montag, 26. Oktober die Weiterreise anzutreten – nun durch Aquitanien, auf alten Pilgerwegen zurück – Soulac an der Gironde Mündung ist ein wichtiger geschichtlicher Ort – lesparre im Medoc ein anderer – nun nach der Pflicht kommt die Kür – und das Ziel ist dann Paris – unter anderem die Kirche St. Jaques, ein wichtiger Sammel- und Ausgangspunkt für den UNENDLICHEN WEG.

Nachschrift: Nach Santiago pilgern, „auf dem Camino sein" ist kein Urlaubstourismus, keine fromme Wallfahrt, nicht nur Kunst- und baugeschichtliche Bildungsreise. – Das mag aber jeder anders verstehen und interpretieren. Zu allen Zeiten und in allen Religions- und Glaubensgemeinschaften gab es die Wallfahrt als wichtige religiöse Übung, die „peregrinatio religiosa", als Pilgerziele können Jerusalem und Rom, Kevelar und Einsiedeln, Epidauros und Delphi, Mekka und Benares genannt werden. Und neben dem persönlichen, frommen Beweggrund der Dankbarkeit oder Hoffnung gab es im Mittelalter die politische Wallfahrt. Daneben mögen Ausstieg aus dem Alltag, Neugier, Sehnsucht, Bildungshunger oder einfach nur das sich freuen können an sich selbst und am anderen Menschen im gemeinsamen Erleben treibende Motive sein – auch die Versenkung in Meditation, als Mittel zur Gegenwartsbewältigung. What ever – Santiago de Compostella könnte Symbol sein für eine ganz große Freude.

La forge, Meda
Usparte 29.X.8?
D.

Tokio

21. – 28. November 1987

22. November 1987,

ich hoffe, das Datum ist richtig, Totensonntag in Deutschland, aber ich bin inzwischen wieder im Flug nach Tokio – genauer gesagt auf der ersten Etappe nach Karachi – es begann natürlich wieder in Münster-Greven, nach einem Fest zu Ehren von Ludwig Trippen, gestern abend in der Landesbank in Münster, in dem Gebäude, für welches ich einmal zuständig war als Architekt – ein schönes Fest und danach eine tiefe Nacht und dann der übliche Count-down – MS, Frankfurt LH, mit Zwischenstop in München – ohne Aussteigen – und wie immer dann Entspannung im Flug – umsorgt von beflissenen Stewardessen – eine Japanerin ist auch schon dabei, zur Einstimmung. Dieses Mal geht es also über Indien nach Japan, was nicht minder gut ist (es muß nicht immer Alaska sein). Aber die Strecke ist deswegen nicht kürzer, dennoch: Let it be, es wird geschafft werden. Eine sehr interessante Arbeitssitzung, ein „face to face" meeting steht bevor. – Es wird tiefschwarze Nacht, unter uns wie ein Glühwürmchenschwarm tausende Lichtpünktchen: Karachi. Zwischenlandung. Die Crew geht von Bord, die Passagiere müssen ausharren. 6 ½ Stunden von München hierher – Auftanken der Maschine, dann Start in die letzte Etappe nach Tokio, für die 8 ½ Stunden angesetzt sind. Es wird wieder aufgetischt, zum Essen gibt es Chateau Berard aus Bordeaux, ein guter Schlaftrunk. Vorher noch ein amüsanter Film: The secret of my success, die Kommödie einer Blitzkarriere – lesen bis zum Einschlafen, dann behelfsmäßige Nachtruhe während draußen schon der neue Tag angebrochen ist: wir fliegen der Sonne entgegen und auch der Zeit, in Tokio ist es acht Stunden später als bei uns in Deutschland. – Um 15.15 Uhr Ortszeit, Montag, 23. November 1987 Landung in Narita Airport (Tokio). Beim Ausgang aus der DC 10 wird mein Name aufgerufen. Ein LH-Bediensteter überreicht mir einen Briefumschlag mit meinen japanischen Visitenkarten (LH-Kundendienst!). Abfertigung in dem sehr übersichtlichen Empfangsgebäude – langes Warten auf das Gepäck – Ausgang – ein distinguierter Fahrer spricht mich an für eine „special Taxi" in die Stadt – standesgemäß in großer Limousine zum Palace-Hotel (immerhin für 37 000 Yen, eine erst- und letztmalige Erfahrung). Einrichten im Hotel Palace, Zimmer 950, es ist bereits 17.45 Uhr und draußen Dunkelheit – heute ist hier Nationalfeiertag, Tag der Arbeit, Frischmachen und Vorbereitung auf den morgigen Tag. Eine Message von der Botschaft wird abgegeben. Dr. Osten, Pressesprecher, bittet zur Pressekonferenz am Mittwoch 12 Uhr – der Botschafter Dr. Hallier lädt zum privaten Mittagessen am Donnerstag 13 Uhr. Mr. Ito von TAK ruft an und sagt die Abholzeit des morgigen Tages an, 9.30 Uhr. – Im Fernsehen wird von US Außenminister Bush bei Shewardnaze in Moskau berichtet – noch etwas lesen, dann gegen 22 Uhr count down.

Dienstag, 24. November 1987, der Tag beginnt um 7 Uhr – Vorbereitung auf das „face to face" meeting bei TAK – 9.30 Uhr holt mich die nette Sekretärin mit der Firmenlimousine ab, Begrüßung im Büro – Besprechung des Vertrages – es gibt keine Probleme. Das Schedule wird vorgelegt für die Woche. Ich bringe meine Verpflichtungen vor – die vorgesehene Pressekonferenz in der Botschaft bereitet Probleme, ich sage sie telefonisch ab, was Erleichterung auslöst – alles beruht hier auf gegenseitigem Vertrauen, was von mir aus absolut gewährleistet ist – das hebt die Stimmung. – Und das leitet dann in die Sachdiskussion über, mit einer netten Dolmetscherin, die einige Jugendjahre in Hamburg und einen Teil des Studiums in Köln zugebracht hat. Mittagessen in unserem inzwischen Stammlokal, um die Ecke – weiter geht es mit der Diskussion von Detailproblemen – gegen 17 Uhr zu Fuß zum Hotel zurück, das ist neu. Dort gibt es eine message aus Hongkong von Mr. Malekpour – er will mich übermorgen hier besuchen, um über die inzwischen in China abgeschlossenen Verträge zu berichten: „. . . die besten von ganzes Welt . . ." Ich bin bereit und gehe inzwischen ins Crown-Restaurant, im top des Hotels: faszinierender Blick auf die beleuchtete Stadt, über den Imperial Garden hinweg stehen die Office-Riesen in voller Beleuchtung, lustig das auf und ab Blinken der roten Lichter der Flugwarnlampen an allen Gebäuden, im Hintergrund das Eiffelturm-Surrogat, ganz mit Lämpchen bestückt. – Beim single diner mit einer Poulet fumé entwickeln sich die diversen Gedanken – das Schicksal ist doch wohl Gottesmacht – ich sitze hier nun in Tokio, von China aus wird mir ein Milliardenprojekt avanciert und nach der Rückkehr habe ich bereits einen Termin in Frankfurt, bei dem es um das Flughafenprojekt in Macao geht – von dem Großprojekt in Garmisch zu schweigen, für das mir vor dem Abflug als Entscheidungstermin Mitte Januar benannt wurde. – Und ohne dieses alles werden wir bei der Tagesordnung bleiben, die auch noch ausreicht.

Mittwoch, 25. November 1987 – ich vergaß gestern noch zu berichten, daß hier in Tokio ein herrlicher Sonnentag war, mit 17 °C – leider wurde er vornehmlich im Büro zugebracht, aber das ist ja der Sinn meines Hierseins. – Der heutige Tag beginnt bewölkt, aber die Sonne bricht bald wieder durch. Zu Fuß zum Büro, IBM Gebäude von Yanagisawa/Takenaka, ein Nobelbau, dann Sanwa-Bank von 1973, klar, großzügig mit schwarzen gesägten Granitplatten verkleidet, tiefliegende Karo-Fenster-Loch-Fassade. Gerade als ich vorbeikomme, wird die riesige Kassenhalle geöffnet. Ich trete ein, das gesamte Personal, etwa 50 – 70, steht auf, die weiblichen Personen in grünem, männliche in blauem Dreß, großartig – ich schreite durch, der Kunde als König. Das Design ist makellos edel – dann durch das bunte Kanda Quartier, in dem das Büro von TAK in einem Seitengäßchen liegt. 9.30 Uhr beginnt das Design-meeting – angenehme cooperative Atmosphäre. Ich werde nach meiner Meinung befragt und bringe die Diskussion auf die schwierig zu lösende Deckengestaltung im mittleren Theater. Die rechtwinklig angeordneten Beleuchterbrücken über der Vorbühne stehen im Gegensatz zur arenaartig geschwungenen Raumstruktur, die in der Decke weitergeführt werden sollte. Alternativen werden durchgespielt. Man sieht die Problemlösung bisher im Verfahren der geschwungenen Deckensegmente über Vorbühnenzone, um bei open stage Inszenierungen den Luftraum über diesem Bereich frei zu machen für die Beleuchtung. Technisch sehr kompliziert. Ich mache den Vorschlag, die Deckenstruktur so zu gliedern, daß rektanguläres und Kreissegmentsystem sich sichtbar durchdringen, à la Vasareli-Grafik, um die Decke bei Bedarf mit den Brücken durchfahren zu können. Man will diese Anregung weiterverfolgen. Wand und Fußbodenausbildung werden besprochen. Es besteht die Neigung, Fußboden und untere Wandbereiche aus Stein auszubilden, um Assoziationen zur antiken Arena zu erzielen. Diese Betrachtung führt zum Foyer, um die Beziehungen der dort verwendeten Materialien und Gestaltungselemente zu den Auditorien zu sehen. – Gegen Mittag Unterbrechung der Sitzung. Mit der U-Bahn zur deutschen Botschaft im Stadtteil Hiroo, wo ich vom Pressereferenten Dr. Osten erwartet werde. Ein sympathischer, farbiger, lebendiger, kleinstädtischer Bereich, an einem Park gelegen. Das Botschaftsgebäude belanglose Behördenarchitektur, unglaublich, von der „elenden Bundesbaudirektion" wie Dr. Osten es ausdrückt. –

Lunch in einem kleinen postmodernen Restaurant à la francaise mit sehr interessantem Gespräch – Verabredung zu späteren meetings – der Pressesprecher hat Probleme mit dem „SPIEGEL", der Politikerbesuche aus der BRD kritisiert hat: „eine Zeitung, die ihre Aufgabe in der Destruktion sieht". – Anschließend Besichtigungen: Tokio Bunka Kaikau im UENO, der Festival Hall von Maekawa, die ich vor 20 Jahren bereits besuchte. In diesem Konzerthaus finden bisher die Gastspiele westlicher Opernensembles statt, unzureichend mangels entsprechender szenischer Einrichtungen. Unser neues Staatstheater soll hierfür der geeignetere Ort werden. – Gegenüber ins staatliche Museum für westliche Kunst mit einer beachtlichen Sammlung von Rodin-Skulpturen und französischen Impressionisten, Monet vor allem. Der ursprüngliche Bau von Le Corbusier, später belanglos erweitert. Kaffeepause dort, dann im Taxi nach Kanda, zur postmodernen Sensation, dem „Shufu-no-Tono" Gebäude von A. Isozaki – es ist unglaublich: zwei Flügelbauten im penetranten Historismus-Surogat, ironisch verfremdet, aber mit kopierten Versatzstücken collagiert, mit imitierten Werkstoffen. Aus dem Cour d'honneur ragt dann ein popfarbenes Hochhaus hervor mit quadrierter Lochfassade, wie die Postmoderne so etwas allenthalben trägt. Das Ganze eingebaut in der dichten Baustruktur dieses Stadtteils – wir sind fassungslos: Dinge jitt et, die jitt et garnich, würde der Kölner sagen. – Leider ist die Casal-Hall, ein Kammermusiksaal, der einbezogen ist in diesen Gebäudekomplex, nicht zugänglich. – Inzwischen ist es dunkel geworden. Durch die Neon-beleuchtete Rush-hour zum Hotel zurück – kurze Erfrischung, dann geht es mit Mr. Sugiyama (Vice president von TAK) und Mr. Ito (Design-chief von TAK) und Mrs. Takahashi, der Dolmetscherin, in ein japanisches Restaurant, in einer U-Bahnstation in der Nähe des Hotels zu einem gemütlichen Beisammensein. Sehr interessante Gespräche über unterschiedliche Moral- und Ethikauffassung. Die

Japaner sehen einen eklatanten Unterschied zwischen der deutschen Auffassung, nach der jeder für sich verantwortlich ist zum Beispiel auf dem Bau oder im Verkehr und der japanischen, die den Einzelnen vor der Gefahr durch die Obrigkeit bewahren will. Es geht auch über die deutsch-japanische Waffenbrüderschaft und die Rolle der Italiener im letzten Krieg und über das unterschiedliche Nationalbewußtsein. Japan ist durch Hiroshima und Nagasaki von der Kriegsschuld entlastet worden – im Unterschied zu Deutschland, das durch Judenverfolgung und verlorenem Krieg das Selbstbewußtsein, das nationale, eingebüßt hat. Absacker im Hotel bei einigen Remy-Martins. Und dann tiefer Nachtschlaf – der Time lag ist überwunden.

Donnerstag, 26. November, 9 Uhr bereits Anruf von Malekpour, der seine Ankunft für den Abend bestätigt. – 9.30 Uhr Abfahrt vom Hotel zu diversen Besichtigungen. Zuerst zum Aoyama Theater, das heißt zum „children castle", einem für Kinder und Jugendliche gebauten Gebäudekomplex von hervorragender Modernität. Es enthält neben vielen Aktivitätszonen für Kinder wie zum Beispiel Malschule, Videothek, Schwimmbad, Gymnastikraum und anderes zwei Theater. Eines mit 1200 Plätzen für Gastspiele, auch für Erwachsene gedacht und ein rundes Studiotheater als open stage mit vielfältigen Verwendungsmöglichkeiten. Hochinteressant. Im letzteren Theater wird gerade die Aufführung „Der kleine Prinz" von St. Exupery inszeniert, von einer französischen Truppe. – Es gibt manche Anregung für unser Projekt: zum Guten wie zum Negativen. – Weiter dann zum „SPIRAL" Building vom Architekten F. Maki. Ein fast futuristisch-elegantes Gebäude für einen Modekonzern gebaut, hervorragend im Design, auch hier ein Studio-Theater unter anderem in Rechteckform für diverse Aufführungen gedacht, natürlich auch für Mode-Vorführungen. Die Besichtigung geht bis zum Mittag. – Um 13 Uhr bin ich zum privaten Mittagessen beim Botschafterehepaar geladen – interessante Unterhaltungen, endend mit der Einladung, demnächst doch in der Botschafterresidenz zu wohnen – auch mit Frau. Zum Abschluß noch die Begehung des herrlichen Botschaftergartens mit seinem prächtigen im Herbstlaub prangenden Baumbestand. Verabredung der sofortigen Rückmeldung beim nächsten Tokio-Besuch. – Weiter zur Besichtigung nach Shinjuku, dem N-S Building, einem zweizeiligen, 30geschossigen Bürohaus mit dazwischen gesetztem Atrium in Gebäudehöhe. Beeindruckend in der Dimension – aus dem Obergeschoß schöner Blick über die gigantische Stadtlandschaft bis zum Bauplatz des neuen Nationaltheaters. Auf dem Nachbargelände wird Kenzo Tange das neue Rathaus der Stadt errichten, das man wegen seiner geplanten zinnenbekrönten Türme jetzt schon Notre Dame von Tokio nennt. – Nach einer Kaffeepause im 29. Stockwerk dann noch zur letzten Besichtigung des Tages, dem Sogetsu Art Center von Kenzo Tange von 1977, welches mit seiner abgeknickten schwarzen Glasfassade brandneu aussieht. Die Eingangszone ist mehrstufig terrassiert, als großer Stein-Wassergarten von Isamu Noguchi gestaltet, sehr eindrucksvoll, zur Zeit von einem Künstler in einen begehbaren labyrinthartigen Bambus-Dschungel umgestaltet. – In der Dunkelheit, die mit dem Kunstlicht der Hochhäuser und dem des rush-hour-Verkehrs zum Tag gemacht wird, zurück ins Hotel. – Gute Nachricht aus dem Büro. Ein mit erheblichen Honorarforderungen in Verzug stehender Bauherr hat gezahlt – eine große Sorge, diese Außenstände mühsam gerichtlich eintreiben zu müssen, ist beseitigt. – Ich muß an das gestrige Gespräch mit Dr. Osten unter anderem über das Glück denken. Er sagte, daß er in seinem Leben viel Glück gehabt hätte – ich entgegnete, daß auch mein Leben rückblickend eine einzige Kette von Glücksfällen sei, so daß ich kaum noch an Zufälle glauben könne – dennoch wäre ich überzeugt, daß das Glück nicht blind sei und ungerufen oder ohne eigenes Dazutun käme. Aber ich fühle mich sehr begünstigt, trotz unermüdlicher eigener Anstrengungen, ein Glückspilz! Und ich bin sehr sehr dankbar – was sicher wiederum ausstrahlen wird und neues Glück provoziert. Schön, wenn man das mit 67 Jahren sagen kann – ich kenne deswegen keinen Neid und bin voller Lebensfreude.

Freitag, 27. November 1987

„Worry less about your image and more about your reputation" so steht es im Tageshoroskop der „Mainichi Daily News", die jeden Morgen an der Zimmertüre in einer Plastiktüte hängt – darüber sollte man nachdenken. – Gestern abend um 21 Uhr Abendessen und anschließende Konferenz mit Mr. Malekpour, der soeben von Tian-jin / China via Hongkong eintraf, um mit mir den Stand des Industrie-Ansiedlungsprojektes zu besprechen. Er hat einen Vertrag unterzeichnet über eine Option auf 4 Quadratkilometer Entwicklungsland für das Projekt und sagt, daß die Planung des Master Planes sofort in Angriff genommen werden solle.

Zunächst müssen die mir übergebenen Unterlagen studiert werden. Das ist etwas für den morgigen Rückflug. –

Um 9.30 Uhr geht zunächst die Design-Konferenz bei TAK weiter. – Zu Fuß dorthin, und ich genieße das, dieser Teil von Tokio hat Größe, nicht mißzuverstehen, ich meine Großzügigkeit – eindrucksvolle Manifestation wirtschaftlicher Kraft. – Es geht weiter mit Diskussionen über Einzelprobleme des Theaterprojektes. Mittagspause in unserem Stammlokal, „um die Ecke" SHIKISHI – man sagt mir, daß es „das Farbige" heißt. Am Nachmittag geht es weiter – in der Mittagspause wurde noch ein außergewöhnlich großzügiges Versicherungsgebäude besichtigt – ich kann nur staunen, dann weiter in die Detaildiskussion – sehr kollegial – gegen 17 Uhr Ende. Man sagt mir, daß man auf die geplante Fortsetzung am Samstagvormittag verzichten wolle, da soviel Anregungen von mir gegeben wurden, die man erst verarbeiten wolle – daher soll stattdessen eine weitere Besichtigung vorgenommen werden. – Nun gut.

Samstag, 28. November 1987

„All the News without Fear or Favor" das ist das Leitwort der Japan Times – es erinnert mich an den Wappenspruch des Kardinal Clemens August von Galen „Nec laudibus nec timore" (Weder Menschenlob noch Menschenfurcht) – Kofferpacken und Erledigung der Hotelformalitäten. ½ 10 Uhr werde ich von Mr. Ito abgeholt – es regnet, graues Novemberwetter wie in Deutschland üblich, erleichtert das Abschiednehmen. – Wir fahren mit dem Taxi zum Takanawa Prince Hotel, dem letzten Bau von

Murano Togo, während dessen Fertigstellung er 92jährig verstarb. Ein hochgeschossiger weißer Bau, der in der Detail-Ausbildung die unverwechselbare Handschrift des eigenwilligen Architekten zeigt. Beachtenswert, daß der Hotelkonzern Prince seine Hotels von den besten Architekten gestalten ließ und noch läßt – so auch das Akasawa Prince Hotel von Kenzo Tange. – Hier in Takanawa gibt es einen schönen japanischen Garten mit liebevoll gestaltetem traditionellen Teehaus (der Zeit entsprechend gesprinklert) und einen hinreißend großzügigen Bankett-Trakt, wie so noch nie gesehen. –

Nebenan dann im Pacific Hotel Kaffeepause im Gartencafé und zurück zum Hotel Palace, wo wir um 12 Uhr mit Yanagisawa zum Lunch verabredet sind, zu dem ich eingeladen habe. Es wird zum gegrillten Salm Beaujolais-Nouveau getrunken und dabei sagen mir meine Gäste, daß der Nouveau jeweils am 17. November zuerst in Japan getrunken wird, da man 8 Stunden Zeitvorsprung hat – der letzte, oder zuletzt wird er in Hawai, kurz vor der Datumsgrenze beendet. Aber es wird mir auch gesagt, wie sehr man dieses Designmeeting mit mir zu schätzen gewußt hat und wie anregend es für das Projekt gewesen sei – ich kann nur erwidern, wie angenehm ich die nette Arbeitsatmosphäre empfunden habe. Also beste Stimmung und damit schönste Hoffnungen auf die Fortsetzung der Arbeit. – Nach dem Lunch begleitet mich Mr. Ito noch zum im Bau befindlichen Tokyo Dome, dem Big Egg wie es im Volksmund genannt wird, einem 50 000 Personen Stadion, welches mit einem gesteppten Luftkissendach überdeckt ist. Diagonalabmessung 200 m! – Und dann geht es durch starken Stadtverkehr und Nieselregen zum Narita Airport, 70 km wie bekannt. Zunächst das ebenfalls bekannte Chaos der Stadtlandschaft mit seiner absolut heterogenen Bebauung des build as build can – dann geht es auf den highway, der fast ganz von betongrauen Schallschutzmauern eingefaßt ist. Ab und zu gibt es eine Unterbrechung und auch die Betonelemente sind stellenweise strukturiert oder bewachsen – im ganzen steht diese Art des katastrophalen Umweltschutzes der unseren nicht nach. – Im Flughafen dann reibungslose Abfertigung – ein letztes Bier zum Abschluß mit meinem treuen Begleiter, der nochmals der höchsten Zufriedenheit Ausdruck gibt und auf Wiedersehen sagt bis zum nächsten meeting.

Resumee: Ja, so ist es schön! Ein großartiges Projekt, das Staatstheater Tokio, meine Rolle die des Co-Architekten, das heißt des Beraters, Designers, Anregers, Entwerfers – einmal nicht die des Durchsetzers, des Verantwortlichen für alles und jedes, des Fußabstreifers und Antichambreurs, des Mädchen für alles, der häufig noch Undankbarkeit erntet. – Dieses Mal geht es um die Rosinen im Kuchen.

Rückflug über Karachi – bis dort 11 Stunden 20 Minuten über München – Frankfurt nach Greven, noch einmal 10 Stunden.

172

1. Juni 1988

Quicktrip nach Hongkong und Macao
22. – 27. Juli 1988

Vorbemerkung: Seit langem schon stehe ich im Kontakt mit der „air consult" wegen der neuen Flughafenplanung in Macao, für die mein Büro für die Hochbauplanung vorgesehen ist – eine faszinierende Aufgabe, der – wie bei derartigen Projekten in Fernost – mit großer Geduld entgegen gewartet werden muß. Ein außergewöhnlich günstiges Angebot für eine Fünftagereise nach Hongkong gibt nun die Möglichkeit zu einem ersten Ortskontakt. – Daneben bietet sich die Chance, die sensationellen neuen Hochhausbauten Hongkongs, die durch vielfache Publikationen bekannt sind, persönlich in Augenschein nehmen zu können. Nach den bisherigen Erfahrungen kann man sich erst dann ein eigenes Urteil erlauben, wenn man ein Gebäude persönlich gesehen, wenn man es angefaßt hat. Mit hochgespannten Erwartungen wird nun diese, plötzlich das streßerfüllte Tagesgeschehen unterbrechende, Reise angetreten.

22. Juli 1988, die Reise mit CX 288 Cathay – Pacific beginnt um 14.20 Uhr in Frankfurt – das heißt, vorher mit DLT ab Münster. Es ist noch Zeit, vorher in FFM die eigene Baustelle in der Airbase zu besuchen und die von uns vor Jahren eingerichtete Repräsentanz der Westdeutschen Landesbank (die gerade in Fusionsverhandlungen mit der HELABA steht) in der Taunusanlage. Bis auf einige, offenbar unvermeidliche, im Laufe der Zeit vorgenommene Änderungen macht das Haus noch einen guten Eindruck. Bestechend die seinerzeit gelungene starke Einbeziehung von Kunstwerken. Agam, Nicolaus Schöffer, Morris Lewis, Günther Ücker, Hede Bühl, Ferdinand Kriwet, Bernd Völkle, das kann sich heute, nach elf Jahren, noch gut sehen lassen. – Nebenan die brandneue Landeszentralbank, hervorragend gestalteter Edelkitsch (pardon, man nennt es auch Postmodernismus) – „Time for boarding in", gemächliches Einrichten für den 12-Stunden-Nonstop-Flug der Hongkonger Fluggesellschaft, liebevolle Betreuung der Massen durch chinesisches oder ostasiatisches Personal mit seiner sprichwörtlichen lächelnden Dienstbereitschaft. Nach erfrischenden Drinks wird ein mehrgängiges Essen serviert – zwischendurch Filme und erste Schlafversuche – endlich auch Muße, um sich auf das Bevorstehende vorzubereiten. –

Mit zwei Stunden Verspätung setzt der schwere Koloß dann gegen 10 Uhr Ortszeit auf der atemberaubend schmalen Landepiste im Wasser der Causeway-Bay auf und rollt stöhnend und ächzend in den KAI TAK Flughafen von Kowloon. Dieses Erlebnis ist bereits bekannt aus dem

Hongkong,
cowos arrival
Juli 1988

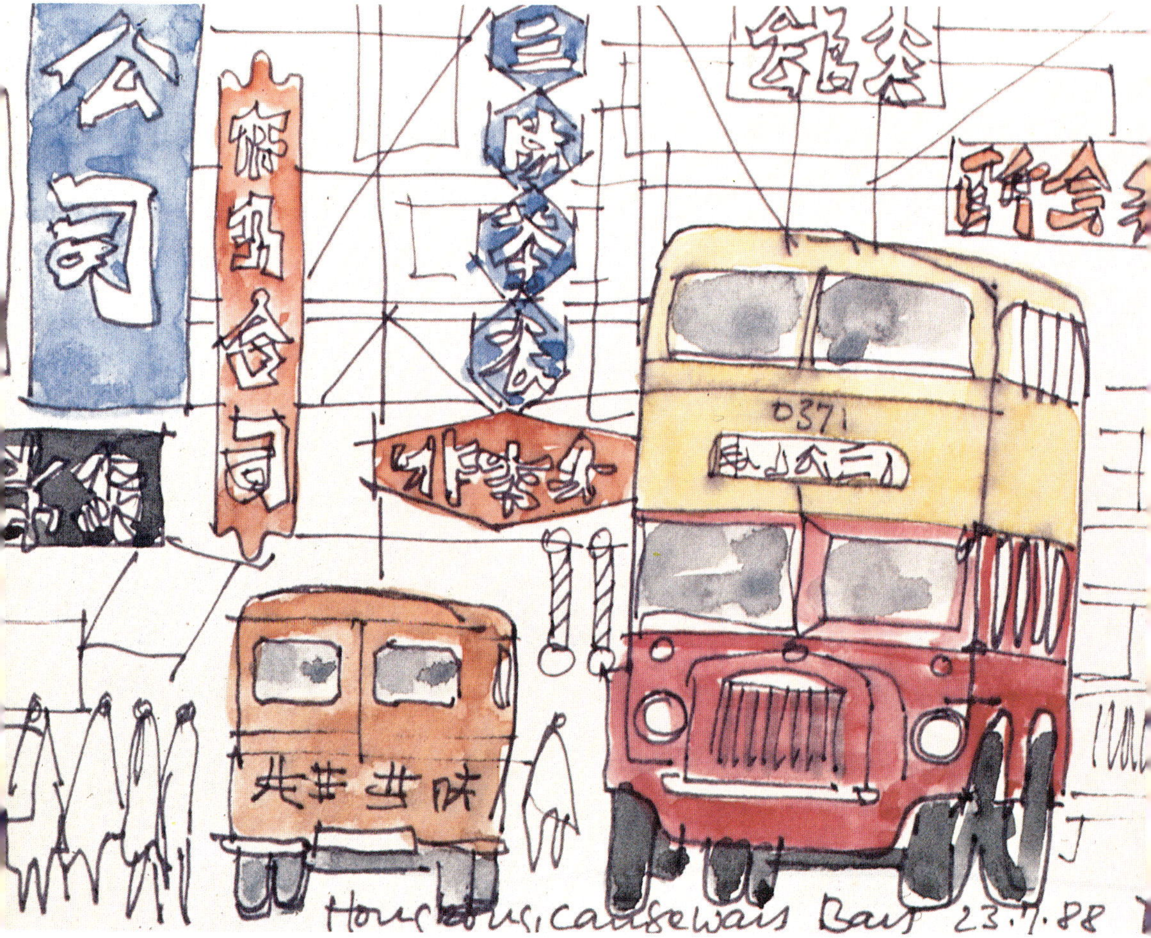
Hongkong, Causeway Bay 23.7.88

Jahre 1967. – Statt wie damals mit der Fähre geht es nun durch den zwischenzeitlich fertiggestellten Tunnel nach Hongkong Island. Die Luft ist wie Bouillon, 40 °C und 90 % Luftfeuchtigkeit, strahlend blauer Himmel, zum Glück nicht ohne die ab und zu die unbarmherzige Sonne verschattenden weißen Wattebauschwolken. Der Bus kurvt durch die bekannte chaotische Überverbauung und hält schließlich gegen 12 Uhr vor dem PARK-LANE-Hotel am Viktoriapark. Erfrischende Kunstklimakühle schockt zunächst, aber das angenehm gestaltete Interior des Hotels versöhnt sofort – an dieses Wechselbad von Eiseskälte und Backofenschwüle wird man sich gewöhnen müssen. – Das bestellte Zimmer ist noch nicht geräumt, also zunächst Lunch im hervorragend gestylten Restaurant und warten. Dann nach kurzer Siesta im 2042, dessen Panorama-Fenster mit Folie verklebt ist wegen der Außenrenovierung, leicht bekleidet ins verwirrende Gewühl des angrenzenden Causeway-Quartiers mit seiner chinesischen Buntheit. Ja, das ist es. Und in der schnell hereinbrechenden Abenddämmerung zum Top-Restaurant des Hotels, mit seinem rundum überwältigenden Lichter-Panorama der gewaltigen Stadtlandschaft – bei Seezunge mit Elsäßer-Riesling: o.k. – Besinnungsloser Nachtschlaf schließt sich an.

24. Juli 1988, Sonntag

Vormittags mit dem sight-seeing-Bus zum Fischerdorf Aberdeen – oder besser, was davon übrig geblieben ist. – Der vor zwanzig Jahren noch unüberschaubare, von tausend und aber tausend bewohnten Dschunken, Sampans und Hausbooten bevölkerte und von Abfällen und Exkrementen verschmutzte, übelriechende Wasserbereich (HONG-KONG heißt: „Duftender Hafen") ist durch Landgewinnung reduziert, durch einen großen Yachthafen bedrängt, auf einen Bruchteil geschrumpft – dennoch durch die verbliebenen Fischerboote und die noch nicht umgesiedelten Wasserbewohner quirlig und malerisch belebt – aber wie lange noch? Neue schlanke Wohnhochhäuser mit munterer Wäscheflaggung haben offensichtlich einen großen Teil der Wasserzigeuner seßhaft gemacht. Man lebt nun hoch über dem Wasser nicht minder beengt weiter. Aus dem ursprünglich spärlich besiedelten Archipel ist mit der auf 5 Mio angewachsenen Bevölkerung einer der dichtest besiedelten Räume dieser Erde geworden. Einst war der Hafen Shek Pai Wan, das jetzige Aberdeen, Piratenstützpunkt, bis er gegen Ende des 18. Jahrhunderts durch die britische Ostindiengesellschaft zum florierenden Handelsplatz für den englischen Markt (Tee, Porzellan, Seide, Gewürze) umfunktioniert wurde. Die Chinesen akzeptierten als Zahlungsmittel lediglich Silberbarren – bis die britischen Kaufleute von Indien Opium als Tauschwährung einführten. 1839 erzwang der Kaiser von China die Auslieferung des verbotenen Opiums – 20 000 Kisten mußten von den englischen Kaufleuten übergeben werden. Darauf folgte 1840 von den Briten der erste Opiumkrieg, der mit der Abtretung der Insel Hongkong endete; 1841 wurde sie britische Kronkolonie. 1842 erzwang England im zweiten Opiumkrieg die Entschädigung der Händler und die Öffnung von fünf chinesischen Häfen für den Freihandel. Das war der Beginn der Entwicklung Hongkongs zur blühenden Handelsmetropole. 1860 gewannen die Briten Kowloon (neun Drachen) auf dem Festland hinzu. 1898 verpachteten die Chinesen

Taipa Bria
Macao 25.7

die „New Territories" und weitere 235 Inseln für 99 Jahre. Am 30. Juni 1997 naht der Tag der Rückgabe allen englischen Landbesitzes an die inzwischen etablierte Volksrepublik China. – Die Bevölkerung der Kronkolonie hat seitdem immer weiter zugenommen, teils in Schüben, zum Beispiel 1911 durch die chinesische Revolution und 1930 durch den Einmarsch der Japaner in China, durch welche große Flüchtlingsströme ausgelöst wurden. Bei Ende des zweiten Weltkrieges betrug die Bevölkerung 1,5 Mio. Nach der Dezimierung während der dreieinhalbjährigen japanischen Besatzungszeit wuchs dann die Bevölkerung mit Gründung der kommunistischen Volksrepublik China auf 2 Millionen an. Durch fieberhafte Bautätigkeit, Errichtung von gigantischen Massenunterkünften, konnte man der Wohnungsnot nicht Herr werden. Schließlich wurden 1962 die Grenzen geschlossen – aber die legale und illegale Einwanderung setzte sich fort, bis zur heute erreichten 5 Mio Bevölkerung. Mit den einströmenden Menschenmassen stand allerdings auch ein enormes Potential an Arbeitskraft zur Verfügung, so daß sich Hongkong aus der traditionellen Rolle als Handels- und Umschlagsplatz zum bedeutenden Industrie- und Bankenzentrum entwickeln konnte, zum „Treibhaus des Kapitals" – und das soll sich 1997 nicht ändern.

Aber nun zurück zum Sonntagmorgen, dem 24. Juli. – Mit dem von einer alten Chinesin gesteuerten Sampan kreuz und quer durch das Dschunken-Gewirr, in China gibt es kein Week-end, es wird durchgearbeitet, bis auf drei Feiertage im Jahr – und hier in Aberdeen heißt das: Fisch- und Meerestier-Fang. Die Beute wird sofort sortiert, verarbeitet, auf den Schiffen zum Trocknen ausgehängt oder an den Kais in den vielfältigsten Angeboten vermarktet – natürlich begleitet von kaum auszuhaltendem Gestank. – Etwas außerhalb liegen die großen, buntbemalten und über und über dekorierten schwimmenden Restaurants, auf denen Seafood in allen Variationen sofort zum Verzehr angeboten wird. – Es geht weiter im Bus, bei sengender Sonne, auf herrlichen Serpentinenstraßen mit Meeresblick zur Repulse Bay, dem renommierten Badeort, an dessen Stränden ein reges Badeleben wogt, verlockend auch für uns, aber man warnt wegen der Wasserverschmutzung, Kolibakterien und Hakenwürmer, Augenviren und andere Abschreckungen, also bleibt die Badehose eingepackt. Dafür wird der am Strand befindliche bunte Park mit Pagode, Brücke des ewigen Lebens und sonstigen symbolträchtigen Figuren skizziert, ehe es dann zum Viktoria Peak mit dem „schönsten Rundblick" der Welt geht. Von hier aus ist dann auch ein Aufblick auf den Central District möglich, mit den Hochhäusern der letzten Generation, zum Beispiel die viel genannte Hongkong-Shanghai-Bank von Norman Foster aus London und die noch im Bau befindliche Bank of China, Architekt I. M. Pei, New York, die mit 70 Geschossen alles andere weit überragen soll. Zum großen Bedauern wird es nicht gelingen, sie zum 8. August 1988 fertigzustellen. Für die abergläubischen Chinesen ist Vier die Unglückszahl, aber viermal die Acht steht für maximalen finanziellen Erfolg. – Lunch im Hotel, Siesta, Aufbruch nach Kowloon mit der traditionellen Star-Ferry, die im unablässigen Hin und Her beide Stadtteile verbindet. Am Kai ist ein gigantisches Kulturzentrum im Bau – man denkt an Sydney, aber hier fehlt wohl die Kühnheit. Die Nathan-Street, Hauptgeschäftsstraße, ist am Sonntagnachmittag dicht bevölkert. Man sagt, in

*das gelbe Meer
Macao 25.7.
vom Mandarin Oriental a...*

in der Pearl river sea
24.7.88
D

Hongkong müssen die Straßen den Lebensraum bieten für die Vielen, die sonst keinen privaten Wohnbereich haben. – Nach kurzer Erfrischung mit der Dschunke „Oriental Dragon" durch die einbrechende Dunkelheit zur Fischerinsel Leiumun. Tausendfach werden die Lichter der Hochhausketten, aber auch die des unermüdlich brandenden Straßenverkehrs, im durchfurchten Wasser reflektiert. Abendessen in einem chinesischen Fischerrestaurant nach einheimischer Art. Dazu gibt es „Dynastie", ein chinesischer Wein aus dem Tian-jin-Distrikt – aus der Gegend, für die wir zur Zeit den Masterplan für eine neue Industriestadt erarbeiten. Recht gut trinkbar, beruhigend für unsere zukünftige Tätigkeit. Das Essen war köstlich. –

Montag, 25. Juli,

zeitiger Aufbruch zur Macao-Ferry-Station, um das eigentliche Reiseziel, den geplanten Standort des neuen Flughafens, zu sehen und natürlich auch dessen städtebauliche Rahmenbedingungen. Hier, in der letzten Bastion des portugiesischen Kolonialreiches, ist – wie ich in einem Reiseführer lese – „das Leben so farbenfroh wie ein chinesischer Drachen und so entspannend wie eine Siesta in der Sonne." – Die Ferry-Station ist ein vorbildliches Bauwerk, großzügig, hervorragend organisiert, gut gestaltet, sauber (Sauberkeit der Straßen und öffentlichen Anlagen sind allenthalben auffallend – im Kontrast zum Beispiel zur China-town in San Francisco), lebendig durchmischt mit Läden und gastronomischen Angeboten. Die jet-foil-Schnellfähre ist ausgebucht. Es geht durch die Hongkonger Inselwelt mit ihrer üppig grünen Bewachsung, an Panama erinnernd – dann wird das Meer offener, gelblich verfärbt die gelbe See. Nach anderthalbstündiger Fahrt Anlegen in Macao – Gedränge beim Aussteigen, es wird übrigens überall gedrängelt. –

1513 haben portugiesische Seefahrer die ersten Niederlassungen gegründet, 1576 wird Macao von Gregor XIII. zum Bistum erklärt, die Missionierung Chinas und Japans wird von hier aus betrieben. Im 17. Jahrhundert kommen die Jesuiten, die herrliche Barock-Fassade der Basilica de Sao Paolo zeugt noch von der großartigen Anlage, die 1835 Raub einer Feuersbrunst wurde. – Die Stadt hat ibero-asiatisches Gepräge, die typischen Sträßchen und Gassen zeugen in ihrer verwahrlosten Umbauung noch von ursprünglicher Pracht. Und es gibt auch noch anspruchsvollere Plätze, verglichen mit Hongkong eher provinziell. Die größte Vitalität zeigt sich in den zahllosen, zum Teil bombastisch bis scheußlichen Casino-Palästen, in denen rund um die Uhr beängstigendes Gedränge herrscht. Es gibt weder Einlaßkontrolle noch Kleidervorschrift. Hier tobt sich die chinesische Spielleidenschaft ungehemmt aus, fürwahr ein gigantisches Ventil, denn in China ist das Glücksspiel verboten – für viele endet es auch im Unglück, wovon die zahlreichen Pfandhäuser zeugen. Ermüdende Schwüle wird durch erquickende Erfrischung überwunden. Dann folgt der Kampf um die Rückreise, die Fähren sind in beiden Richtungen auf Stunden im voraus ausgebucht – mit dem Tragflügelboot dann bei Dunkelheit zurück, gegen 21.30 Uhr Anlegen, weit abseits im Norden Kowloons – unterwegs muß man unwillkürlich an die katastrophalen Fährenunglücke denken. – Nun ja, das passiert Gott

Basilica de São Paolo
25.7.88

sei Dank nur hin und wieder. – Die Anlegestelle ist im Nu unheimlich, menschenleer, die drängelnden Massen wie vom Erdboden verschluckt – Fußmarsch auf eigene Faust durch die nächtliche Werfteneinöde – dann wie ein Wunder die herbeigesehnte Taxe. Eine halbe Stunde später aufatmende Entspannung im Hotel. – Wenn unser Flughafen steht, wird alles besser sein.

Dienstag, 26. Juli,

ein neuer, schöner Tag, der letzte dieser Reise. Kofferpacken, Zimmerräumen und dann Aufbruch zum Zentral District. Hier ist alles im Umbruch, nach zwanzig Jahren nicht wiederzuerkennen. Der supreme law court steht noch, Relikt einer nur kurzen Stadtbaugeschichte. Die alte Hongkong-Shanghai-Bank gibt es nicht mehr, Denkmalschutz ist in dieser dynamischen business-Welt nur ein Wort. Stattdessen steht Norman Fosters 42stöckiger Neubau mit seiner weltweit beachteten, exponierten Tragstruktur, High-Tech as its best. Der Bau ist weit vom Straßenniveau abgehoben, aus der offenen, durchlüfteten Erdgeschoßzone geht es über nicht endenwollende Rolltreppen durch eine horizontale Glasdecke in einen zehngeschossigen Binnenraum. Hier wird Raumluxus demonstriert. In den Randzonen dieses unteren Gebäudeteils findet das Bankgeschäft statt, transparent bis zur Schutzlosigkeit der dort Tätigen. Jeder Quadratzentimeter ist gestylt und designed; über wechselnde Rolltreppen geht es hin und her, höher und höher. Durch die facettenartig verspiegelte Raumdecke dann in den höher liegenden Teil der Zentralverwaltung. An bewaffneten Wachtposten vorbei weiter, nur keine Unsicherheit zeigen. Im 22. Stockwerk das Personalrestaurant, zwischen den gewaltigen Konstruktionen stehen weiße Tische und rot bezogene Stühle, erstmals Farbe. Herrlicher Ausblick auf die Bay und umliegende Hochhausgiganten. Weiter hoch, durch Direktions- und Vorstandsetagen, Konferenz- und Seminarzonen. Die asketische Raumgestaltung ist hin und wieder durch Ahnenporträts, Teppiche und Erinnerungsstücke an offensichtlich frühere Zeiten gestört. Im obersten Stockwerk erfolgt dann von einer wichtigtuenden Dame der Verweis nach unten. – Der Besuch war lohnend und hat das aus Veröffentlichungen Bekannte anschaulich gemacht. Es bleiben danach Fragen, zum Beispiel nach dem Sinn dieser überangestrengten Konstruktion, nach der Qualität der Arbeitsplätze, nach dem Mißverhältnis von Nettonutzfläche zum Gesamtaufwand. Kann es dem Prestige der Bank nützen, die teuersten Büroarbeitsplätze der Welt gebaut zu haben?

Wieder draußen, zunächst an der Baustelle der Bank of China vorbei. Ein prismatischer Baukörper, der sich durch Einknickungen nach oben verjüngt. Die Tragkonstruktionen und Windverbände liegen bündig in der Außenhaut – durch blaue Farbgebung dekorativ genutzt – ein Kontrast zum Nachbargebäude in jeder Hinsicht. Daneben dann ein Zwei-Turm-Bauwerk mit stark plastisch verformten Glasfassaden, an die beiden Türme von Paul Rudolph in Fort Worth erinnernd (der Bau von Pei erinnert an Projekte von Helmut Jahn). –

Pause im Alexandra-Garden-Restaurant, einer offenbar sehr renommierten China-Gaststätte, wo die Peking-Ente zelebriert wird. Dann zu einer soeben erst fertiggestellten Baugruppe am Hafen, eine Hochhausgruppe von äußerster Eleganz, Rechteckgrundrisse mit halbkreisförmig abgerundeten Schmalseiten, innen und außen durch hochglanzverchromte Stützen und Deckenverkleidungen bestechend. Rolltreppenzugang zwischen zwei Wasserwänden – integrierte Kunst, im Vorplatz Henry Moore, in der großzügigen Halle Ausstellung japanischer Bildhauer. Großräumiges, mehrfach verschwenktes Restaurant mit Blickbeziehungen durch die Halle auf Hafen und nach Kowloon – man kann alles nicht besser machen.

Und dann noch einmal mit der Fähre hinüber, der Tag ist noch lang, vorgesehene Abfahrt zum Airport um 19.30 Uhr – hinaus aus der Kühlschrankatmosphäre in die dampfende Glut – kreuz und quer durch die brodelnden Geschäftsstraßen, es bleibt buchstäblich kein Faden trocken – aber es mußte noch einmal sein. – Erholung im Toprestaurant des Hotels. –

Sehr umständliche und langwierige Abfertigung im sehr provinziellen Abfertigungsgebäude. Es ist nicht zu glauben, daß dieser international bedeutende Wirtschaftsraum einen derart belanglosen Airport hat – verglichen mit dem großzügigen, großartigen Gebäude der Macao-Fähre im Central-District wirkt dieser Flughafen primitiv – aber was soll's, dem könnte man ja abhelfen.

CX 289 ist gegen 22 Uhr ready for boarding in, und um 22.40 Uhr hebt der Jumbo tatsächlich planmäßig ab zum 12 Stunden Nonstopflug retour – dieses Mal 6 Stunden schneller als die Zeit, und durch diesen Gewinn gleicht sich der einige Tage vorher erlittene Verlust wieder aus.

Man hätte also deswegen eigentlich zu Hause bleiben können, aber dieser „Quicktrip" wird ein unvergeßliches Erlebnis und eine tiefeingeprägte Erfahrung bleiben, unauslöschlich. –

Tokio

10. – 17. September 1988

Inzwischen ist bereits der 11. September, Sonntag, angebrochen, im LH Flug 700 mit 747 – Anchorage Alaska liegt hinter uns, die Zwischenlandungsstation mit dem nunmehr ausreichend bekannten Warenhausangebot im Flughafen für die Transitpassagiere. – Die Reise zu unseren Vertragspartnern für die Planung des Staatstheaters II in Tokio, TAK ASS. ARCH. hat für den Bühnentechniker Adolf Zotzmann und für mich, den Co-Architekten, um 10.20 Uhr in Münster am Samstag, 10. September begonnen – das ist nun schon nicht mehr neu. Infolgedessen gibt es auch keine aufregenden Vorbereitungen mehr, der Koffer wird kurz vorher gepackt. Der Flug MS-Frankfurt und von dort aus dann mit LH nach Tokio, ist eigentlich schon Routine. Es geht um die nun beginnende Planungsstufe des Ausführungsentwurfs, somit wird es nun ernst.

Und wie immer, muß vorher für die Zeit der Abwesenheit Vorsorge im Büro getroffen werden. Der Freitag war damit angefüllt. – Am Vorabend hat mir M. Malekpour in einem einstündigen Telefonat aus Zürich mitgeteilt, daß nunmehr für unser großes Chinaprojekt in Tian-jin grünes Licht gegeben werden kann, da nach 25tägiger Verhandlung die Vorfinanzierung des 2,5 Milliarden Dollar-Projektes durch japanische Geldgeber gesichert sei. – Nun gut. – Freitagmorgen deswegen noch Planungsbesprechung mit Mitarbeitern in dieser Sache. – Anschließend ging es um ein soeben beauftragtes Projekt für ein größeres Industriebauvorhaben in Süddeutschland, eine voll computergesteuerte Produktionsstätte für Aluminiumprofile. – Zwischendurch Anruf der finnischen Botschaft, daß man in den nächsten Tagen das Manuskript meiner Ansprache zur Eröffnung des Aalto-Theaters Essen am 25. September haben möchte, um es noch für den finnischen Staatspräsidenten übersetzen zu können. Das hatte ich mir für den 17 Stundenflug nach Tokio vorbehalten wollen – also muß das auch noch vor der Abreise erledigt werden und natürlich wie üblich noch dies und das an Korrespondenz, Terminsdispositionen usw.

Der 10. September beginnt für mich um 5 Uhr wie üblich: Schwimmen, Frühstück, Zeitunglesen, Kofferpacken, Briefeschreiben – das Vortragsmanuskript wird endgültig fertig – und dann geht es ohne Streß zum Flughafen – beinahe wäre der Paß noch vergessen worden. Ein strahlend schöner Tag.

Alaska liegt nun also hinter uns mit seinen violett-blau-türkisen Bergketten, den weiten, von Wasserflächen durchlochten Ebenen, die sogar grün sind, und dem von Ebbe verwatteten Meer (oder darf man das nicht so schreiben?). Dazu eine großartig farbige, in unendlichen Formvarianten differenzierte Wolkenlandschaft. Nach Ortszeit war es Mittag – und nun stelle ich mich auf Tokio-Zeit um, comme l'habitude, das heißt die Uhr wird sieben Stunden vorgestellt, diese Zeit wird uns bis zur Ankunft insgesamt während des Fluges, der noch weitere 8 Stunden dauert, genommen. – An Bord das übliche. Zwischen Drinks und Mahlzeiten gibt es vieles zu lesen, wozu sonst die Zeit fehlt. „Der Spiegel" bietet die passende Titelgeschichte über den Sittenverfall in Japan, wo die Geisha-Kultur, die exklusiv war, von einer Nach-Feierabend Vergnügungssucht abgelöst wurde. Das organisierte orgiastische Freizeitvergnügen findet betriebsbezogen in Gruppen statt und nimmt der männlichen Bevölkerung, bis auf wenige Schlafstunden in der Familie, den letzten Rest von freier Verfügbarkeit. Es ist unglaublich, mit welchem Variantenreichtum sich diese Entwicklung auch im baulichen Bereich manifestiert hat. Als Kontrastprogramm zu diesem, die Frau demütigenden Phänomen gibt es im gleichen Heft einen Bericht über den soeben in Hamburg veranstalteten Frauenkongreß, zu dem sich die inzwischen 60jährige Jeanne Moreau in geradezu erfrischender Weise äußert und damit wird en passant klar, wie wenig gleich die Welt des ausgehenden zwanzigsten Jahrhunderts trotz weltumspannender zivilisatorischer Emanzipation doch aussieht. Bei der gemeinsamen Arbeit am Staatstheater, die ab morgen früh 9.00 Uhr beginnt, wäre das so nicht klar geworden. – Es gibt noch vieles andere auch kurzweilige und unterhaltsame zu lesen. Zwischendurch ein Film „Overboard", den ich ohne den Ton einzuschalten verfolge, und ab und zu ein Nickerchen, auch stundenweise Schlaf, dann einen Sonntagsmorgen-Brunch, nach Tokioer Zeit ist es high noon und es kann nicht mehr weit sein – kurzum, keine Spur von Langeweile in diesen 19 Stunden. – In der „Bunten" steht ein grauenvoller Bildbericht über das Inferno von Ramstein, bei dem über 56 Menschen anläßlich eines Flugtages durch eine explodierende Kunstflugstaffel umgekommen sind. – In Monaco gibt es einen Machtkampf zwischen dem Thronfolger Albert und seiner Schwester Caroline und dann wird sensationell ein soeben abgeschlossenes Geiseldrama kolportiert. Und weiterer Klatsch: „Was ist dran am Mann über 50", Jürgen Prochnow hat Angst vor der Zukunft, Peter Boenisch versucht darzulegen, daß die Deutschen so nicht sind und und und – inzwischen ein neuer Film „The big Easy" aus der Drogenszene und ein Bericht über den erotischsten Film des Jahres „Die Venusfalle" – „Bitte Gurte schließen und das Rauchen einstellen", unser Jumbo-Koloß setzt fast pünktlich gegen 15 Uhr in Narita-Tokio auf, und gegen 17.30 Uhr sind wir dann endlich in der gewohnten Umgebung des PALACE-Hotels. Dort liegt bereits eine schriftliche Einladung zum Mittagessen am morgigen Tag von Botschafter DR. HALLIER. – Kurze Verschnaufpause, dann Abendessen à deux im gut bekannten Dachrestaurant des Hotels und anschließend, ohne weitere Umschweife eine erquickende Nacht.

Der 11. September beginnt für mich um 6 Uhr mit einer gründlichen Vorbereitung auf den heutigen Tag. – Draußen regnet es, und die Luft ist wie Bouillon. Um 9 Uhr holt mich die Sekretärin (Arai) meines Architektenpartners in der Firmenlimousine mit livriertem Chauffeur (weiße Handschuhe, weiße Häkeldeckchen auf den Kopfstützen) vom Hotel ab. Das Vertragsgespräch findet am langen schwarzen Sitzungstisch statt. Mir gegenüber Takahiko Yanagisawa, President, Design principal – Satoru Sugiyama, Director, Vice president of management und Hidemi Ito, Senior Associate for Design – an der Kopfseite Wolfgang Waita, Dolmetscher. – Nach allgemeiner Begrüßung und small talk geht es zur Sache, die schnell erledigt ist, da ich einer Fortschreibung des bisherigen Vertrages mit den gleichen Konditionen für die Ausführungsplanung zustimme. Im Anschluß wird mit Sake die Übereinkunft besiegelt und die Sitzung für das von mir mit dem Botschafter, Dr. Hallier, verabredete Mittagessen in dessen Residenz unterbrochen. Nachmittags erstes Designmeeting mit den Entwurfsbearbeitern, zu denen nun ein neuer Mann, Paul Baxter, Engländer mit japanischen Sprachkenntnissen, gehört. Offene Diskussion der inzwischen vorgenommenen Änderungen, die dann um 18 Uhr auf den nächsten Tag vertagt wird. Zu Fuß zurück durch den abendlichen rush-hour Verkehr – Abendessen mit Adolf Zotzmann im Hotel und Gespräche, die ebenfalls auf den nächsten Tag gegen 23 Uhr vertagt werden. –

Dienstag, 13. September 1988, die Voraussage des Botschafters ist eingetroffen, im Rücken eines vorbeigezogenen Orkans ist über Nacht kühlere Meeresluft eingeströmt und hat Erfrischung gebracht, eine Wohltat nach der drückenden Schwüle des Vortages. – Gegen 9 Uhr werden wir zum „face to face" meeting ins Büro von TAK abgeholt. Thema des Tages: das Werkstatttheater. Der bis jetzt erreichte Stand der Ausführungsplanung wird durchgesprochen, und die Diskussion des Vortages wird fortgesetzt unter architektonischen und dann, vornehmlich mit Adolf Zotzmann, unter bühnentechnischen und dramaturgischen Aspekten. – Unterbrechung für einen Lunch im nun bereits altbekannten Shikisai, dem Stammlokal von TAK mit dem nunmehr auch bereits gewohnten Tempura. – Ohne Umschweife geht es anschließend weiter im größeren Kreis der Mitarbeiter, und dabei wird auch gelacht. – Ende gegen 17 Uhr – Ungeklärtes wird zur Weiterbearbeitung delegiert. – Für mich schließt sich ein Fußmarsch an, rund um die Kaiserlichen Gärten. Diese üppig grüne Oase, die gegen die Öffentlichkeit, den ringsum brandenden rush-hour Verkehr, durch tief eingeschnittene Gräften und zurückgesetzte Zyklopenmauern abgegrenzt ist, wird dabei als der zentrale, ruhende Pol der gigantischen Stadtlandschaft erlebbar.

Ich wollte skizzieren, aber die Wärme des nun rasch abklingenden Tages, die hereinbrechende Dämmerung und auch die unterschätzte Länge des Weges erschweren das. Eine Zeichnung gelingt, – in Konkurrenz mit den mich überholenden Joggern geht es dann im Schnellschritt zum Hotel zurück, wo ich nach 1 ½ Stunden etwas triefend ankomme. Rekreation im Swan-Restaurant, wo aus Anlaß einer spanischen Woche Stärkungen aus Küche und Keller verabreicht werden. – Im Zimmer finde ich dann die Message vor, daß Arai uns am nächsten Morgen um 8.50 Uhr abholen wird.

TOKYO 13.X.8?
D.

Tokyo, Imperial East Gar
14.IX.88

14. September 1988, hier in Tokio ist für mich die Aufstehzeit 6 Uhr, das geht ohne Wecker, da ich bei offenem Fenster schlafe und durch das aufkommende Tageslicht geweckt werde. Der Blick aus dem Fenster läßt einen schönen Tag erwarten – schnurgerade lenkt die siebenspurige, durch den Imperial Palace Moat führende Hibiya-Dori-Ave. den Blick nach Süden, wo er sich in der Versteinerung des Ginza-Quartiers verliert. Blickziel der Tokio-Tower, eine rot-weiß-gestrichene Eiffelturm-Imitation, die in einer Baulücke die Hochhausbebauung überragt. Die sieben Spuren der Straße, auf denen in Bälde der Teufel los sein wird, werden erst von wenigen Frühfahrern belebt. – Bei Dunkelheit geben die Vorder- und Rücklichter des hin und her brandenden Verkehrs eine besondere Faszination. – Direkt unterhalb des Hotelfensters ziehen zwei Schwäne in majestätischer Arroganz auf einer noch zum Imperial Garten gehörenden, durch eine Palastmauer abgegrenzten Gräfte ihre stillen Kreise – ab und zu taucht ein kapitaler Goldfisch auf, oder ist es ein vergoldeter Karpfen aus kaiserlichem Besitz? – Großstadtidylle. – Arai holt uns, wie verabredet, um 8.50 Uhr ab. Face to face meeting von 9 Uhr bis 17 Uhr – unterbrochen durch den Lunch von 12.00 – 13.00 Uhr im Shikisai, mit Tempura. – Es geht noch um das Werkstatttheater, um die Gesamtkonzeption, die immer noch auf unserem Wettbewerbsentwurf beruht – mit einzelnen Änderungen, die diskutiert werden – und dann um das Main-Theater, bei welchem es Änderungen gibt, über die heftige Kontroversen entbrennen. – Sehr interessante Aussprachen über Für und Wider; um 17 Uhr Start zum Hotel, in der Hoffnung, noch etwas zeichnen zu können, aber ein Hurrikan hat inzwischen schlechtes Wetter herangeführt, und beim Heimweg bereits kommt Regen auf, und schnell ist der Himmel schwarz – also bleibt man im Hotel, in der spanischen Woche – und im Anschluß daran, neben diesen Aufzeichnungen, die horizontale Lage. – Irgendwann wird es vielleicht noch gelingen, etwas von der Situation, in der wir wohnen, einzufangen. – Bei den Fachgesprächen sitzen uns 5 – 7 Kollegen gegenüber – sehr unterschiedliche Typen, die zu studieren ein sehr interessanter Nebeneffekt unserer Arbeitsgespräche ist – es gibt nicht *den* Japaner, selbstverständlich nicht – aber für uns ist doch diese Voreingenommenheit zunächst da. Diese Vertreter unterschiedlicher Fachsparten verfolgen sehr offen und aufgeschlossen unsere Argumentationen, und letztlich steht immer am Ende eines kritischen Meinungsaustausches die Versicherung, neue Gesichtspunkte bei der weiteren Planbearbeitung mit einzubeziehen. Interessant auch, den bilingual geführten Dialog phonetisch zu verfolgen – der Dolmetscher Waita beherrscht die sprachliche Vermittlerrolle hervorragend, bemüht auch, das unterschiedliche Gewicht der Vorträge zu interpretieren. Manchmal hat man den Eindruck, daß er in die Expertenrolle hineinschlüpft – und beim abendlichen Tischgespräch unter uns zweien wird dann der Inhalt der Tagesdiskussionen resümiert.

Donnerstag, 15. September; es kann nicht wahr sein, daß sich unser Designmeeting schon dem Ende nähert – und es ist noch sehr, sehr viel zu besprechen – gut, bis 1994 verbleibt auch noch etwas Zeit – aber, wie bei uns nicht anders, leider muß vor Baubeginn, das heißt vor Beginn der Bauvorbereitung, alles wesentliche vorbestimmt werden, damit der Film dann reibungslos ablaufen kann – nur anders als beim Filmen können im

Baugeschehen keine Szenen wiederholt werden, der „Streifen" dann nicht aus den besten Einstellungen zusammengeschnitten werden. Cutter gibt es beim Bauen nicht, alles ist „live", und auch anders als beim Theaterspielen: es gibt in der Realisierungsphase weder Einzelproben noch die Generalprobe. Bauen ist endgültig, was man hätte besser machen können, sieht man erst am fertigen, irreversiblen Ergebnis. Darum ist Erfahrung, schmerzliche und bittere Erfahrung, nicht durch noch so bemühten Good Will zu ersetzen. Bei dem Planungsteam für das Staatstheater Tokio gibt es sehr viel jugendlichen Elan, die Rolle der leidgeprüften alten Fuhrleute, die weiter sehen können, haben Zotzmann und ich zu spielen – let's go! – 8.50 Uhr werden wir, wie üblich, von Arai im Hotel abgeholt. Heute ist Feiertag in Japan, Tag der Verehrung der alten Herren, wenn ich das richtig verstanden habe – ich weiß nicht, ob ich schon dazu gehöre, hätte jedenfalls nichts dagegen (ich bin am 30. August 68 geworden).

Für uns geht dessen ungeachtet die Arbeit weiter, und im Handumdrehen sind wir wieder in der Planungsdiskussion. Zotzmann bringt einen Vorschlag für eine Veränderung im Bühnenbereich ein, mit dem Vorteil, unter der Hauptbühne die Möglichkeit zum Aufbau und zur Bereitstellung eines 4. Bühnenbildes zu schaffen. Das wird staunend begrüßt und zunächst ungläubig überprüft. Der Vorschlag führt auch zu Vereinfachungen der Maschinerie und zur Kostensenkung. – Anschließend harte Kontroverse über inzwischen vorgenommene Änderungen im Zuschauerraum. Die Proszeniumszone ist offensichtlich auf Initiative japanischer Theaterfachleute so umgestaltet worden, daß es eine krasse Unterbrechung des ursprünglich beabsichtigten stufenlosen Übergangs vom Auditorium in den Bühnenbereich mit flexiblen Anpassungsmöglichkeiten an die wechselnden Szenerien gibt. Die nun vorgesehenen fixierten Beleuchtungstürme widersprechen diesem Konzept. Auch die umgestalteten Ränge stellen keine Verbesserung der ursprünglich entwickelten Konzeption der auf das Bühnengeschehen bezogenen Zuschauerplatz-Anordnung dar. In ihrer geradlinigen, rechtwinkligen Form überlagern sie ungünstig die Fächerform des Raumes. Entgegen den Auffassungen unserer Partner sind sie weniger beschwingt, „unmusikalisch", der gewünschten Atmosphäre abträglich. Auch die weiterentwickelte Deckenausbildung ist unserer Meinung nach keine Verbesserung. Hinweise auf Einflüsse des Akustikers werden zurückgewiesen mit der Feststellung, daß der Raumgestaltung der Primat gebührt, technische Probleme müssen ohne Störung der architektonischen Wirkung „unsichtbar" gelöst werden. Daß das möglich ist, kann mit vielen Beispielen, so wie jüngst auch im Opernhaus Essen, belegt werden. – Die harte Debatte wird durch einen „Welcome-Lunch" unterbrochen, der Sitzungstisch abgeräumt und von den Mitarbeitern in ein japanisches Mittagsbuffet umgewandelt. Der kleine Kreis der Diskussionsteilnehmer wird von den übrigen im Hause tätigen Mitarbeitern von TAK zu einer fröhlichen Runde aufgefüllt. Kurze Begrüßungsworte von Yanagisawa und ein „Kampai" durch den Ältesten, das ist Adolf Zotzmann.

Nach einer Stunde geht es wieder zur Sache, nun zum „Medium Theater", dem Schauspielhaus. Hier hat sich nach unserer letzten Ge-

TOKYO
Blick aus Room 835, palac
morgens um 7h
15.IX.88
D.

sprächsrunde im vorigen Jahr einiges positiv weiterentwickelt, bis auf die Proszeniumszone, die auch hier unseren heftigen Protest auslöst. Der wird schweigend, betroffen zur Kenntnis genommen. – Gemeinsame Bemühungen zur Lösung des Deckenproblems über der Raumbühne führen zu einem erfolgreichen Fortschritt, damit zu einem entspannten Ende der heutigen Arbeitssitzung. – Mit der Vertagung auf das morgige, letzte Arbeitsgespräch begeben wir uns zum Hotel zurück und beenden den Tag angemessen.

16. September 1988,

der Blick aus dem Fenster läßt Wetterbesserung erhoffen. Der gestrige Tag stand unter der Erwartung eines heranrückenden Taifuns – wie die Morgenzeitung darlegt, ist er vorbeigerauscht. Gott sei Dank – und in der Morgenzeitung steht auch ein Kommentar zum gestrigen „Senior citizens' day", dem „Respect-for-the-Aged-Day", den ich im Originalwortlaut hier einfüge.

(The Japan Times, Ltd.)
„Senior citizens' day
September 15 was the Respect-for-the-Aged Day and the beginning of the week designated for the welfare of senior citizens. Japan is now one of the most aged societies. The average life span of Japanese men is 76, and women 82. Those aged 100 and over increased by nearly 400 to 2,668. It goes without saying that our lifestyles in old age will be changed.
What is needed in such a society? The answer is finding a means of living a healthy life and having something to live for.
For this, people must make efforts on their own.
It is often said that the three main pillars in old age are health, mind and money. By mind, it indicates the importance of having something to live for. By having objective in life, people can lead a positive life during their old age.
The best way to do this is to have work to do. When one does not have a job, there are hobbies and volunteer work to turn to.
Another important thing in old age is health, which is perhaps more valuable than money.
One cannot be healthy in old age by leading irregular and unhealthy lives when young.
Another important thing is to have an idea about means of leading meaningful lives in the remaining time.
People's lives are being prolonged by highly technological medical means. This often affects dignity of death. One must contemplate this too. It is necessary to think about all these things on the Respect-for-the-Aged-Day. – Sankei Shimbun (September 15)"

Um 8.00 Uhr ruft der Dolmetscher Waita bei mir an und verabschiedet sich telefonisch, da er heute verhindert ist und auch nicht unserer Einladung zum „Fare-well-Diner" folgen kann, das mittags bei uns im „Swan-Restaurant" des Hotels stattfinden soll. Schade. Ich sage ihm, daß seine sehr sorgfältigen und bemühten Interpretationen unseren Diskussionen sehr nützlich waren.

Um 8.50 Uhr holt uns Arai zum letzten Meeting dieser Arbeitswoche. Nach der Behandlung der Einzelprobleme wird heute vormittag die Gesamtplanung besprochen; inzwischen sich ergebene Änderungen werden behandelt und gemeinsame Überlegungen über weitere Verbesserungen werden angestellt. Alles in einem sehr freundschaftlich-kollegialen Klima. Man hat allgemein den Eindruck, daß das Treffen recht fruchtbar war. – Dann gegen 12.00 Uhr Verabschiedung durch das gesamte Büro-Team und anschließend mit der Führungsmannschaft das verabredete gemeinsame Mittagessen, auf unsere Einladung, welches in sehr gelöster, fröhlicher Stimmung erfolgt.

Dann der übliche count-down, nach nochmaliger herzlicher Verabschiedung – mit dem Hotelbus nach Narita usw. Anchorage, Frankfurt, Münster.

Resümee: es ist schon großartig, was aus dem Wettbewerbsprojekt der internationalen Architektenkonkurrenz für das Nationaltheater II geworden ist: eine erdteilübergreifende Zusammenarbeit mit dem Ziel, das in diesem Jahrhundert sicherlich noch größte und bedeutendste, letzte Theaterprojekt mit vereinten Kräften zu gestalten, so, daß es auch eines der denkwürdigsten wird.

Villa Roman
6.6.86

Certosa di Firenze
29.9.88

Vinci
30.IX.88

Saló
Spaggia d'or
6.X.88

Trinita dei Monti
Roma

ROMA
über den Dächern
5.10.88

Basilica del Santo
Padova
5.X.88

Villa Capra
"La Rotonda"
5.X.88
D.

27.XII.88
São Lourenço
Almansil Algarve

Silves
algarve
25·XII·88 D

Silves
algarve
5·XII·88
D.

in Alte / Algarve am 26.XII.88

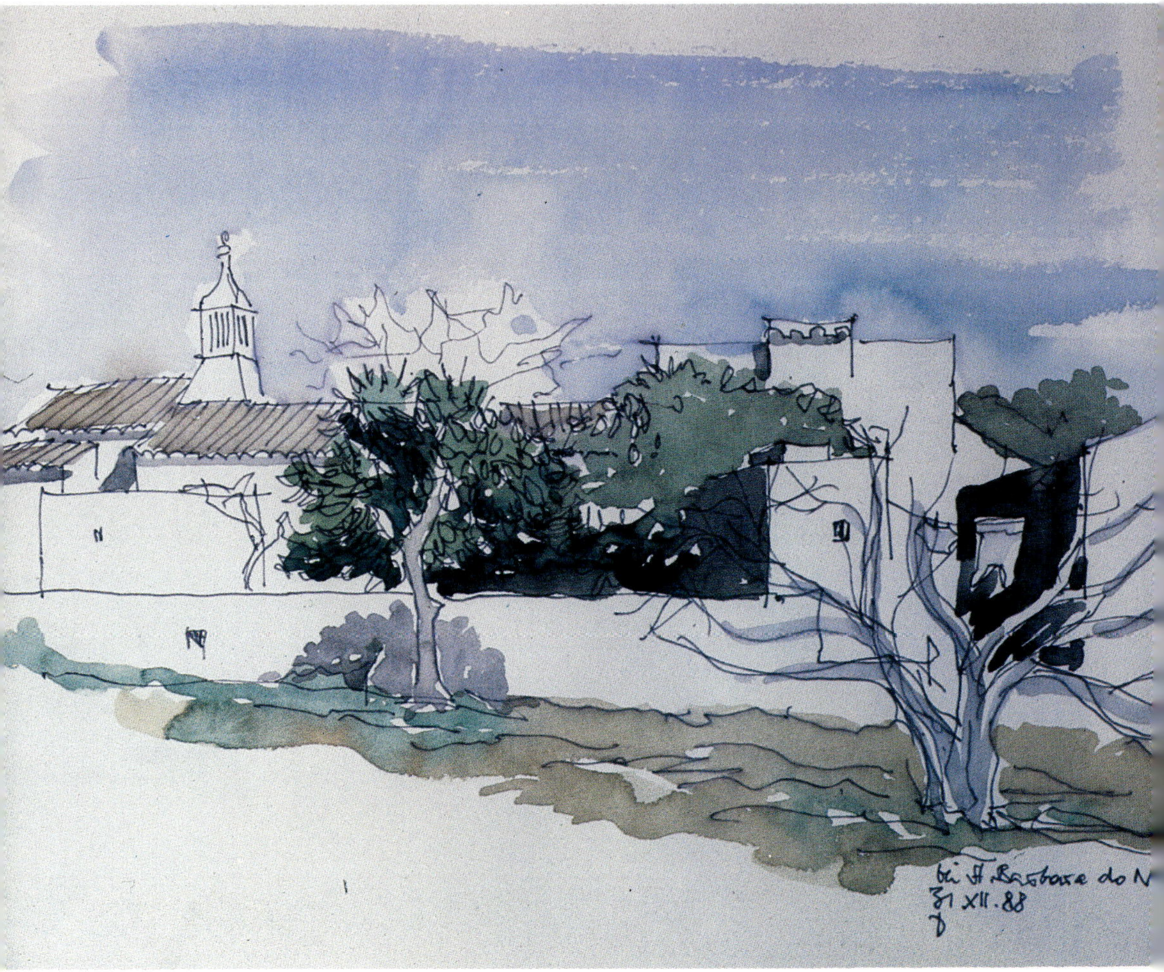
bei St. Barbara do N
31 XII. 88

A Barbara do Norte
31·XII·88

San Francisco – Seattle
21. – 26. Januar 1989

Short-journey to M. G. M. Bellevue

23. Januar 1989, es ist nicht das erste Mal, daß ich 5 Uhr früh am Schreibtisch eines Hotelzimmers sitze, um der selbstauferlegten Pflicht des Reiseberichtschreibens nachzukommen – also sei's drum, hier im Red Lions Inn, Bellevue, State Washington.

Die Reise begann am 21. Januar mit dem Abflug 6.50 Uhr LH 5202 von Münster nach Frankfurt, wie bei einem der vielen geschäftlichen Routineflüge, und Ziel ist ein Meeting mit einer chinesischen Delegation bei MGM in Bellevue, Seattle, zur Projektbesprechung des MGM-Industriegebietes, Teilbereich des von TEDA – Economic-Technological-Development-Area – begonnenen Gesamtkonzeptes zur Bebauung und Erschließung des Areals am Tianjin Xingang-Port. Dieser neu angelegte Container-Freihafen liegt 50 km östlich von Tianjin, Chinas drittgrößter Stadt (ehemals Tientsin) an der Bohai-Meeresküste.

Wir haben für ein 5,4 Quadratkilometer großes Teilgebiet den Masterplan gemacht. Nun steht die Fassung 11/88 zur Diskussion. Sie sieht 287 Industriegrundstücke von einer Durchschnittsgröße von 11 500 m^2 = 1,15 ha (als kleinste Einheit) vor, ein Wohngebiet für ca. 30 000 EW mit Wohnfolgeeinrichtungen und ein Büro-Hotel-Kongreßzentrum, auch für überregionalen Bedarf. Eine geradezu märchenhafte Aufgabe, von der ein europäischer Architekt nur träumen kann. – Es scheint, daß der Traum nun zur Realität werden soll. Let's see!

Ab Frankfurt reise ich mit dem Sohn Thomas weiter, der mit einer großen Planrolle aus Düsseldorf in Ffm. eintrifft. Wir haben noch etwas Zeit zur Reisevorbereitung mit DL 6037, Delta-Airlines, 10.15 Uhr ab, und erfahren in der Lounge, daß der Flug zunächst in Dallas endet, nach Erledigung der Einreiseformalitäten von dort jedoch ein Anschlußflug nach San Francisco, vorgesehene Ankunftszeit 16.55 Uhr, gebucht ist.

So verläuft dann auch alles. – Inzwischen bekommen wir 9 Stunden geschenkt, das heißt als wir um 17 Uhr Ortszeit in San Francisco eintreffen, ist es bei uns zu Hause schon 2 Uhr in der Nacht. – Unterwegs war keine Langeweile aufgekommen. Non stop-Betreuung; wir sind die einzigen Passagiere unserer Klasse. Filmunterhaltung benötigen wir nicht. – Zeit zum Lesen. Ab und zu ein Blick nach unten, der auch über lange Strecken hin möglich ist. Das übliche aufregende Rätselraten, wie manche der erkennbaren Strukturen zu erklären sind. – Langer Flug über bizarre verschneite Felsformationen, und dann endlich, als Kontrasterlebnis, die zusammenlaufenden Wasserlandschaften der Bay-Region. – Aus der Luft dann ein unendliches Lichtermeer, welches sich modelliert über die bewegte Topographie zieht. – Ein schweigender Taxifahrer bringt uns dann in das steile auf und ab der „Sieben-Hügel-Stadt", zum Nob Hill, in das vorgebuchte „Mark Hopkins", einem nationalen Landmark, das in seiner einfachen Plüschigkeit aber ganz gut zu bewohnen (besser zu beschlafen) ist, denn zu mehr reicht unsere Zeit nicht. – Inzwischen 19 Uhr, Besuch des vis-à-vis liegenden „Fairmont", prächtiger als unser Hotel, vielen durch die GREGORY Fernsehserie bekannt. Wir kehren in einem sehr originellen, originalen italienischen Restaurant ein, folkloristisch kostümierte junge Männer und Frauen bedienen und schmettern zwischendurch im Wechselgesang ihre Arien durch das Lokal – und dann war es genug für den ersten Tag – noch ein Blick aus dem 12. Stock des „Mark" auf die beleuchtete Stadt – und um ½ 2 Uhr, in einem wachen Moment, Telefongespräch mit meiner Frau, in Münster ist es Sonntagvormittag ½ 11 Uhr (eben die 9 Stunden Differenz).

2. Januar, an diesem Sonntagmorgen, beginnt der Tag verabredungsgemäß um ½ 9 Uhr beim Frühstück mit der sight-seeing-Planung: the points of interest sind schnell auf dem Stadtplan fixiert: California Street bergab, Richtung Bay – selbstverständlich alles zu Fuß, wir haben bis 14 Uhr Zeit. Guter Querschnitt durch die städtische Substanz. Sonntagmorgenruhe, die Straße führt quer durch China Town, eine geschlossene Enklave asiatischer Kultur und was davon übrig geblieben ist – vor uns die high rise des financial districts – aber wir müssen kurz vorher rechts abschweifen – im Blickende der Grant avenue steht ein postmoderner Gigant, kurz vor der Vollendung: Marriotts YERBA BUENA, Market Street, am Rasterbruch der Stadtplankaros. Zurück zur California Street, „Crocker-Galerie", eine glasüberdachte Ladenpassage, ist sonntags mit Gittern verschlossen (ein Vergleich zur Galeria Vittorio Emanuele in Milano führt zu Erkenntnissen, die weit über den Bauwerkvergleich hinausführen) – Bank of America, 52 Stockwerke, von SOM, ist noch immer der Höchste, unnahbar im dunkelroten Granit, weiter: ständige Diskussion über die Unfähigkeit, mit Solitär-Architektur städtebauliche Lösungen zu bewirken. – Dann Embarcadero Center, 1972 von John Portman mit dem bekannten Hyatt Regency Hotel: eine tolle städtebauliche Leistung, auch heute noch! Und auch die architektonische Qualität hat Bestand. – Weiter: Dattery Street, am Fuße von Telegraph Hill vorbei („the hill is cubbied with small cottages and apartment buildings..." steht in einem Stadtführer). LEVIS place von Hellmuth Obata Kassabaum (HOK), auch über 10 Jahre alt, erstklassiges Beispiel städtebaulich integrierter zeitgenössischer Architektur von großer qualitätvoller Eigenständigkeit. – Lunch im Pier 39 an der Bay: Shrimps und Salm und californischer Chardonnay – weiter zur „cannery", dem viel zitierten umfunktionierten Konservenfabrik-Areal. – Und dann auf Schusters Rappen die Hyde Street hinauf, zum Nob Hill zurück, da bleibt einem die Luft weg, an diesem diesigen Tag. – Für mich bleibt es dabei: es gibt schönere, vitalere, aufregendere, liebenswertere, urbanere Städte, zum Beispiel das Dorf Tiburson auf der anderen Seite der Bay – dazu langt lei-

Bellevue/Berlin
29.1.89

der heute nicht die Zeit. – Mit einem sehr netten Taxifahrer zum Airport, stammt aus der DDR, 30 Jahre Reederei-Angestellter, nun retired, Frau aus Freiburg, klärt die Menschenleere der Stadt auf: die 49er (San Francisco football) kämpfen heute in Miami gegen Cincinnati um den nationalen Triumpf. –

Noch einige Daten zur Geschichte von S. F.: Erste Kolonisatoren trafen 1776 ein und begründeten die Missionsstation des Hlg. Franz von Assissi, es waren Spanier, 1792 kam der englische Cpt. George Vancouver, 1806 der russische Fürst Reganow – aber erst 1835 wurde die erste Zeltstadt von dem Engländer W. Richardson gebaut. 1846 wurde schließlich Californien von dem Cpt. John Montgomery zum amerikanischen Besitz erklärt. 1848 wurde Gold gefunden. Anschließend strömten 40 000 Abenteurer ein, auf der Suche nach dem gelben Metall. – Aus der viktorianischen Epoche zwischen 1850 – 1900 überlebte nur ein Teil der heute bewunderten Wohnbebauung die verheerenden Zerstörungen durch Erdbeben und Brand von 1906. Es benötigte eine Dekade, um die Schäden zu beseitigen, im öffentlichen Bausektor ein Triumph der Beaux arts, in der Masse des Gebauten, des die heutige Substanz prägenden baulichen Ausdrucks, ein Sieg der Restauration. –

„Ready for boarding", unser Vogel, Pan Am 122, Jumbo, hebt ab zur letzten Etappe und schwebt dann über dem Lichtermeer der ebenfalls von der Lage am Wasser geprägten Stadt Seattle ein. Es ist nun 18 Uhr, wir werden von M. G. Malekpour in Empfang genommen, herzliche Begrüßung, Fahrt zum „Red Lion" nach Bellevue, einer brandneuen Vorortstadt, Geschäftssitz von MGM, Development and Commercial Co. – Kurze Auffrischung, Frau M. kommt hinzu, Abendessen mit Gesprächen über einst, jetzt und die offene Zukunft unseres gemeinsamen Projektes.

Der Montag, 23. Januar, beginnt mit Arbeitsgesprächen zur Vorbereitung zu den Verhandlungen mit der TEDA-Delegation, die gegen Mittag erwartet wird. – Ort: die Geschäftsräume von MGM in einem Mietbürohaus im Zentrum von Bellevue, in dem kein Gebäude älter als fünf Jahre ist. Hierher hat sich ein Teil des Überdrucks der schnell expandierenden Metropole des Staates Washington entladen. Durch den rapide wachsenden Ostasienhandel, aber auch durch High-Tech Industrien, Computer- und Flugzeugbau (Boeing) wurde das Fassungsvermögen von Seattle gesprengt. – Bellevue scheint die Chance der unbelasteten existenz zu nutzen. Die Architektur hat beachtliches Niveau – und es sprießt nur so aus dem Boden. – 13 Uhr kurzer Lunch im Schnellimbiß. 14 Uhr erscheint die TEDA-Delegation mit Vice Chairman ZHENG HUA-AN (Master of science in industrial systems engineering USA und Dr. in mechanical engineering USSR) und den Herren PI, CHEN, MU und der Dame LIU. – Sehr herzliche Begrüßung, Austausch von Statements, Vorstellung der Ing. Firma PEI, die mit der Erschließungsplanung betraut werden soll, Vertagung auf den 24. Januar – die Delegation hat einen langen Flug hinter sich (4 Stunden Peking – Tokio, 8 Stunden Tokio – Seattle). Wir beschließen den Tag mit fish and chips bei einem seafood Broiler mit netten Gesprächen.

24. Januar 1989, Dienstag

Seit unserer Ankunft rauscht der Highway-Verkehr ungebrochen, night and day – aber man gewöhnt sich – und nun geht es wieder weiter. Im Büro MGM wird in verschiedenen Räumen in unterschiedlichen Gruppierungen konferiert. Ein Sprachengemisch von persisch, chinesisch, amerikanisch und deutsch. Die MGM-Mannschaft besteht fast nur aus Persern, weitgehend Verwandten – nun gibt es die fünfköpfige chinesische Delegation, eine ständige zu MGM attachierte Chinesin von TEDA, ein amerikanischer Chinese, der mit der Feasability-Study beauftragt ist, ein chinesischer Anwalt aus Seattle, zwei Bank- und Börsenfachleute aus Washington und London, persischer Herkunft, als Finanzberater u. a. m. – Es geht um Vertragsverhandlungen für den endgültigen Erwerb des 5,3 km^2 großen Areals und die Aushandlung der Konditionen. Dazu wird der von uns gefertigte Masterplan benötigt, da er Vertragsbestandteil werden soll. – Zunächst wird er von mir erläutert. Bei der China-Delegation ist auch der Leiter des Planungsamtes von Tianjin, der dickleibige Planungshandbücher vor sich hat und mir nach meinem Vortrag Unterricht über Flächennutzungsplanung und die Regeln der Baunutzungsverordnung erteilt – unterstützt von der Planerin der TEDA-Gesellschaft. Die Diskussion wogt hin und her – unterbrochen von einem Lunch und gekrönt schließlich von einem gemeinsamen Abendessen im Newport-Bay-Restaurant mit allen am Projekt Beteiligten in großer Runde – etwa 30 bis 40 Personen. Die bisher noch nicht Aufgetretenen sollen dabei den Professor kennenlernen, von dem sie schon soviel gehört und gesehen haben. – Ich sitze zwischen Frau Malekpour und Albert D. Rosellini, Pastgovernor des Staates Washington, nun einer der Berater von MGM – ein reizender Mensch, italienischer Abstammung – wir sind uns im Handumdrehen einig in der Sympathie für dieses Land – es gibt Fisch und Chardonnay, und die Gläser werden häufig nachgefüllt. –

Für uns hat der Tag eine Menge neuer Arbeit gebracht, das heißt wir dürfen unseren Masterplan komplett überarbeiten, behörden-gerecht – nun gut und zunächst gute Nacht!

25. Januar 1989, Mittwoch, da ich nun zum Weiterschreiben komme, ist es bereits Donnerstag, und wir sitzen abflugbereit in der Pan Am 122 auf dem Flugfeld in London-Heathrow. – Wie so häufig, gelingt die Berichterstattung über den letzten Tag erst im Flugzeug. Letztes Frühstück mit M. Malekpour im Red Lions Hotel Bellevue – die Sonne hat das dunstige Grau der letzten Tage verdrängt, blauer Himmel, ideal für die heute geplante Stadtexkursion. – Zunächst am Washington Lake entlang, sehr schöne Marina-Atmosphäre – Kirkland, eine hübsche Wohnstadt am Wasser, in der auch M. mit seiner Familie lebt. Dann über eine der beiden Pontonbrücken über den See – geniale Idee, die Lasten anstatt auf kostspielige Konstruktionen einfach auf dem Wasser abzusetzen. Noch etwas Bemerkenswertes: die rechte Spur des dreibahnigen Highways ist Bussen und PKW's, die mit mehr als 2 Personen besetzt sind, vorbehalten (wie wir abends bei der Fahrt zum airport feststellen konnten, ist das ein wirksamer Bonus in den rush hours, für diejenigen, die durch bessere Auslastung ihres Wagens zur Entlastung der Verkehrsdichte beitragen.

Zunächst Besuch von einigen Condominions, die MGM im Universitätsviertel realisiert hat; kleinere Vorhaben, quasi als Einführungs- und Trainingsobjekte, um im Geschäft des Developers Fuß zu fassen. Die Stadtlandschaft der Metropole ist von Wasser durchsetzt; Seattle hat die größte Bootsdichte überhaupt, ein Boot je EW! In Downtown das übliche Bild vertikaler Verdichtung – der Expansionsboom gleicht dem von New York – nach zwei Jahren kenne ich die Innenstadt nicht mehr wieder. – Auch die Postmoderne zeigt sich irreversibel in der exakt identifizierbaren stilistischen Dokumentation der Architekturentwicklung. – Lunch bei ERNIE'S, eine noble Transformation eines Piergebäudes, mit atemberaubendem Ausblick in die pazifische Inselwelt. Es ist eine Wonne, in dem bis auf den Fußboden verglasten Restaurant zu sitzen, quasi im Wasser – enjoy it!

Von dort dann, 14 Uhr, zu DAVIS WRIGHT & JONES, eine lawyer-Firma mit 175 Anwälten, die das China-Projekt juristisch betreut. Payton Smith, einer der drei Senior-Partner, zeigt uns voller Stolz die brandneu eingerichtete Bilderbuchpraxis in den oberen vier Geschossen eines brandneuen, modernistischen Hochhauses von erlesener Design-Qualität. Alle Bereiche sind mit Kunstwerken nordwest-amerikanischer Artisten ausgestattet. – Eine Dimension, die das Provinzielle unseres Heimatlandes deutlich macht.

Zurück nach Bellevue, zum MGM-Office. Gespräch mit Gary R. Bourne, President von PEI Consulting Engineers über die Ver- und Entsorgungs- und Erschließungsplanung unseres Projektes. –

Dann Verabschiedung von der chinesischen Delegation mit der Versicherung, sich in nicht allzu langer Zeit in der Volksrepublik wiederzusehen. – Fahrt zum Seatac-Airport mit den Malekpourbrothers. Farewell-drink, bye-bye bis zum nächsten Meeting. –

Resumée: ein wichtiger quick-trip für das gemeinsame Projekt, mit vielen wichtigen face-to-face-Begegnungen und auch neuen Erkenntnissen für die weitere Entwicklung der Planung. Im Anflug auf Frankfurt ist die physische Anstrengung bereits überwunden. – Am morgigen Tag wird das nun Notwendige bereits in die Arbeit des Büros einfließen.

Reims
30.IV.87

Hongkong-
Shanghai-Bank

Inhalt

	Seite
Rußlandreise 16. – 21. Dezember 1966	4
Port Grimaud	16
Venedig / Sommerakademie 18. – 28. Juli 1982 Venedig als städtebauliches Lehrexempel	22
Venedig / Sommerakademie 18. – 30. Juli 1983 Venedig als städtebauliches Lehrexempel II	28
Venedig / Sommerakademie 17. – 28. September 1984 Venedig als städtebauliches Lehrexempel III oder »Raumerfahrung als Erlebnis«	40
Sizilien September 1985	50
Bermuda November 1985	52
5-Tage-Trip nach Tokio 1. – 6. März 1986	54
Villa Romana Florenz 2. – 19. Juni 1986	62
Studienreise nach Kanada 8. – 19. Oktober 1986	88
Miami – Panama – Los Angeles 18. Dezember 1986 – 5. Januar 1987	100
Pilgerreise nach Santiago de Compostella/Hin 27. Februar – 6. März 1987	114
Champagne Mai 1987	132

	Seite
Florenz Juni 1987	134
Mallorca – Ibiza Juli 1987	138
Tokio 11. – 17. Oktober 1987	142
Der Weg von Santiago de Compostella/Retour 20. – 26. Oktober 1987	149
Tokio 21. – 28. November 1987	166
Ibiza Mai/Juni 1988	172
Quicktrip nach Hongkong und Macao 22. – 27. Juli 1988	174
Tokio 10. – 17. September 1988	186
Florenz Juni und September 1988	196
Toskana September/Oktober 1988	198
Rom Oktober 1988	200
Algarve Dezember 1988	204
San Francisco – Seattle 21. – 26. Januar 1989	210